DELIUS KLASING

Boehncke · Sarkowicz

Störtebeker und Konsorten

Piraten in Nord- und Ostsee

Delius Klasing Verlag

Bibliografische Information der Deutschen Nationalbibliothek
Die Deutsche Nationalbibliothek verzeichnet diese Publikation in
der Deutschen Nationalbibliografie; detaillierte bibliografische
Daten sind im Internet über http://dnb.d-nb.de abrufbar.

1. Auflage
ISBN 978-3-7688-3170-7
© by Delius, Klasing & Co. KG, Bielefeld

Folgenden Verlagen und Institutionen danken wir für die Über-
lassung der Abdruckrechte in diesem Buch:
S. 75 ff aus: Boy Lornsen, Klaus Störtebeker. Gottes Freund und aller
Welt Feind (Schulausgabe). © Thienemann Verlag (Thienemann
Verlag GmbH), Stuttgart – Wien; S. 87 ff aus: Willi Bredel, Die
Vitalienbrüder. © Hinstorff Verlag GmbH, Rostock 1996; akg-images,
Berlin; Museum für Hamburgische Geschichte, Hamburg.
Leider konnten nicht alle Rechteinhaber ermittelt werden oder haben
sich bisher gemeldet. Die Copyright-Angaben wurden nach bestem
Gewissen erstellt. Eventuelle Ansprüche sind bitte an den Verlag zu
richten.
Schutzumschlaggestaltung: Buchholz/Hinsch/Hensinger, Hamburg
Satz: Axel Gerber
Druck: CPI – Clausen & Bosse, Leck
Printed in Germany 2010

Delius Klasing Verlag, Siekerwall 21, D - 33602 Bielefeld
Tel.: 0521/559-0, Fax: 0521/559-115
E-Mail: info@delius-klasing.de
www.delius-klasing.de

Inhalt

Vorwort

Als die MS DEUTSCHLAND im März 2009 von Muscat nach Suez fuhr, wurde sie zur Sicherheit von der Fregatte RHEINLAND-PFALZ begleitet. Die Überfälle somalischer Piraten auf Dutzende von Handelsschiffen hatten diese spektakuläre Maßnahme ratsam erscheinen lassen. Nun ist es dieses legendäre Kreuzfahrtschiff durchaus gewohnt, als »Traumschiff« in der gleich lautenden Fernsehserie allerhand inszenierte Abenteuer zu erleben. Was den Passagieren aber in somalischen Gewässern in Wirklichkeit geboten wurde, übertrifft jede Fernsehinszenierung. Es befanden sich an Bord der Fregatte neun gefangene Piraten, für die man an Deck einen provisorischen Unterstand errichtet hatte. Die Gäste konnten auf der MS DEUTSCHLAND die Piraten aus geringer Entfernung fotografieren und so die latenten Ängste vor einem Seeräuberangriff bannen. Diese gewiss nicht alltäglichen Szenen fanden zu Hause rasch ihren Niederschlag in der Boulevardpresse wie der *Bild*-Zeitung.

Kaum jemand weiß, dass sich vor zwei- oder dreihundert Jahren Piratengeschichten abgespielt haben, die aus ganz ähnlichen Versatzstücken bestanden. Muslimische Seeräuber griffen im Mittelmeer und weit darüber hinaus bis in die Nordsee Schiffe der christlichen Seefahrt an, verschleppten Seeleute und hielten sie so lange gefangen, bis sie gegen hohe Summen freigekauft wurden. Diese oft grausamen Kaper-Akte und das Schicksal der manchmal jahrelang gefangenen Seeleute regten zu fantastischen Erzählungen, wilden Spekulationen und merkwürdigen Geschichten an. Es erschienen aber auch mehr oder weniger realistische Berichte der freigekommenen Heimkehrer.

Einige dieser Erlebnisberichte aus den muslimischen »Barbareskenstaaten« haben wir in diesem Buch abgedruckt und dazu eine ausführliche Einführung in diese Variante der Piraterie.

Unser Lesebuch zeichnet die Geschichte der Seeräuberei in Nord- und Ostsee nach. Nicht als trockene Chronik aus Daten und Fakten. Sehr wohl aber entlang gesicherter historischer Erkenntnisse. Unsere Kommentare und erklärenden Passagen dienen der besseren Lesbarkeit und dem Verständnis der Quellen und literarischen Zeugnisse.

So erfährt man vieles über die Piratenzüge der Wikinger und kann ihren starken, kriegerischen Frauen gebührenden Respekt zollen. Leider ergibt die Inspektion des Störtebeker-Mythos ernüchternde Resultate. Es bleibt dabei, dass wir so gut wie nichts über das wahre Leben dieses bekanntesten deutschen Seeräubers wissen. Diesen Mangel vermögen sich aber so berühmte Autoren wie Theodor Fontane, Joachim Ringelnatz oder Klabund aufs Schönste zu Nutze zu machen. Was nicht gewiss ist, kann man umso besser erfinden.

Nach und neben Störtebeker und den Vitalienbrüdern finden wir den großen Seeräuber Klaus Kniphoff. Zum ersten Mal haben wir den Chronik-Bericht des Neocorus genannten Pastors Johann Adolf Köster über den Wiben Peter, den »Kohlhaas der Westküste«, aus dem Mittelniederdeutschen ins heutige Deutsch übersetzt.

Wir haben versucht, die Schilderung historischer Tatsachen und die Präsentation literarischer Texte gut auszutarieren. Mögen die Leser bei diesem Balanceakt nicht seekrank werden.

Die Raubzüge der Wikinger

Eichenholzschiff aus einem Grabhügel des 9. Jahrhunderts, gefunden in Oseberg (Norwegen).
Foto: Werner Forman (Quelle: akg-images)

Aus alten Chroniken

Ein Wikinger, erzählt Gustav Faber in seinem Buch über die Normannen, wird vor seinem Haus niedergestoßen. Er zieht sich die Waffe aus der Wunde, betrachtet sie aufmerksam und sagt dann sterbend: »Die breiten Spieße, sie werden jetzt Mode.«

So stellen wir sie uns vor, die Wikinger oder Normannen: mutig, stets kampfbereit, den Tod verachtend und zumeist auf Schiffen unterwegs, um England zu plündern oder Paris zu verbrennen. Der bekannteste Wikinger, der alle Untugenden in seiner Person vereinigt und dabei doch sympathisch bleibt, ist zweifellos Hägar der Schreckliche, die Comicfigur von Dik Browne. Hägar, der sich ständig auf längeren Geschäftsreisen befindet und dann reich mit Beute beladen zurückkehrt, kämpft nur für sich. König oder Vaterland kennt er nicht.

Genauso dürfte es bei den frühen Wikingern gewesen sein, die in ihrer skandinavischen Heimat (Dänemark, Schweden und Norwegen) zunächst als Bauern gelebt hatten. Das karge Land, das auch meist dicht bewaldet war, gab wenig her. Mit der steigenden Bevölkerungszahl wurden deshalb die Verteilungskämpfe härter. Als Ausweg blieben der Fernhandel mit den berühmten, leistungsfähigen Schiffen und – oft damit verbunden – die Überfälle auf Städte und Klöster, die am Meer oder an großen Flüssen lagen. Im kollektiven Gedächtnis sind die Wikinger vor allem als Räuber geblieben, die den Wasserweg für ihre Plünderungszüge nutzten. Lange hat man ihren Namen von dem altnordischen *vik* abgeleitet, das so viel wie *Bucht* heißt. Der Wikinger habe, so dachte man, als Pirat an der Küste auf ein Kaufmannsschiff gewartet, um es zu überfallen. Heute geht man davon aus, dass der Name von dem lateinischen *vicus* (= Handelsplatz) herrührt und auf die Kaufmanntätigkeit der Wikinger (oder Nordmannen, wie sie auch genannt werden) verweist.

Die klassische Form der Piraterie von Schiff zu Schiff, die relativ wenig einbrachte, gehörte etwa seit dem 6. Jahrhundert zum Alltag auf Ost- und Nordsee und war keineswegs eine Domäne der Wikinger. Das jedenfalls zeigen die isländischen

Sagas, die norwegischen Königsromane und die ersten großen Geschichtswerke. Der Wahrheitsgehalt dieser Erzählungen ist aber kaum auszumachen. Oft mischen sich sagenhafte Überlieferungen mit historisch nachgewiesenen Personen und Daten. Eine Sonderstellung nehmen die berühmten 16 Bücher *(Gesta Danorum)* des Dänen Saxo Grammaticus ein, die um das Jahr 1200 geschrieben wurden. Der Mönch Saxo, über den man nicht viel mehr weiß, als dass er in Diensten des Erzbischofs von Lund stand, hatte offensichtlich zwei Ziele: Er wollte die alten Mythen überliefern und gleichzeitig die für ihn großartigen Leistungen der Dänenkönige feiern. Dazu gehörte auch der Kampf gegen Seeräuber, die nicht aus dem Norden kamen und sowohl die Handelsschiffe als auch die Wohnsitze der Wikinger bedrohten.

Im siebten Buch, das noch zu dem sagenhaften Teil gehört, schildert Saxo die sadistischen Praktiken eines ruthenischen (ukrainischen) Piraten namens Rötho, der Dänemark »*durch grausame Raubzüge*« verwüstete. »*Seine Rohheit war so groß, dass er, während andere ihren Gefangenen wenigstens gänzliche Nacktheit ersparten, unbedenklich auch den verborgenen Körperteilen jede Hülle entzog.*« Das war offensichtlich für einen Wikinger weitaus schlimmer, als den Foltertod zu sterben, für den sich Rötho auch etwas Besonderes ausgedacht hatte: »*Er ließ die rechten Füße seiner Opfer ganz fest an die Erde heften, während er die Linken an zu diesem Zweck herabgebogenen Zweigen befestigte, sodass durch deren Zurückschnellen die Körper mitten entzwei gerissen wurden.*«

Dass die Seeräuberei bei den Wikingern nicht nur auf die Männer beschränkt war, ist ebenfalls im siebten Buch bei Saxo nachzulesen, zum Beispiel in der nur in ihren allgemeinen Grundzügen authentischen Liebesgeschichte zwischen Alf, dem Sohn eines Kleinherrschers, und der ebenfalls aus königlichem Geblüt stammenden Alwilda, wobei die Bezeichnung König nicht in unserem heutigen Sinn verstanden werden darf. Ein »König« herrschte höchstens über einige Großfamilien und ein relativ kleines Land oder trug den Titel als Ehrenname:

»*König Sigarus hatte drei Söhne, Sywaldus, Alf und Algerus, und* eine Tochter, Sygne. Von diesen verlegte sich Alf, vor den übrigen durch Anmut und Schönheit ausgezeichnet, auf den Seeraub. Auch umspielte seine herrlich glänzenden Locken eine solche Anmut, dass sein Haar strahlend wie Silber aussah.

Zu derselben Zeit soll der König der Gotländer, Sywardus, zwei Söhne, Wemundus und Ostenus, und eine Tochter, Alwilda, gehabt haben. Diese befleißigte sich fast schon von der Wiege her einer so beständigen Schamhaftigkeit, dass sie ihr Gesicht dicht mit dem Gewande verhüllt trug, damit ihre Schönheit nicht fremder Begierde als Lockung diene. Ihr Vater hielt sie in sehr engem Gewahrsam und übergab ihr eine Viper und eine Schlange zum Aufziehen, um durch die Hut dieser Tiere, wenn sie groß geworden, ihre Ehre zu schützen. Man hätte in der Tat nicht leicht in ein Gemach eindringen können, welches ein so gefährlicher Riegel verschloss. Er setzte auch fest, dass jeder, der vergebens einzutreten versuchte, sogleich geköpft und sein Haupt auf einen Pfahl gespießt werden sollte. So peinigte eine mit Lust verbundene Furcht die Gemüter der erregten jungen Leute.

Da glaubte nun Alf, des Sigarus' Sohn, die Tat, deren Ausführung umso mehr Ruhm einbrachte, je gefährlicher sie war, unternehmen zu müssen, und trat als Freier auf. Man hieß ihn die Ungetüme, welche das Gemach des Mädchens bewachten, bekämpfen; denn kraft jenes Erlasses wurde nur dem Besieger derselben die Umarmung der Jungfrau zuteil. Um die Wut der Schlangen umso heftiger gegen sich zu erregen, umhüllte sich Alf mit einem blutigen Felle. Sobald er, damit umgürtet, unter die Tür des Zimmers trat, bohrte er ein Stück glühenden Stahl, das er in einer Zange trug, der gähnenden Viper in den Schlund und streckte sie tot zu Boden. Darauf schleuderte er auch der Schlange, die in geschmeidigen Windungen herankroch, seine Waffe mitten in den Rachen und tötete sie ebenfalls. Als er nun gemäß der Vertragsbedingung den ausgemachten Siegespreis verlangte, sagte Sywardus, der sei ihm als Schwiegersohn recht, auf den die freiwillige Wahl seiner Tochter gefallen sei. Nur die Mutter des Mädchens wollte dem Werber Schwierigkeiten bereiten, und sie erkundete den Sinn ihrer Tochter in einer geheimen Unterredung. Als diese nun ihren Freier wegen seiner Tapferkeit gar zu rückhaltlos lobte, überhäufte sie sie mit heftigen Schmähreden, weil sie […], ohne an Tugend zu denken, *in ihrem lüsternen Sinne ihren Blick nur auf die verführerische Schönheit seiner Gestalt lenke. So wurde Alwilda veranlasst, den jungen Dänen zu verachten.*

Nunmehr vertauschte sie ihr Frauengewand mit Männerkleidung, um ein wildes Seeräuberleben zu beginnen, sie, die eben noch das sittsamste Mädchen gewesen war. Mehrere Jungfrauen, welche dieselbe Neigung hatten, nahm sie in ihre Dienste auf. Zufällig gelangte sie an einen Ort, wo gerade eine Schar Wikinger den Tod ihres Führers beklagte. Von diesen wurde sie wegen ihrer Schönheit zum Leiter der Raubflotte erwählt, und sie vollbrachte Taten, die weit über der Leistungsfähigkeit einer Frau standen.

Alf bemühte sich in zahlreichen, mühevollen Zügen, sie zu verfolgen. [...] In Finnland gelangten sie in einen recht engen Sund, schickten Kundschafter voraus, welche die Örtlichkeit erspähen sollten, und erfuhren, dass der Hafen von einigen Schiffen besetzt sei. Alwilda hatte nämlich zuvor mit ihrer Flotte dieselbe Meerenge aufgesucht. Als diese die fremden Fahrzeuge in der Ferne erblickte, schoss sie eiligst mit gewaltigen Ruderschlägen zu ihrer Begegnung vor, da sie es für besser hielt, den Feind selbst zu überfallen, als ihn zu erwarten. Alf wusste, im Gegensatz zu seinen Leuten, dass die feindliche Flotte von Alwilda befehligt wurde. Als sich Alfs Gefährten dagegen erklärten, dass so viele Schiffe von ihren wenigen angegriffen würden, dachte er, es sei unwürdig, dass jemand Alwilda melden sollte, er habe sich durch den Widerstand von ein paar Schiffen von der Verfolgung seiner Pläne abbringen lassen, und sagte, der Ruhm großer Taten dürfe nicht durch Kleinigkeiten geschmälert werden. Die Verwunderung der Dänen war aber nicht gering, woher denn die Feinde solch herrliche Körpergestalt und so geschmeidige Glieder hätten. Als nun die Seeschlacht begann, sprang der junge Alf auf das Deck Alwildens, drang immer weiter vor und hieb alles nieder, was ihm Widerstand leistete. Als sein Gefährte Borcarus Alwilden den Helm herunterschlug und ihr zartes Kinn sah, merkte er, dass man hier mit Küssen und nicht mit Waffen vorgehen, die harten Geschosse niederlegen und dem Feinde mit sanfteren Mitteln zu Leibe gehen müsse. Alf freute sich nun sehr, dass ihm die, welche er zu Wasser und zu Lande trotz so vieler Gefahren unermüdlich gesucht hatte, jetzt ganz wider Erwarten in die Hände fiel, ergriff sie gar eifrig

und zwang sie, die Männerkleidung gegen weibliche zu vertau-
schen. Später bekam er von ihr eine Tochter Guritha. Borcarus er-
hielt eine Begleiterin Alwildens, namens Gro, zur Frau und hatte
von ihr einen Sohn Haraldus.

Damit sich nun nicht etwa jemand wundere, wie sich das weib-
liche Geschlecht so in Kriegszügen abmühte, will ich in Form ei-
ner kurzen Abschweifung einiges über Lage und Charakter solcher
Frauen vorbringen. Es gab einst bei den Dänen Frauen, welche sich
ganz wie Männer benahmen und fast jeden Augenblick ihrer Zeit
zur Ausbildung im Kriegsdienste benutzten, um nicht ihre helden-
hafte Spannkraft von der Seuche der Üppigkeit abstumpfen zu las-
sen. Denn sie hassten eine weichliche Lebensführung und pflegten
Leib und Seele durch andauernde Anstrengungen abzuhärten; von
aller Weichheit frauenhafter Milde sagten sie sich los und zwangen
ihr weibliches Gemüt, männliche Wildheit anzunehmen. Sie streb-
ten auch mit solchem Eifer nach kriegerischem Ruhm, dass jeder
glauben konnte, sie hätten sich ganz ihres Geschlechtes entäußert.
Besonders aber pflegten diejenigen, welche einen lebhaften Geist
oder eine große Gestalt besaßen, sich solchem Leben zu widmen.
Diese nun zogen, gleichsam ihre natürliche Stellung vergessend,
Härte Schmeicheleien vor, verlangten nach Kämpfen statt nach
Küssen, sehnten sich nach Blut statt nach Liebkosungen, übten
lieber Waffen- als Liebesdienst, benutzten ihre Hände, die doch
für den Webstuhl bestimmt waren, zu Schießübungen; sie streb-
ten nicht nach dem Bett, sondern nach Mord und griffen die mit
ihren Lanzen an, welche sie durch ihre Schönheit hätten bezwin-
gen können.«

Zwei Besonderheiten des Wikingerlebens lässt dieser Text erkennen: zum einen die für die damalige Zeit ungewöhnliche
Stellung der Frau, die keineswegs als Heimchen am Herd, sondern als Kampfgenossin gesehen wurde und sich deshalb auch
»selbstständig« machen konnte, und zum anderen die Selbst-
verständlichkeit, mit der Seeraub als Gewerbezweig betrieben
wurde. Piraterie war nicht gesellschaftlich geächtet. Ganz im
Gegenteil: Auch die Götter, allen voran Odin, hatten ihren Besitz
durch Raub und Mord erworben. Wer neben ihnen in Walhall
sitzen wollte, der musste sich durch besondere Tapferkeit aus-

zeichnen und im ehrenhaften Kampf Mann gegen Mann fallen. Der Tod hatte für den Wikingerkrieger deshalb jeden Schrecken verloren. Nichts Schlimmeres gab es, als friedlich im Bett zu entschlummern. So starben keine Wikingerhelden. *»Wir haben uns angewöhnt«*, schreibt Gustav Faber, *»die Welt nach dem Kodex der Zehn Gebote zu werten. Reue, Buße, schlechtes Gewissen sind Begriffe des christlichen Wortschatzes. Doch kein Mann des Nordens hatte im Zeitalter der Wikinger das Bewusstsein, sittliche Normen zu überschreiten, wenn er zu einem Piratenstreich auszog. Humanitäre Rücksicht galt nach der Moral der Seenomaden nur dem eigenen Stamm, der eigenen Sippe, der eigenen Bootsgenossenschaft. Ethische Maßstäbe der Nordleute waren Tapferkeit, Zusammenhalt von Männerbund und Klan, Mannentreue dem Jarl oder Seekönig gegenüber. Wer gegen diese Normen verstieß, wurde schuldig.«*

Entsprechend streng war das Reglement auf einem Wikingerschiff, das vom Wind oder von bis zu 60 Ruderern vorangetrieben und von einem mit besonderen Vollmachten ausgestatteten Seekönig befehligt wurde. Bis zu 400 Kilometer konnten die über 20 Meter langen Schiffe pro Tag hinter sich bringen; sie waren damit allen gängigen Bootstypen ihrer Zeit überlegen. Wo die Wikingersegel auftauchten, verbreiteten sich Angst und Schrecken. *»Im eigentlichen Sinn des Wortes«*, schreibt der Schifffahrtshistoriker Ulrich Weidinger, *»waren die Wikinger keine Piraten – obwohl sie in zeitgenössischen Quellen häufig so bezeichnet werden […] Die Schiffe dienten den Wikingern in der Regel als reines Transportmittel, mit deren Hilfe die kriegerische Mannschaft möglichst tief ins Binnenland vordrang. Die eigentlichen Streif- und Plünderungszüge erfolgten dann zu Fuß oder zu Pferde auf dem Land. Die Schiffe wurden unterdessen an geeigneten Uferstellen unter Aufsicht einer kleinen Wachmannschaft zurückgelassen.«* Und dienten dann zur sicheren Flucht mit dem Beutegut. Geraubt wurde, was sich fortbringen ließ; die Geplünderten mussten Folterungen über sich ergehen lassen oder wurden gleich ermordet. Bei Saxo gibt es deutliche Hinweise darauf, dass auch Vergewaltigungen nicht selten waren und zumindest geduldet wurden. Von dem Seekönig Helgo beispielsweise berichtet Saxo, dass er wild und grausam war und »*so sehr zu Liebesfreuden geneigt, dass man geteilter Meinung sein könnte, ob ihn mehr Herrschsucht oder Liebesleidenschaft entflammte. Auf der Insel Thorö vergewaltigte er eine Jungfrau, Thora, und bekam von ihr eine Tochter, der er später den Namen Ursa gab*«. Und da Saxo seine Wikinger im christlichen Sinn zu besseren Menschen machen wollte, folgte die Strafe für Helgo auf dem Fuß:

»*Als er bei einem Raubzuge wieder nach der Insel Thorö zurückkehrte, ersann Thora, die den Kummer über den Verlust ihrer jungfräulichen Ehre noch nicht vergessen hatte, in Form einer schimpflichen List eine ruchlose Rache für ihre Schändung. Sie schickte nämlich ihre jetzt mannbare Tochter zum Strande und richtete es so ein, dass der eigene Vater sie durch seine Umarmung entehrte. Mag dessen Körper nun auch der Versuchung der lockenden Lust erlegen sein, so darf man doch nicht glauben, dass sein Herz jeglichen Schamgefühls bar gewesen ist; denn seine Unkenntnis ist ja zum Glück die gültigste Entschuldigung für seinen Irrtum. Wehe über die unsinnige Mutter [...], die sich nicht um ihres eigenen Blutes Keuschheit kümmerte, wenn sie nur auf den Mann, durch den sie zuvor ihre Jungfräulichkeit verloren hatte, den Vorwurf der Blutschande wälzen konnte.*«

Blutschande, das ging nun selbst in wilden Wikingerkreisen nicht, auch wenn uns Saxo damit tröstet, dass aus dem Knaben, der dabei gezeugt wurde, später ein großer Held werden sollte.

Erst am Ende des 8. Jahrhunderts verließen die Seeräuber aus dem Norden ihre heimatlichen Gewässer und brachen in den Süden, Westen und Osten auf, um Städte und Klöster an den ihnen noch unbekannten Küsten zu überfallen.

Das erste verbürgte Opfer war das englische Kloster Lindisfarne, das als heiliger Ort keine Sicherheitsmaßnahmen für nötig gehalten hatte. Außerdem hielt man Überfälle von See lange Zeit für unmöglich. Am 8. Juni 793 fielen die Wikinger ein, metzelten die Mönche nieder und schleppten alle Schätze zu ihren Schiffen. Während die frevelhafte Tat im christlichen Europa mit Abscheu registriert wurde, fühlten sich die nordischen Seeräuber durch den überraschend großen »Erfolg« dieser Aktion zusätzlich angespornt. Ganz offensichtlich war in der von ihnen bisher verschmähten Region leicht etwas zu holen.

In den folgenden Jahren stieg die Zahl der Überfälle per Schiff so stark an, dass sich selbst Karl der Große bemüßigt fühlte, etwas dagegen zu unternehmen. Wie in den *Reichsannalen* überliefert wurde, brach der König Mitte März des Jahres 800 von Aachen auf, »*durchzog das Küstengebiet Galliens, ließ auf diesem Meer, das von Seeräubern unsicher gemacht wurde, eine Flotte bauen und einen Wachdienst einrichten*«. Der Erfolg war gering. Die Wikinger ließen sich auch nicht von der Flotte des mächtigen Königs aufhalten. Vor allem das wenig befestigte Friesland, das bei den Wikingern selbst im Ruf stand, Piraten hervorzubringen, musste im 9. Jahrhundert ständig Plünderungen erdulden. 808 gelang es dem Dänen Götrik sogar, Friesland mit seiner Flotte zu erobern und tributpflichtig zu machen. Saxo Grammaticus berichtet auch davon. Als Däne stand er selbstverständlich auf der Seite Götriks und sah in Karl dem Großen den Aggressor, der »*Germanien mit Krieg überzog und es nicht nur zwang, das Christentum anzunehmen, sondern auch seiner Macht zu gehorchen*«. Eine bemerkenswerte Äußerung eines Mönches über einen heilig gesprochenen König!

Selbstverständlich war auch der Tribut, der von Götrik den Friesen auferlegt wurde, »*nicht gerade hart*«. Über die Art und Bedingungen der Zahlungen berichtet er ebenfalls in seiner *Gesta Danorum*. Ob sich das Geschilderte aber tatsächlich so zugetragen hat, darf bezweifelt werden.

»*Zuerst wurde ein Bauwerk hergestellt, 240 Fuß lang und in zwölf Räume abgeteilt. Jeder von diesen erstreckte sich über 20 Fuß, sodass also die Gesamtausdehnung die oben genannte Länge erreichte. Am obersten Ende dieses Baues saß nun der königliche Zolleinnehmer, am untersten wurde ihm gegenüber ein runder Schild aufgestellt. Wenn nun die Friesen ihren Tribut zahlten, pflegten sie jede Münze einzeln in die Höhlung dieses Schildes zu werfen; doch nur diejenigen Geldstücke, deren Klang deutlich von dem Ohre des entfernt sitzenden Zöllners wahrgenommen wurde, wurden von ihm bei seiner Zählung als Königszins berechnet. [...] Da nun der Schall beim Auffallen der Münzen ziemlich häufig dem Ohr des Zöllners entging, so ergab sich, dass die Leute bei der Einlieferung der festgesetzten Abgabe zuweilen einen großen*

Teil ihres Geldes vergeblich aufopferten. Durch Karolus sollen sie später von der Last dieser Steuer befreit worden sein. Als Gotricus nach seinem Zuge durch Friesland und nach Karolus' Rückkehr aus Rom beschlossen hatte, sich auf die inneren Bezirke Germaniens zu werfen, erlag er den Nachstellungen eines seiner eigenen Gefolgsleute und starb unter dem Schwerte eines heimtückischen Verräters in seiner Umgebung (810). Bei dieser Kunde jubelte Karolus freudig auf und bekannte, das Glück habe ihn nie mehr begünstigt als durch diesen Zufall.«

Aus friesischer Sicht sieht das alles natürlich ganz anders aus. Der aus Greetsiel stammende Historiker Ubbo Emmius, der zwischen 1596 und 1616 seine große *Friesische Geschichte* in sechs Teilen veröffentlichte, sah in König Götrik (oder Gotrich oder Godefrid) einen »*gleicherweise ungerechten wie anmaßenden Mann*«. Die Wikinger waren für ihn »*von Natur aus wild*«; sie warfen sich »*wie ein unerwarteter Wirbelsturm mit einem gewaltigen Heer von Plünderern vom Meer her auf Friesland*«. Emmius schildert auch die merkwürdige Form der Tributzahlung, allerdings als Beleg für die »Überheblichkeit« Götriks, *der »sich über die Demütigung der Besiegten freute« und »die Unglücklichen in sklavischem Gehorsam und bei niedriger Arbeit festhalten wollte«.*

Das fünfte Buch des Gelehrten Emmius ist eine Chronik der frühen Wikingerüberfälle. Offensichtlich hatten die Seeräuber aus dem Norden zu diesem Zeitpunkt noch kein nachhaltiges Interesse an einer dauerhaften Landnahme. Ihnen ging es vor allem um Plünderung. Nur wenn ein Landstrich mit geringem Einsatz tributpflichtig gehalten werden konnte, waren sie auch Besatzungsmacht, allerdings zunächst nur für sehr kurze Zeit. Friesland war nach dem überraschenden Tod von Götrik wieder frei; die Überfälle fanden aber damit nicht ihr Ende. Ubbo Emmius berichtet:

»Nachdem sie eine Flotte ausgerüstet und unter die Vornehmen geteilt hatten, flogen sie wie Harpyien hierhin und dorthin an alle Küsten der Nordsee und des gallischen Ozeans. Wohin auch immer sie gelangen und an Land gehen konnten, da verwüsteten sie alles

mit Plünderungen, Mord und Brand. Die Vornehmen und diejenigen, die die Macht hatten, Schiffe auszurüsten und junge Mannschaften dafür anzuwerben, ließen sich von dem Reiz, Beute zu machen, verlocken. Aus eigenem Antrieb ohne königlichen Befehl übten sie, wie es ja auch ihre Vorfahren, die Seeräuberei ehrenvollem Kriegsdienst gleichstellten, gewohnt waren, lange Zeit dasselbe Handwerk aus. Sehr hart belästigten sie die Küsten Deutschlands und Frankreichs und auch die inneren Provinzen dieses Landes; und da die Tapferkeit der Franken schwächer wurde oder ihre Streitkräfte durch die inneren Kriege aufgelöst waren, konnten sie das Land nach Herzenslust quälen.

Es gab in diesem Jahrhundert eine so große Menge Normannen, dass sie fast durch keine Besatzung von den Küsten ferngehalten werden konnten. Die Könige von Norwegen, die durch Streitigkeiten untereinander beunruhigt und so an der Herrschaft über ihr Land gehindert wurden, wandten sich mit ihren Leuten dem Meer zu, um es unsicher zu machen, und sie nahmen sich diese Provinz (Friesland) als Teil ihres Herrschaftsbereichs, wobei alle, die zu Hause nichts besaßen oder begierig nach Beute waren, aus Norwegen, Dänemark und Schweden zu dieser Waffen- und Schicksalsgemeinschaft zusammenkamen.«

Régis Boyer unterscheidet in seiner Untersuchung über die *Piraten des Nordens* vier »*ganz unterschiedliche Phasen*«, die das »*Wikingerphänomen*« zwischen 800 und 1050 durchlief: In der ersten Phase (800–850) waren die Überfälle eher spontan, und sie richteten sich gegen Abteien, Klöster und unbefestigte Städte. Die zweite Phase (850–900) ist für Boyer dadurch geprägt, dass die Überfälle nun geplanter ausgeführt wurden. Der Wikinger sei »*Meister der ›psychologischen Kriegsführung‹*« gewesen, eines »*Kommandounternehmens, des raschen Handstreichs, also kein richtiger Krieger nach traditionellen Vorstellungen*«:

»*Man muss betonen, dass romantische Phantasie, eifrig unterstützt von zweifelhaften modernen Theorien, den Wikinger als unbesiegbaren Übermenschen sehen wollte, der überall und allen seine Schreckensherrschaft aufzwingt. Es gibt kein einziges historisches Beispiel für eine größere Schlacht, aus der er als Sieger hervorgegangen wäre.*«

Trotzdem waren ängstliche Fürsten und sogar Frankenherrscher bereit, das »Danegeld«, also eine Art Schutzgeld, zu zahlen, um die Wikinger von Überfällen abzuhalten. Ab 850 fühlten sich einige Verbände so sicher, dass sie am Ende des Sommers nicht mehr in ihre Heimat zurückkehrten, sondern dort überwinterten, wo sie reiche Beute fanden. Diese ersten, noch provisorischen Siedlungen wandelten sich in der dritten Phase (900–980), so Boyer, in feste Niederlassungen um. In Teilen Europas begann sogar eine systematische Kolonisation. In der vierten und letzten Phase (980–1050) versuchten vor allem die dänischen und schwedischen Wikinger eigene Großreiche zu gründen, aber mit bescheidenem Erfolg. Ihre Zeit war endgültig vorbei.

Wie die Wikingerherrschaft über 250 Jahre in Ost- und Nordsee aussah, wissen wir aus zeitgenössischen Berichten. So verfasste Erzbischof Rimbert von Hamburg-Bremen zwischen 865 und 876 die Lebensgeschichte seines Amtsvorgängers Ansgar, der unter anderem versucht hatte, die heidnischen Wikinger in Schweden zu bekehren. Im Frühjahr 830 war er mit mehreren Schiffen zu dem bedeutenden schwedischen Handelsplatz Birka aufgebrochen, der auf einer Insel im Mälarsee lag. Was ihm dabei zustieß, schildert Rimbert:

»Von den zahlreichen, beträchtlichen Unannehmlichkeiten, die diese Sendung ihm auferlegte, könnte Pater Witmar als Augenzeuge mehr erzählen. Ein Beispiel soll mir genügen; als sie etwa die halbe Strecke zurückgelegt hatten, begegneten ihnen Raubwikinger. Die Händler auf ihrem Schiffe verteidigten sich mannhaft und anfangs auch erfolgreich; beim zweiten Angriff jedoch wurden sie von den Angreifern völlig überwältigt und mussten ihnen mit den Schiffen all ihre mitgeführte Habe überlassen; kaum konnten sie selbst entrinnen und sich an Land retten. Auch die königlichen Geschenke, die sie überbringen sollten, und all ihr Eigentum gingen dabei verloren bis auf Kleinigkeiten, die sie zufällig beim Sprung ins Wasser bei sich hatten und mitnahmen. Unter anderem büßten sie durch die Räuber etwa 40 Bücher ein, die für den Gottesdienst zusammengebracht worden waren. Während nun nach diesem Unglück einige heimkehren, andere weiterwandern wollten, ließ sich der Knecht Gottes durch keinerlei Erwägungen von der einmal begonnenen Reise abbringen. […] Er war entschlossen, nicht um-

zukehren, bevor er durch ein Zeichen Gottes wisse, ob in diesem Lande eine Möglichkeit zur Verkündigung bestehe.«

Dies sollte nicht die einzige Begegnung Ansgars mit räuberischen Wikingern bleiben, denn 845 tauchten Normannen unerwartet unter König Roriks Leitung mit (angeblich) 600 Schiffen vor Hamburg auf. Rimbert gibt das wieder, was er offensichtlich von Ansgar selbst erfahren hat:

»Die überraschende Plötzlichkeit dieses Ereignisses ließ keine Zeit, Männer aus dem Gau zusammenzuziehen, zumal auch der damalige Graf und Befehlshaber des Ortes, der erlauchte Herr Bernhar, nicht zugegen war; als der Herr Bischof dort von ihrem Erscheinen hörte, wollte er zunächst mit den Bewohnern der Burg und des offenen Wiks (Dorfs) den Platz halten, bis stärkere Hilfe käme. Aber die Heiden griffen an; schon war die Burg umringt; da erkannte er sich zur Verteidigung außerstande, und nun sann er nur noch auf Rettung der ihm anvertrauten heiligen Reliquien; seine Geistlichen zerstreuten sich auf der Flucht nach allen Seiten, er selbst entrann ohne Kutte nur mit größter Mühe. Auch die Bevölkerung, die aus der Burg entrinnen konnte, irrte flüchtend umher; die meisten entkamen, einige wurden gefangen, sehr viele erschlagen. Nach der Einnahme plünderten die Feinde die Burg und den benachbarten Wik gründlich aus; am Abend waren sie erschienen; die Nacht, den folgenden Tag und noch eine Nacht blieben sie da. Nach gründlicher Plünderung und Brandschatzung verschwanden sie wieder. Da wurden die unter Leitung des Herrn Bischofs errichtete kunstreiche Kirche und der prächtige Klosterbau von den Flammen verzehrt. Da ging mit zahlreichen anderen Büchern die unserem Vater vom erlauchtesten Kaiser geschenkte Prachtbibel im Feuer zugrunde. Alles, was Ansgar dort an Kirchengerät und anderen Vermögenswerten besessen hatte, wurde bei dem feindlichen Überfall durch Raub und Brand ebenfalls vernichtet; ihm blieb nur das nackte Leben. [...] Aber alle diese Verluste verbitterten unseren heiligen Herrn und Vater keineswegs, noch versündigte er sich durch Reden. [...] Er wiederholte ständig das Wort des seligen Job: ›Der Herr hat's gegeben, der Herr hat's genommen. Wie es dem Herrn gefiel, so geschah es. Der Name des Herrn sei gepriesen! ‹

Durch dieses Ereignis gerieten der Herr Bischof und die Seinen in große Not und Trübsal; die Brüder seines Klosters mussten sich mit den heiligen Reliquien bald hier, bald dort einen Unterschlupf suchen; hatten sie doch nirgends mehr einen festen Wohnsitz; so stark war die Macht des Bösen; nun kam auch noch hinzu, dass das Schwedenvolk, vom Teufel getrieben, voller Wut und Empörung Bischof Gauzbert heimtückisch zu verfolgen begann. In der einhelligen Absicht zu plündern, brach ein Haufe in sein Haus [...] ein, erschlug dabei seinen Neffen Nithard und machte dadurch [...] den Getöteten zum Märtyrer Gottes. Man fesselte Gauzbert samt allen seinen anwesenden Begleitern, plünderte all ihren Besitz, [...] und jagte sie mit Schimpf und Schande davon. Wenigstens geschah das alles nicht auf königlichen Befehl, sondern nur infolge einer Gärung im Volke.

Gott der Erhabene ließ indessen trotz seiner Milde die Tat nicht ungerächt; fast alle Schuldigen ereilte bald auf verschiedene Weise ihre Strafe. Es ließe sich vieles darüber sagen. Um jedoch dem Leser nicht lästig zu fallen, will ich nur das Verderben eines einzigen beispielhaft erzählen; man schließe daraus auf die Strafe der übrigen.

[...] Es hatte der Sohn eines Edlen an dem Aufruhr teilgenommen und seinen Beuteanteil ins Haus des Vaters gebracht. Seitdem begann dessen Vermögen zu schwinden, Vieh und Hausgenossen gingen zugrunde. Auch dieser Sohn selbst starb, von der göttlichen Rache getroffen, und ebenso wenig später die Frau, der zweite Sohn und die Tochter. Als der Arme sich bis auf einen kleinen Sohn alles des Seinen beraubt sah, packte ihn die Angst vor dem Zorn der Götter; er erkannte, das alles hatte ihm die Beleidigung eines Gottes zugezogen, fragte deshalb, wie es dort üblich ist, einen Wahrsager, bat ihn, durch Losorakel festzustellen, welchen Gott er beleidigt habe, und ihm ein Sühnemittel zu nennen. Der versicherte nun nach Verrichtung der üblichen Bräuche: Alle ihre Götter seien ihm gewogen, nur der Christengott zeige sich ihm sehr feindlich. ›Christus‹, erklärte er, ›hat dich so zugrunde gerichtet. Weil irgendetwas Ihm Geweihtes in deinem Hause verborgen ist, kam all das Unglück über dich, das du er l itten hast; solange dieses Ding in deinem Hause bleibt, kommst du nicht davon los.‹ Als er das vernommen hatte, überlegte er angstvoll, was es wohl sein könne; da

fiel ihm ein: Sein Sohn hatte unter der erwähnten Beute ein Buch in sein Haus mitgebracht. Außer sich vor Furcht und Schrecken war er völlig ratlos, was er damit machen solle; einen Priester gab es ja nicht mehr; auf keinen Fall wollte er wagen, es noch länger bei sich zu behalten; in dieser ausweglosen Lage brachte er das Buch vor die Einwohnerschaft des Ortes und berichtete von seinem Leid. Aber [...] jeder scheute sich, so etwas in sein Haus zu nehmen [...]; da [...] hing er es sorgfältig verwahrt an einen Zaun und machte bekannt, wer es haben wolle, könne es nehmen; für das begangene Verbrechen werde er dem Herrn Jesus Christus willig Buße leisten. Ein Christ, von dem ich diese Geschichte weiß, nahm das Buch von dort mit in sein Haus. Der zeigte später solchen Eifer im Glauben, dass er hier bei uns sogar die Psalmen auswendig lernte, obwohl er des Lesens unkundig war. – Ähnlich aber wurden auch die übrigen durch Tod, Krankheit oder Vermögensverluste bestraft. So erfuhren alle deutlich, dass sie die schwere Rache unseres Herrn Jesus Christus spüren mussten, weil sie gewagt hatten, den heiligen Priester Gottes und die Seinen schändlich zu behandeln und zu berauben.«

Auch König Rorik selbst ereilte das Unglück. Er wurde von den Sachsen noch an der Elbe geschlagen, was den Kampfgeist der Wikinger aber nicht erlahmen ließ. Die *Jahrbücher von St. Bertin*, einem ehemaligen Kloster in Nordfrankreich, sind ein eindrucksvoller Beleg dafür. Die zeitgenössische Chronik, die höchstwahrscheinlich von Prudentius, dem Bischof von Troyes, und dem Erzbischof Hinkmar von Reims verfasst wurde, schildert die Überfälle der Wikinger (die als »Nordmanni« oder »Dani« bezeichnet werden) ab 834. Die Autoren berichten, dass die Grafen und sogar die Könige den Plünderern keinen ernsthaften Widerstand entgegensetzten und sich lieber freikauften. Die Tributzahlungen wurden durch zusätzliche Steuern aufgebracht. Glücklicherweise war noch auf himmlische Gerechtigkeit Verlass. So heißt es über die Wikinger, die am 20. Oktober 865 das fränkische Königskloster St. Denis im Handstreich genommen und dann 20 Tage lang ausgeplündert hatten:

»Die Normannen, welche das Kloster verwüstet hatten, wurden von allerlei Elend getroffen; einige fielen in Raserei, andere wurden

vom Aussatz befallen, andere starben, indem ihnen nach und nach mit dem Stuhlgang der Magen und alle Eingeweide abgingen.«

Woher die Chronisten das erfahren haben wollen, bleibt allerdings im Dunkeln.

Besonders betroffen von den Wikingereinfällen war Friesland, das fast mit Regelmäßigkeit heimgesucht wurde. Der friesische Geschichtsschreiber Ubbo Emmius erwähnt so viele Angriffe, Plünderungen und Brandschatzungen, dass er gelegentlich aus der Chronologie gerät. Er schreibt, dass die Normannen von den Küsten und Flüssen wie der Loire, der Rhône und dem Rhein zwischen 846 und 876 mehrfach Friesland, Frankreich und sogar Italien überfielen. Sie plünderten und zerstörten Städte wie Gent, Utrecht, Nantes, Tours und legten sogar Köln in Schutt und Asche. Mit ihrer Beute kehrten sie auf den Schiffen in ihre Heimat zurück und kamen wenige Jahre später zu neuen Raubzügen zurück. So heißt es bei Ubbo Emmius:

»Schon waren die Westfranken in einen solchen Zustand herabgesunken, dass für die normannischen Räuber nichts leichter und geläufiger war, als mit jährlich wiederkehrenden Einfällen nach Belieben deren Gebiet zu verwüsten. Deshalb kehrten sie im Jahre 866 mit einer neuen Flotte aus ihrem Vaterland zurück, [...] eilten nach dem übrigen Aquitanien und erschlugen Rainulf, den Herzog von Aquitanien, und Robert, den Fürsten von Angers, einen Mann von sächsischer Herkunft, zusammen mit ihrem ganzen Heer bis zur vollständigen Vernichtung. [...] Und einigen fehlte es nicht an Mut, Italien von neuem anzugreifen, nachdem sie eine Flotte auf der Rhone ins Ligurische Meer hinabgeführt hatten. Andere fuhren nicht viel später den Rhein hinauf, nämlich im Jahre 868; sie gaben Köln und Batavodurum (jetzt vermutlich Wijk bei Duurstede), das am mittleren Flussbett des Rheins liegt, einem ähnlichen Ruin preis. Und nicht eher machte das unmenschliche Volk mit dem Unglück in Frankreich ein Ende, als bis es von Karl dem Kahlen einen ungeheuren Tribut erpresst hatte, zu dem Mann für Mann im Königreich beitragen musste. Das geschah im Jahre 869. Dadurch wurde dieses Volk für eine Zeitlang beschwichtigt, aber bald kehrte es zu seiner alten Gewohnheit zurück. [...] Obgleich diese nach dem Tode des Kahlen zweimal in großer Zahl,

einmal an die 5000 und das zweite Mal an die 9000 in den Jahren 871 und 881 in Frankreich erschlagen worden sein sollen, so kehrten sie dennoch mit größerer Macht und Begierde ebendorthin zurück.

Inzwischen aber, während dies in Gallien geschah, hatten Friesland und die übrigen Provinzen, die diesseits des Rheins nach Osten hin liegen, Ruhe vor den Normannen gehabt. Plötzlich aber landete (873) Rudolf, ein Fürst von königlichem Geblüt aus diesem Volk, nachdem er viele Teile Frankreichs geplündert und ausgesogen hatte, reich an Beute, mit einem Heer seiner räuberischen Landsleute und einer starken Flotte in Friesland. Der Tribut, den er forderte, wurde verweigert. Da fing er an, das Land zu plündern und zu verwüsten und die Einwohner mit unmenschlicher Wut zu töten. Aber die friesische junge Mannschaft eilte sehr schnell zu den Waffen und warf sich im Vertrauen auf Gott und ihre Tapferkeit den Wütenden entgegen. In der Schlacht fielen 800 Normannen und ihr Führer selbst. Den übrigen schnitt man den Rückzug zu ihren Schiffen ab, verhinderte die Zufuhr von Lebensmitteln und zwang sie zu einer schimpflichen Ergebung. Sie wurden damit bestraft, dass sie ihre Rüstungen abgeben und eine ungeheure Menge Gold aus ihren Schiffen herausholen mussten. Außerdem wurden sie durch das Versprechen unter heiligstem Eidschwur dazu verpflichtet, dass sie niemals nach Friesland und in das ganze Reich des Königs Ludwig zurückkehren würden, und daraufhin entlassen. Entweder brachen dieselben ihr eidliches Versprechen, oder es waren andere von demselben Volk. Jedenfalls drei Jahre später (876) machten sie einen Einfall in Westfriesland, wurden aber wieder in einer großen Schlacht von den Einwohnern besiegt. Die Sieger bemächtigten sich der reichen Beute, die die Feinde durch Plünderung vieler Gegenden zusammengetragen hatten. Weil die Räuber zwei Niederlagen nacheinander in dieser Gegend erlitten hatten und auch noch durch einen Vertrag gebunden waren, da glaubte man, dass sie so schnell nicht wieder den Frieden derer, die unter dem deutschen König Ludwig östlich vom Rhein wohnten, stören würden.

Aber nicht viel später drang eine gewaltige Schar Norweger und Dänen in Frankreich ein und richtete alles, was zwischen Seine und Rhein liegt, Städte, Burgen, Dörfer, Kirchen und das Land mit

Feuer und Schwert zugrunde. Dann überschritten sie den Rhein und zerstörten Utrecht. [...] Von dort drangen sie in das übrige Friesland ein und verwüsteten alles wie furchtbare Bestien, wohin auch immer sie ihre Füße trugen, mit Mord und Brand. Schon hatten sie die Ems überschritten und sich nicht weit von Norden niedergelassen, das der Nordsee sehr nahe liegt und in der alten Geschichte Nordwida genannt wird. Grimmig drohten sie, die Stadt zu zerstören. Zufällig hielt sich zu dieser Zeit dort Rimbert, der Erzbischof von Bremen und Hamburg auf, der Nachfolger und ein Verwandter väterlicherseits von Ansgar. Rimbert war wegen seiner Frömmigkeit bei allen berühmt und hatte sich dorthin begeben, um das seiner Sorge anvertraute Volk (dieser Teil Frieslands gehört nämlich in geistlicher Beziehung zum Bistum Bremen) und seine Landsleute (denn er selbst soll ebenfalls ein Friese gewesen sein) in dieser schwierigen Zeit persönlich mit seinem Rat zu unterstützen und zur Standhaftigkeit und zum Pflichtgefühl gegenüber Gott zu ermahnen. Bei diesem war eine gewaltige Menge Friesen zusammengeströmt, die ihre Frauen, Kinder und Greise in Sicherheit gebracht und bereitwillig gelobt hatten, für die Religion und das Vaterland gegen jene Verwüster zu kämpfen. Als die Feinde von diesen gehört hatten, da eilten sie sorglos herbei, gleich als ob sie den Sieg schon in Händen hätten. Der Bischof rief eine Versammlung der Friesen ein und ermahnte sie mit wenigen Worten: Jetzt sei die Zeit, das, womit sie vorher in Worten großartig geprahlt hätten, mit der Tat zu bestätigen. Sie sähen ja selbst, dass das in der Nähe stehende Heer sich gegen sie wende. Daher sei es ebenso notwendig wie richtig und ruhmvoll, sich als tapfere Männer zu zeigen, da ja fast kein Ort und keine Zeit übrig seien, um zu entkommen. Sie sollten nunmehr an die Religion und die Freiheit ihrer Eltern, Frauen und Kinder denken und im Vertrauen auf himmlische Hilfe für diese mutig und unerschrocken gegen die furchtbaren Feinde Gottes und der Menschen in den Kampf ziehen. Schließlich sollten sie so kämpfen, dass sie sich fest entschlossen hätten, entweder für das Vaterland und die Frömmigkeit in der Schlacht zu fallen (etwas Glückseligeres als einen solchen Tod könne es nicht geben) oder mit dem Sieg zu ihren Leuten zurückzukehren. Darauf forderte er sie alle auf, Gott um Hilfe anzuflehen. Nachdem man gemeinsam gebetet hatte, schickte er sie unter einem guten Vorzeichen in die

Schlacht. Er selbst stellte sich an eine offene Stelle, von wo aus er die Schlachtreihen sehen konnte. Mit besorgten Gebeten rief er Christus für den Sieg an.

Inzwischen standen die Normannen [...] schon in nächster Nähe und machten einen Angriff auf das friesische Heer. Die Friesen aber hielten, eingedenk der Ermahnungen des Bischofs und durch göttliche Eingebung (wie man glauben kann) ermutigt, ihnen ohne Zittern und mit großem Wagemut auf offenem Gelände stand. Es kam zu einer gewaltigen Schlacht. Die Normannen waren darüber unwillig, dass nach so vielen Heldentaten und herrlichen Siegen ein zufällig aus bäuerlichem niederen Volk gesammeltes Heer eine ununterbrochene Reihe ihrer glücklichen Waffentaten verhinderte. Die Friesen aber kämpften treu ergeben für Herd und Altar mit höchster Hartnäckigkeit gegen den Feind. Schließlich, als die Normannen schon in der Schlacht eine gewaltige Zahl ihrer Leute verloren hatten, verließen sie [...] das Schlachtfeld und stürzten sich Hals über Kopf in die Flucht nach allen Richtungen. Die Friesen aber, die die Gegend genau kannten, verfolgten sie und erschlugen die Feinde bis zum Überdruss, da deren eilige Flucht durch Gräben, Bäche und Flüsse aufgehalten wurde. [...] Auch wurden sehr viele vom Wasser der Flüsse oder in dem ungewissen und tiefen Watt zwischen dem Festland und den Inseln verschlungen, und nicht wenige versanken in den Mooren und kamen so um. Der Abt Bavo von Corvey, ein Schriftsteller desselben Jahrhunderts, überliefert, dass an die 10 400 Mann in der Schlacht oder beim Beginn der Flucht durch das Schwert umgekommen seien. Sicherlich ist dieser Sieg denkwürdig, der den Friesen, wie die allgemeine unwandelbare Meinung ist, nicht ohne Gottes Hilfe gelang, der die Gewalttaten der Feinde rächte. Der Bischof Rimbert, dessen Gebete, wie man allgemein glaubte, viel genützt hätten, wurde nach dieser Zeit mit noch größerer Ehrfurcht als vorher in Friesland [...] zu seinen Lebzeiten und nach seinem Tode verehrt. Die Sieger machten eine so große und reiche Beute, dass diese die Schäden, die dieses Volk ihnen früher zugefügt hatte, beinahe aufwog. Deshalb wurde in allen Kirchen ein Fest veranstaltet und feierlich in Friesland und in den benachbarten Provinzen Gott der Dank ausgesprochen. Aber dieses Glück und diese Freude haben für das christliche Volk keinen langen Bestand gehabt. Denn als die Normannenkönige Gott-

fried und Siegfried von der Niederlage ihrer Landsleute hörten, da entbrannten sie in einem gewaltigen Zorn und wünschten, Rache zu nehmen. Zur Bestrafung bestimmten sie ebenso die gesamten fränkischen Provinzen wie Friesland und den christlichen Namen. Deshalb sammelten sie ein größeres Heer als je zuvor, verluden es auf die Schiffe und brachen von Norwegen auf. Schon allein mit dem Ruf, in welchem ihr Name stand, erregten sie überall einen gewaltigen Schrecken. Da die Friesen doch nicht darauf vertrauten, dass sie diesen widerstehen könnten, so fügten sie sich in das gegenwärtige Unglück. Aber jene meinten, dass es sehr wenig sei, wenn sie nur Friesland erobert hätten, zumal sie über die Nachricht von einer neuen Niederlage ihrer Leute in Frankreich erbittert waren. Denn an die 9000 Reiter und Fußsoldaten sollten in dem Köhlerwald gefallen sein (881). Sie fielen deshalb mit größter Feindseligkeit in Belgien ein. Und nachdem sie ein festes Lager an der Maas aufgeschlagen hatten, wüteten sie gegen alle nahen und weiter entfernten Gebiete mit solcher Unmenschlichkeit und Willkür, dass man leicht erkennen konnte, dass diese Barbaren sich mehr von Zorn als von der gewohnten Begierde, zu plündern und zu schänden, leiten ließen. Damals wurden Lüttich, Tongern und Maastricht mit Raub und Brand verwüstet. Bonn und Köln wurden von einem ähnlichen Unglück heimgesucht. Aachen, die Residenz der Kaiser, wurde eingenommen; die Kaiserpfalz, die Karl der Große mit königlicher Pracht errichtet hatte, wurde mit übermütigem Hohn für eine Zeit lang in einen Pferdestall verwandelt und dann zusammen mit der Stadt mutwillig in Brand gesteckt und vernichtet. Viele Jahre lag die Stadt in wüsten Trümmern. Dies geschah im Jahre der christlichen Zeitrechnung 881. Am mutwilligsten wüteten die Barbaren gegen die Heiligtümer. Dann wurde Trier von ihnen geplündert und eingeäschert (883). Die Truppen der Christen wurden zusammen mit dem Bischof von Metz im Gebiet der Mediomatriker an der Maas vernichtet. Kaiser Karl der Dicke, der allein von den Brüdern noch übrig geblieben war und ganz Deutschland beherrschte, eilte mit einem gewaltigen Heer den Verwüstern entgegen (884), zwar mit wechselndem Glück. Jedenfalls entsprach der Erfolg nicht hinreichend seinen Wünschen.«

Der westfränkische König Karlmann sah sich schließlich gezwungen, den Wikingern, die an der Somme ihr Feldlager aufgeschlagen hatten, Geld anzubieten, wenn sie sein Reich verlassen würden. Was dann geschah, schildert der Abt Regino, der seine Chronik im Jahre 908 in Trier abschloss:

»Bald brennen die Herzen dieses gierigen Volkes nach dem Empfange des Geldes, sie erheben 12 000 Pfund reinen und geläuterten Silbers und versprechen auf ebensoviele Jahre den Frieden. Nachdem sie eine so ungeheure Summe erhalten haben, lösen sie die Taue von dem Ufer, besteigen ihre Schiffe und eilen nach den Seegestaden zurück.«

Aber die verhaltene Freude bei den Westfranken währte nicht lange. Noch im selben Jahr starb Karlmann bei einem Jagdunfall.

»Die Normannen kehren, als die den Tod des Königs erfahren, sofort in das Reich zurück. Der Abt Hugo (von Tours) und die übrigen Großen schicken daher Gesandte zu ihnen und halten ihnen vor, sie hätten ihr Versprechen und die von ihnen eingegangene Verpflichtung verletzt. Hierauf erwidern jene, sie hätten mit dem König Karlmann, nicht mit irgend jemand anderem, einen Vertrag geschlossen; wer der auch sein möchte, der ihm in der Regierung nachfolge, er müsse eine Geldsumme von gleichem Betrage und Gewicht hergeben, wenn er sein Reich in Ruhe und Frieden besitzen wolle.«

Da die Wikinger keine vergleichbaren Chroniken hinterlassen haben, kennen wir auch in diesem Fall nur die Version der vermeintlichen oder wirklichen Opfer. Danach haben die Westfranken nicht noch einmal gezahlt, und die Plünderungen gingen unvermindert weiter.

Gegen die Wikinger konnte offensichtlich niemand etwas auf Dauer ausrichten: weder ein Kaiser noch ein frommer Kirchenmann wie der Erzbischof Rimbert, der, wie wir schon gesehen haben, gottgefällige Chroniken schrieb und die Waffen der Friesen segnete. Die Feuerwalze aus dem Norden rollte weiter über die fränkischen Reiche. Aber nicht jede Stadt wurde Opfer von Plünderung und Brandschatzung. Berühmt geworden ist der Verteidigungskampf von Paris, nicht zuletzt wohl, weil sich ein dramatischer Augenzeugenbericht erhalten hat. Er stammt von dem Abt Abbo von Saint-Germain-des-Prés, der die Belagerung

885/886 als Jugendlicher miterlebt hatte. Schon kurz nach den Ereignissen begann er sein Manuskript, das wahrscheinlich 896 abgeschlossen war. Abbo wollte, wie Anton Pauels in seiner sorgfältigen Studie über den Bericht schreibt, »*den Verteidigern anderer Städte ein bleibendes Beispiel geben*«. Entsprechend heroisch wird der Ablauf der Verteidigungsschlachten geschildert. Die Epen Homers scheinen dabei Pate gestanden zu haben.

Die Kämpfe begannen am 26. November 885. Paris war damals kein mächtiges Zentrum, sondern eher eine Mittelstadt, von einer Mauer und einem tiefen Graben umgeben. Besondere strategische Bedeutung besaß eine große Brücke über die Seine mit einem hölzernen Turm, der den Angreifern erhebliche Schwierigkeiten bereitete, weil sie von dort ständig beschossen wurden. Die Passage, die wir aus dem ersten Buch ausgewählt haben, schildert den grausigen Kampf um Brücke und Turm. Sie dokumentiert, dass die Wikinger – auch tief im Binnenland – ihre Schiffe als Waffen und als Bedeckung für Angriffe einsetzten.

»*Inmitten des schrecklichen Schlachtgetümmels stand fest die Stadt Paris und lachte unerschrocken der Geschosse, die man auf sie schleuderte. Also bauten die Normannen nun Ungetüme mit zweimal acht Rädern – gar wunderlich anzusehen – von nicht gekanntem Ausmaß, verbunden zur Dreiheit; aus gewaltiger Eiche waren sie, und über einem jeden lag ein Mauerbrecher, abgedeckt von einem hohen Dach. Die Wölbung des Käfigs [...] barg, wie das Gerücht ging, sechzig behelmte Männer. Jenen Ungeheuern verlieh man das Ausmaß einer einzigen Riesengestalt. Zwei von ihnen waren schon vollendet, und man fertigte das dritte: Da schnellte vom Turm, durch Sehnen getrieben, wohl gezielt ein Geschoss herab, die beiden Erbauer mit einem Schlage niederzustrecken. So verdienten sie sich als erste den Tod, den sie uns zugedacht, und alsbald starb das grausame Zweigespann durch einen einzigen Treffer.*

Auf hohen Balken errichteten die Normannen zahllose Zelte aus Häuten, die sie vom Hals und vom Rücken junger Rinder nahmen. Wie ein Schild vermochten sie vier bis sechs Männer zu schützen. Selbst die Nacht bringt keine Ruhe und keinen Schlaf. Man schärft, erneuert und verfertigt schnelle Pfeile, man richtet Schilde her, aus

alten werden neue. Als der greise Phoebus in seinem Glanze mun-
ter sein Segen spendendes Viergespann besteigt, die dunkle Nacht
vertreibt und aufgehend seine Blicke auf die Stadt nieder senkt,
sieh, da bricht jäh die Satansbrut rasend aus ihrem Lager hervor
und eilt zum Turm, hoch bepackt mit unheilvollen Geschossen:
Wie zarte Bienen ihrem Reich zustreben mit ihren von Seidelbast,
Thymian und den Blüten der Bäume und des lieblichen Feldes
strotzenden Schultern, so eilt das unselige Volk, die Schultern von
Bogen beschwert, mit zuckender Klinge zum Turme. Mit ihren
Schwertern verdecken sie die Fluren, die Seine mit ihren Schilden,
und in die Stadt fliegen, von mächtigen Wurfmaschinen geschleu-
dert, in dichtestem Hagel zahllose Äpfel aus Blei und übersäen
Brücken und Türme. Allenthalben erhebt sich rasend der Kriegs-
gott und herrscht voller Übermut. Die Glocken aller Kirchen erfül-
len schallend mit klagendem Läuten die leeren Lüfte. Ins Wanken
gerät der Turm, die Bürger hasten kopflos umher, mächtig ertönt
Trompetengeschmetter, Furcht befällt alle Männer und Türme.

Hier tun sich viele edle und tapfere Männer hervor; allen vo-
ran stand Bischof Gauzlin; an seiner Seite kämpfte sein Neffe, der
kriegerische Abt Ebolus. Hier glänzten Rotbert, Odo, Ragenar,
Utto und Erilang, allesamt Grafen. Der edelste jedoch war Odo,
der ebenso viele Dänen niederstreckte, wie er Pfeile verschoss. Es
kämpft das verworfene, es ringt das gottgefällige Volk. Drei Heer-
haufen rüstet der grimmige Feind zum Kampfe; den größten führt
er gegen den Turm, die beiden anderen auf bemaltem Schiffe gegen
die Brücke, glaubten die Dänen doch fest, jener wäre eine leichte
Beute, wenn sie diese erst bezwungen hätten. Hart umkämpft wird
der Turm, noch härter freilich die Brücke. Gerötet stöhnt dieser
unter mannigfaltigen Wunden, jene betrauert die schwindenden
Kräfte der Helden und deren Tod. Kein Weg der Stadt mehr ist
unbefleckt vom Blute der Männer. Blickte der Turm abwärts, ge-
wahrte er zu seinen Füßen nur bemalte Schilde; von ihnen bedeckt,
lag verborgen die Erde. Schaute er jedoch empor, dann sah er Ver-
derben bringende Steine und grausige Wurfkeulen wie einen Bie-
nenschwarm dicht durch die Luft schwirren.

[…] Es erhebt sich ungeheures Geschrei, es wächst die Angst, ge-
waltiges Getöse bricht los. Hüben wie drüben kämpft man verbis-
sen; unter lautem Waffengeklirr verschärfen die Normannen die

schon grausigen Gefechte. Kein Erdensohn lebt, der jemals so viel Fußvolk, mit Schwertern bewaffnet, an einem Orte versammelt gesehen und sich ob eines so großen bemalten Schutzdaches verwundert hätte. So schufen sich die Normannen ein Gewölbe, dem des Himmels ähnlich, welches dem Leben Schutz bot und unter dem kein Normannenhaupt hervorzuschauen begehrte; darunter jedoch griffen immerfort sie zu den Waffen, die dazu bestimmt, grausigen Tod zu bringen. Es fochten Tausende Seite an Seite im Kampfgetümmel; Tausende suchten dabei, weil nicht alle zugleich den Turm zu erreichen vermochten, in kleineren Scharen zu kämpfen. Als die Besatzung des Turmes sieht, wie das feindliche Volk mit nackten Armen und offenem Maule die Kräfte zum Kampfe verdoppelt, verwandelt sie ranke Eiben in gekrümmte Bogen: Schon schnellt ein Pfeil einem Normannen in den offenen Mund. Sogleich versucht ein anderer, dem Sterbenden mit seinem Schilde Deckung zu geben: er sollte freilich die gleiche Speise kosten, die der erste hinuntergewürgt hatte. Schon kommt der dritte, die erhabene Zahl zu schließen; als er sich müht, die beiden verstohlen fortzutragen, muss auch er, vom Pfeile durchbohrt, den Turm um Vergebung bitten. Wiederum andere bergen sie unter den Schilden und schleppen sie fort, um sich danach, rasend vor Wut, von Neuem in den Kampf zu stürzen. Von Steinen getroffen ächzen die Schilde, und blutige Schreie, die bis zum Äther empordringen, stoßen die Helme hervor; unerbittlich durchbohrt die Spitze des Pfeiles den Harnisch.

Als nun der Allmächtige sah, dass seine Glieder und Geschöpfe, die er geschaffen, von den Dänen bezwungen zu werden drohten, da gab er neue Kräfte und starken Mut den Unseren, den Dänen aber jagte er Furcht ein. Nun gehen sie elend zugrunde; viele werden zu den hochbordigen Schiffen zurückgebracht und strecken denen ihre Waffen hin, die ihnen den Garaus machen. Schon trägt Titan Sorge, seine schnellen Gesandten zum Ozean vorauszuschicken, damit prächtig sie das Lager herrichten, auf das zum Schlummer er sich zurückziehen will.

Zum klagenden Turm nun schaffte das finstere Volk die Zelte, die ich schon besungen habe, errichtet aus dem Holze gefällter Bäume und den Häuten geschlachteter Jungrinder; in ihnen verbrachten die einen kämpfend, die anderen schlafend die Nacht. In die Zelte bohrten ringsum sie Löcher, um befiederte, giftgetränkte Pfeile auf die Krieger abzuschießen, die in der Nacht den hochragenden Turm bewachten. Als der Morgen erglüht, beginnen die Waffen der blutrünstigen Feinde den Kampf von Neuem; sie bilden ein kreisförmiges Schilddach, das die Erde völlig bedeckt. In großer Zahl machten sich andere emsig an den Gräbern zu schaffen, die sich rings um die Festung zogen, und füllten ihre Vertiefungen auf. Dazu warfen sie Erdschollen und viel dichtes Laub in die Gruben, überdies noch Getreide, das keine Frucht mehr trug, Grasbüschel, Sträucher und Weinstöcke ohne Triebe. Zudem töteten sie alte Stiere und herrliche Kühe und Kälber und schließlich – ach! – die Bejammernswerten, die sie gefangen hielten: Alles warfen sie in die tiefen Gräben. So machten sie's, im Kampfe stehend, den ganzen Tag. Dies sieht der fromme Bischof, und unter Tränen ruft er mit lauter Stimme die Gebärerin unseres Herrn und Heilandes an:

›Segenspendende Mutter unseres Erlösers und des Heils der Welt, leuchtender Meeresstern, heller als alle Gestirne, schenke meinen flehentlichen Bitten gnädig Gehör. Wenn's dir beliebt, dass jemals ich wieder das Messopfer feire, dann soll sich in die Schlinge des Todes verstricken der gottlose, trotzige, wilde, grausame und grimmige Feind, der seine Gefangenen abschlachtet!‹

Vom Turm herab fliegt stracks ein Geschoss, dem Feinde zu bringen, was Bischof Gauzlin unter Tränen erfleht; selbst in die Fesseln des Todes geschlagen, ließ ein Normanne ab von denen, die in Ketten lagen, und streckte seinen Kumpanen jämmerlich Schild und Füße hin. Sein Mund öffnete sich, er stürzte mit Macht, und der Länge nach schlug er zu Boden und füllte den Graben; neben den Gefangenen, die er mit seinem Schwerte grausam gequält hatte, hauchte er seine übel geborene Seele aus.

Hell glänzt die Stadt, der erhabenen Maria zu Ehren geweiht, durch deren Hilfe wir uns nun eines Lebens in Sicherheit erfreuen. Ihr lasst uns daher, so wir's vermögen, unsäglichen Dank abstatten und wohlgefällige Lobgesänge darbringen. Von dannen ging Phoebus, und zurück kehrt das Dunkel der huldreichen Nacht; die nichtswürdigen Bewacher umschließen in großer Zahl den Turm. Als die Morgenröte den Himmel ringsum überzieht, umzingelt man auch die Festung, und während todbringende Geschosse diese erschüttern, schieben die Dänen Sturmböcke heran; einen bringen sie von Osten gegen den Turm in Stellung, einen anderen, gegen die Tore gerichtet, betrachtet aus der Höhe das Siebengestirn; einen dritten lenkt der Westen gegen die Flanke. Die Unseren aber verfertigen Balken von großem Gewicht, deren Ende ein stählerner Zahn bewehrt, damit um so rascher die Belagerungsmaschinen der Dänen durchschlagen werden können. Aus gleichlangen, zu Paaren verbundenen Balken bauten sie Maschinen, im Volksmund Mangonen genannt; mit diesen schleudern sie riesige Steine und zerschmettern so die niedrigen Zelte des Furcht erregenden Volkes. Oft quetschen sie den Unglücklichen das Hirn aus den Schädeln, weh! viele Dänen zermalmen sie und noch mehr Schilde. Kein Schild blieb vom Bruch, vom Tode kein Elender verschont, den ein solches Geschoss traf. Vergeblich jedoch mühten sich die unseligen Scharen, die Gräben zu stopfen – nicht einen vermochten sie aufzufüllen –, setzten sie doch alles daran, mit Sturmböcken den Turm zu vernichten.

Doch diese auf geebnetem Gelände heranzuführen, gelingt ihnen nicht; so nehmen sie in ihrer Wut eilends drei recht hochbordige Schiffe, darauf brennend, sie mit laubreichem Holz zu beladen: Schließlich wird auf ihnen loderndes Feuer entzündet. Die Flammen speienden Schiffe treiben gemächlich von Osten heran; mit Tauen zieht man sie an den Ufern entlang, um die Brücke und den weithin sichtbaren Turm niederzubrennen. Flammen speit das Holz, die Wasser des Flusses versiegen, es stöhnt die Erde, und grüne Pflanzen sterben im Feuer. Machtvoll steht dort der Lemnier und tritt Neptun mit Füßen; schwarz dringt er zum Reiche des Himmels und zieht durch die Wolken. [...] Es trauert die Stadt, Furcht befällt die Türme, und es weinen die Mauern. [...] Voller Trauer seufzen schöne Jünglinge und schlohweiße Greise. Mütter raufen sich die Haare. [...] Da laufen die Bürger ängstlich umher, und alle rufen zum verehrungswürdigen Germanus: ›Erbarme dich deiner Unglücklichen, Germanus!‹ (Einst war er Paris' allerheiligster Bischof, sein erlauchter Leib war die Zierde der Stadt.) Von Germanus' Namen hallen wider die Mauern der Stadt, und auf jedem Turm rufen Mannen und Edle: ›0 Germanus, komm doch deinen Dienern zu Hilfe!‹ [...] Auch die Stadt antwortet mit Germanus' Namen denen, die zu ihm rufen. Mütter und junge Mädchen strömen zum Grabe des Heiligen, um gnädige Hilfe zu erflehen. Darob verbreitet sich größte Heiterkeit unter dem unseligen Volke, und es verhöhnt die Bürger, die Schar des Herrn. Unter bösem Gelächter trommeln sie mit der vollen Kraft ihrer Hände gegen die Schilde, und vom schallenden Johlen blähen zum Bersten sich ihre Kehlen; das Wehklagen der Städter erfüllt die Lüfte mit lautem Lärm und gewaltigem Geschrei.

Droben in der Höhe wird das Rufen und Trauern erhört. Der allmächtige Gott, Erlöser aller Geschöpfe der Welt, leistet Beistand, gerufen durch die Fürsprache des Heiligen, und du selbst, Germanus, kommst, deinem verzweifelten Volke Hilfe zu bringen, du selbst zwingst die Flammen speienden Schiffe auf den hohen Steindamm aufzulaufen, dass keines die Brücke beschädige (dieser Damm nämlich stützt die Brücke). Sogleich steigt das Volk des Herrn zu den Feuern herab, löscht sie mit Wasser und nimmt die Schiffe als Sieger für sich in Besitz: Für die selige Gottesschar ist nunmehr Anlass zur Freude, was sie zuvor mit Betrübnis und Schmerz erfüllte. So wussten's die Unseren zu meistern. Schlacht und Tag neigen sich dem Ende zu, und den Tölpeln überlässt die Nacht den Turm zur Bewachung. Noch hat die Sonne nicht ihr leuchtendes Viergespann bestiegen, da schieben die Normannen bei Anbruch des Tages die Schutzdächer heimlich wieder in ihr Lager, zwei Sturmböcke aber, im Volksmund carcamusae *genannt, lassen sie zurück – sie fortzuschaffen hinderte sie die Furcht. Die Unsrigen aber bemächtigen sich ihrer voll Freude und rauben sie. König Siegfried führte die Dänen zurück.«*

Auch dieser Sieg war nicht von Dauer, denn ein Hochwasser zerstörte am 6. Februar 886 die Verbindung zwischen dem lange umkämpften Turm und der Stadt. Das blieb, wie es in den im 10. Jahrhundert entstandenen Annalen des Klosters St. Vaast (bei Arras) heißt, auch den Normannen nicht verborgen:

»Sie erhoben sich vor dem Morgenrot, eilten in größter Menge zu diesem Turm, umringten ihn von allen Seiten, damit man von der Stadt aus denen, die darin waren, keine Hilfe bringen könne, und machten sich daran, ihn zu erstürmen. Und da die, welche innerhalb des Turmes sich befanden, heftigen Widerstand leisteten, stieg das Geschrei der Menge bis zum Himmel, während der Bischof auf der Mauer der Stadt mit allen denen, welche in der Stadt

waren, laut klagte und weinte, dass sie nicht Hilfe leisten konnten, und da er nichts anderes zu tun vermochte, empfahl er sie Christo. Die Normannen aber gelangten im Sturm an das Tor des Turms und legten Feuer daran. Und die, welche darin waren, wurden, ihren Wunden und dem Feuer unterliegend, gefangen genommen, zur Schmach der Christenheit auf verschiedene Weise getötet und in den Fluss geworfen. Darauf zerstörten sie diesen Turm und setzten dann die Belagerung der Stadt fort.«

In den folgenden Monaten mussten sich die Pariser noch mehrfach gegen Attacken wehren, bis schließlich König Karl der Dicke, wie der Chronist bitter anmerkt, »*einen wahrhaft erbärmlichen Beschluss*« fasste und mit den Wikingern zu einer Vereinbarung kam. Die Normannen erhielten ein Lösegeld und durften auf der Seine an Paris in Richtung Burgund vorbeiziehen, wo Karl noch eine Rechnung offen hatte. Die sollten nun die Wikinger begleichen. Aber die Pariser weigerten sich überraschend, dafür ihre so heftig umkämpfte Brücke abzubrechen. Die wilden Männer aus dem Norden, die sich ihren Kampfesmut für das weitaus lukrativere Burgund aufsparen wollten, zogen ihre Flotte landwärts auf Baumstämmen an Paris vorbei – hin und später auch zurück. Was dieser Triumph bedeutete, lässt sich heute nur schwer ermessen. Eine (damals) noch nicht einmal große Stadt hatte den Barbaren getrotzt.

Die Wikinger schienen langsam zu merken, dass ihre Probleme, die sie zu Seeräubern gemacht hatten (also vor allem der karge landwirtschaftliche Ertrag in ihren Heimatländern und die damit verbundene Übervölkerung), auch nach einem Jahrhundert Plünderung und Mord via Schiff noch nicht gelöst waren und nur durch eine dauerhafte Siedlung in Mitteleuropa gelöst werden konnten. So kam es 911 schließlich zur Gründung der Normandie als Herzogtum der Normannen und unter der formalen Oberhoheit des fränkischen Königs. Weitere Reiche entstanden in England, Russland und im Süden Italiens. Wikinger waren es auch, die um die Jahrtausendwende Grönland und – lange vor Kolumbus – Nordamerika für die Europäer entdeckten. Aber obwohl sich auch die Stämme und Heerkönigtümer in Norwegen, Dänemark und Schweden zu neuen Staaten zusammenfanden und die Seeräuberzeit der Wikinger damit eigentlich abgeschlossen war, blieben die Nord- und Ostseeküsten weiterhin gefährdet. Genauere Informationen verdanken wir Adam von Bremen, der die Domschule in Bremen leitete und um 1080 seine große *Hamburgische Kirchengeschichte* fertig stellte. Seine Vorgehensweise war recht modern. Er wertete alle erreichbaren Quellen aus, befragte Zeitzeugen und reiste sogar nach Dänemark, um vor Ort Material zu sammeln und den König zu befragen. Adam berichtet von schweren Kämpfen mit plündernden Wikingern im Sommer 994:

»Damals soll eine Flotte von Seeräubern in Sachsen gelandet sein und alles friesische und hadelnsche Küstenland verheert haben. Und als sie dann durch die Elbmündung hindurch und den Fluss hinauffuhren und in die Provinz selbst einfielen, da versammelten sich die sächsischen Großen und traten, obwohl sie nur ein kleines Heer hatten, die Schiffe verlassend, den Feinden bei Stade, welches ein günstig gelegener Elbhafen und fester Ort ist, in den Weg. Jene Schlacht aber war groß und denkwürdig und nur allzu unglücklich; denn obwohl von beiden Seiten mannhaft gestritten wurde, so wurden doch zuletzt die Unseren als die Schwächeren gefunden. Die siegenden Schweden und Dänen vernichteten die ganze Mannschaft der Sachsen. Dort wurden Markgraf Siegfried, Graf Dietrich und andere vornehme Männer gefangen genommen. Die Feinde schleppten sie mit gefesselten Händen in die Schiffe, banden ihnen die Füße mit Ketten und verheerten darauf ungestraft das ganze Land. Als aber unter diesen Gefangenen allein Markgraf Siegfried mit Hilfe eines Fischers in der Nacht sich befreite und entkam, begannen alsbald die Seeräuber, in Wut geratend, an allen den Besten unter denen, die sie in Haft hielten, ihren Hohn zu üben; sie verstümmelten sie nämlich an Händen und Füßen, schnitten ihnen die Nasen ab und warfen sie, die so Entstellten, halbtot ans Land. Unter diesen waren einige vornehme Männer, die nachher noch lange Zeit diese Untat überlebten, zum Schimpf für das Reich und zu einem kläglichen Anblick für jedermann.

Bald nachher rächten Herzog Benno und Markgraf Siegfried diesen Schlag, mit Heeresmacht herankommend, und eben jene Seeräuber, welche, wie gesagt, bei Stade gelandet waren, wurden von ihnen aufgerieben.

Eine andre Abteilung, die in die Weser einlief und dann das Land Hadeln bis nach Lesum ausplünderte, kam mit einer sehr großen Menge Gefangener zu einem Moor bei Glinstedt, wo sie von den ihnen nachfolgenden Unseren angegriffen und alle bis auf den letzten Mann erschlagen wurden; ihre Zahl betrug zwanzigtausend. (Ein gefangener sächsischer Ritter, den sie zum Wegweiser genommen hatten, führte sie an die gefährlichsten Stellen des Moores, in welchem sie, durch lange Anstrengungen abgemattet, leicht von den Unseren überwunden wurden. Er hieß Herward und wird von den Sachsen in unauslöschlichem Ruhme gefeiert.)

Von dieser Zeit an nun machten die Seeräuber häufig feindliche Einfälle in diese Gegenden. Alle Städte Sachsens schwebten in Furcht, und Bremen selbst begann man durch einen sehr festen Wall zu schützen. Darauf ließ auch, wie sich alte Leute erinnern, Erzbischof Libentius den Kirchenschatz und alles Kirchengerät nach der Bückener Propstei bringen. So groß war der Schrecken in der ganzen Ausdehnung dieses Sprengels. Denn Libentius selbst, wie die Rede geht, richtete die Seeräuber, die das Bistum verheerten, mit dem Schwert des Bannfluchs. Von einem dieser Gebannten nun, der in Norwegen starb, soll der Leichnam siebzig Jahre lang unverwest geblieben sein, bis zu den Zeiten des Herrn Erzbischofs Adalbert, als der Bischof Adalward dahin kam und den Toten aus den Banden der Exkommunikation erlöste, worauf der Körper alsbald in Staub zerfiel.«

Offensichtlich waren es aber nicht nur räuberische Wikingerheere, die mit ihren Schiffen die Küsten unsicher machten. Auch einzelne Boote konnten für Städte, die über das Wasser erreichbar waren, eine große Gefahr bedeuten. Die schwedische Stadt Birka z. B., die bereits bei Ansgar erwähnt wurde, schützte sich auf sehr wirkungsvolle Weise gegen die Piraten. Adam von Bremen schreibt:

»An diesem Ort bildet eine Bucht des baltischen oder barbarischen Meeres bei der Biegung nach Norden einen Hafen, der für Unvorsichtige und Unkundige sehr gefährlich ist. Denn die Birkaner, welche oft von den Einfällen der Seeräuber, die es dort in großer Menge gibt, heimgesucht wurden, versuchten, da sie mit Waffen nicht zu widerstehen vermochten, die Feinde mit schlauer List zu

täuschen. *Sie verbauten nämlich die Bucht dieses friedlosen Meeres hundert und mehr Stadien weit mit verborgenen Steinmassen und machten so für die Ihrigen gleichwie für die Räuber die Fahrstraße gefährlich. An diesem Standort aber pflegen, weil er unter allen Küstengegenden Schwedens am sichersten ist, alle Schiffe der Dänen oder Nordmannen und ebenso der Slawen und Samländer und anderer Völker der nördlichen Ostsee wegen verschiedener Handelsbedürfnisse gewöhnlich zusammenzukommen.«*

Am Ende des 11. Jahrhunderts, als Adam von Bremen das nördliche Europa einer kritischen Inspektion unterzog, scheint Seeraub keineswegs mehr das Privileg marodierender Wikinger gewesen zu sein. Ganz im Gegenteil: Normannien, also Norwegen, wird ausdrücklich von Adam gelobt, weil die Bewohner nach der *»Annahme des Christentums durch bessere Unterweisung schon gelernt«* hatten, *»sich mit ihrer Armut zu begnügen, ja sogar erworbenen Besitz auszuteilen und nicht, wie früher, verteilten Besitz zu erwerben«*.

Ganz so war es allerdings nicht. Noch im 13. Jahrhundert segelten vereinzelt norwegische Schiffe vor die irische Küste auf der Suche nach leichter Beute. Dass sich der christliche Glaube und das Gebot der Nächstenliebe auch ganz gut mit dem Erwerbszweig Seeraub in Einklang bringen ließen, konnte einem aufmerksamen Beobachter wie Adam von Bremen nicht entgehen. Vor allem die Inseln in Nord- und Ostsee blieben ihm zumindest verdächtig, selbst wenn dort fromme Mönche wohnten:

»Von Bischof Eilbert wird erzählt, dass er ein bekehrter Seeräuber war und die Insel Farria (Helgoland), welche in der Mündung der Elbe in ferner Einsamkeit im Ozean verborgen liegt, zuerst entdeckt und durch Anlegung eines Klosters bewohnbar gemacht haben soll. Diese Insel liegt Hadeln gegenüber. Die Länge derselben erstreckt sich auf kaum acht Meilen, die Breite auf vier. Die Bewohner bedienen sich zum Brennen des Strohs und der Schiffstrümmer. Es geht die Rede, dass Seeräuber, wenn sie einmal von da auch nur die geringste Beute hinweggeführt hätten, entweder bald darauf durch Schiffbruch umgekommen oder im Kampf erschlagen worden seien; keiner sei ungestraft heimgekehrt. Daher pflegen sie den

dort lebenden Eremiten mit großer Ehrfurcht den Zehnten ihrer Beute darzubringen.

Diese Insel aber ist sehr fruchtbar an Getreide, eine sehr reiche Ernährerin von Vögeln und Vieh. Sie hat einen einzigen Hügel, keinen Baum, ist von den schroffsten Klippen eingeschlossen, hat keinen Zugang außer nur einem, wo auch süßes Wasser sich befindet; ein allen Seefahrern, aber auch den Seeräubern ehrwürdiger Ort. Daher hat sie den Namen Heiligland bekommen.

Seeland ist eine im inneren Busen des baltischen Meeres gelegene Insel von sehr großer Ausdehnung. Diese, hochberühmt sowohl ob der Tapferkeit ihrer Männer als auch ihrer Fruchtbarkeit wegen, hat eine Länge von zwei Tagesreisen und eine beinahe gleiche Breite. Dort gibt es viel Gold, das durch Seeraub zusammengebracht wird. Denn die Seeräuber selbst, welche jene Wikinger nennen, zahlen dem dänischen König dafür Tribut, dass es ihnen freisteht, von den Fremden, die um dieses Meer herum in großer Anzahl wohnen, Beute zu machen. Daher kommt es auch, dass sie die Erlaubnis, welche sie in Bezug auf die Feinde empfangen haben, oft gegen die Ihrigen missbrauchen; so sehr sind sie ohne eine Treue gegeneinander, und ohne Erbarmen verkauft jeder den andern, sobald er ihn gefangen genommen hat, als Knecht an einen Genossen oder Fremden.

Von jenen Inseln aber, welche den Slawen zugekehrt liegen, sollen drei die ausgezeichneteren sein. Von diesen heißt die erste Fehmarn. Die zweite, den Wilzen gegenüber (Rügen), haben die Raner (oder Runer) inne, ein sehr tapferes Geschlecht der Slawen, ohne deren Ausspruch dem Gesetz gemäß in öffentlichen Angelegenheiten nichts geschehen darf; so sehr werden sie wegen ihres vertrauten Umganges mit den Göttern oder vielmehr mit den Dämonen gefürchtet, die sie mit größerem Dienst verehren als die Übrigen. Diese beiden Inseln nun sind voll von Seeräubern und den blutigsten Banditen und verschonen keinen, der vorüberfährt. Denn alle, die andere als Sklaven zu verkaufen pflegen, erschlagen sie.

Die dritte Insel ist Samland (keine Insel!), in der Nähe der Russen und Polen. Diese bewohnen die Semben oder Pruzzen, sehr menschenfreundliche Leute, die denen, welche auf dem Meere Gefahr leiden oder von Seeräubern angefallen werden, zur Hilfe entgegenfahren. Gold und Silber achten sie sehr gering; sie haben Überfluss

*an fremden Fellen, deren Duft unserer Welt das todbringende Gift
der Hoffart eingeflößt hat. Und zwar schätzen jene diese Felle nicht
höher denn Mist und damit, glaube ich, ist uns das Urteil gesprochen, die wir mit allen rechten wie unrechten Mitteln nach einem
Marderkleid wie nach der höchsten Glückseligkeit trachten.*

*Auch gibt es noch mehrere andere Inseln in diesem Meer, alle
voll von wilden Barbaren, und daher werden sie von den Seefahrern gemieden.«*

Rügen sollte auch später noch fast sprichwörtlich für seine Seeräuber sein, zumal sich die slawischen Rügianer jeden Chris-
tianisierungsversuchen widersetzten und Heiden blieben, die
keine Oberhoheit anerkannten. Selbst als die Insel schon lange
zu Deutschland gehörte und die Piraterie in der Ostsee einge-
dämmt war, sollen findige Bewohner ihre schroffen Klippen
geschickt genutzt haben, um an die Ladungen von Kaufmanns-
schiffen heranzukommen. Das jedenfalls ist einer witzigen An-
ekdote zu entnehmen, die 1896 in dem Band *Rügensche Sagen
und Märchen* von A. Haas veröffentlicht wurde:

*»Die Rügianer waren früher als arge Strandräuber weit und
breit verschrien. Man sagte ihnen nicht nur nach, dass sie die von
Wind und Wetter auf den Strand getriebenen Schiffe rücksichtslos
ausplünderten, sondern man wollte auch von ihnen wissen, dass
sie die vorüberfahrenden Schiffe durch falsche Zeichen zum Stran-
den brächten, um so auf leichte und bequeme Art eine fette Beute
zu bekommen. Hierauf beruht die folgende Erzählung:*

*Doe was mal ees'n Stralsunner; de kem, als he dot wier, an de
Himmelsdöhr un kloppt doe an, dat se em rinlaten sullen. Petrus
makt dat Finster apen un frog em, wer he wier und wue he herkem.
De anner antwurt't: ›Ick bin ut Stralsund un micht nu girn in'n
Himmel 'rin.‹*

*– Petrus: ›Dat glöw ick di wol to; öwer doe kann nicks nich von
warden. Denn Stralsund liggt dicht bi Rügen, un de Rügenschen –
von de Ort hebben wi hier nah gradens nog; dat is 'ne ganz dulle
Bann'!‹ – ›Ih‹, seggt de Stralsunner, ›denn schmiet se doch rut!‹
– ›Ja, wenn dat so licht wier.‹ – ›För mi micht dat so schlimm
nich sin‹, sär de Stralsunner to Petrussen, ›ick will di wat seggen:
Nimmst du mi hier bi di up, so schaff ick di glik de ganze Sipp*

von'n Liew'.‹ – ›Dat sall gellen‹, reep Petrus ut un makt de Himmelsdöhr up. De Stralsunner besunn sich nich lang'. He ging furts nach de Eck hen, wue de Rügenschen in hellen Hopen tosamseten un randalirten. As he all dicht 'ran wier, legt he beide Hänn' mit de flache Sit an'n Mund un reep denn, so lur he künn: ›Schipp in Sicht! Schipp in Sicht!‹ Kuum harren de Rügenschen dat hürt, so sprungen se up un stört'ten sich rut ut de Himmelsdöhr; denn keen von en wull bi so 'ne Sak de letzt sin. As se all buten wieren, klappt Petrus de Döhr achter en to un was froh, dat he de Gesellschaft so licht losworden wier.«

Klaus Störtebeker
und die Vitalienbrüder

Angebliches Porträt von Klaus Störtebecker, das aber in Wirklichkeit Kuntz von der Rosen, einen Vertrauten Kaiser Maximilians I., darstellt, 1696. (Quelle: Museum für Hamburgische Geschichte)

Claus Storßenbecher der Berrühmte Seeraüber von den Hamburgern gefangen undt Zum Todt verurtheilt A· 1401
Albert Crantz. 10.6. von den Wenden.

Pirat oder Phantom?

Mit dem Ende der Wikingerzüge waren Ost- und Nordsee keineswegs zu friedlichen Gewässern geworden. Die blutigen Kämpfe zwischen Kaufleuten und Piraten tobten weiterhin so stark, dass der Seehandel im späten 11. Jahrhundert fast zum Erliegen kam. Die Kaiser und Könige im nördlichen Europa waren so mit dem Erhalt ihrer Macht oder dem Gewinn neuer Länder beschäftigt, dass ihnen keine Truppen für die Eindämmung des Seeraubs blieben. Gleichzeitig veränderte sich die Struktur des Handels grundlegend. Die aufstrebenden Städte nahmen den Export in eigene Hände und schalteten den Zwischenhandel, der zum großen Teil von den Friesen beherrscht wurde, weitgehend aus. *»Gegen die Risiken bei den Handelsfahrten über See«*, schreibt Heinz Neukirchen in seinem Buch *Piraten*, *»schlossen sich die Kaufleute zu Genossenschaften zusammen, die sich anfangs nach Rückkehr der Schiffe auflösten. Im Verlauf der ersten Hälfte des 12. Jahrhunderts entwickelten sich die Genossenschaften zu festen Institutionen mit Dauercharakter.«*

Diese Genossenschaften waren die direkten Vorläufer der Hanse, die sich im 13. Jahrhundert als Städtebund herausbildete. Bereits im ältesten erhaltenen Rezess (einer Art Tagungsprotokoll) nahm der Kampf gegen die Seeräuberei den herausragenden Platz ein. In der 1264 in Wismar unterzeichneten Urkunde heißt es:

»Erstens soll jede Stadt nach ihrem Vermögen das Meer vor Piraten und anderen Übeltätern sichern, damit die Kaufleute ihrem Handel über See ungestört nachgehen können.«

Der Vertrag, der unter Lübecks Führung zustande gekommen war und zunächst nur für ein Jahr galt, wurde 1265 ohne jede zeitliche Begrenzung erneuert. Die Seeräuberei spielt auch in den folgenden Hanserezessen und den umfangreichen Briefwechseln zwischen den einzelnen Städten eine wichtige Rolle, wobei nicht immer nur geklagt oder gemeinsames Vorgehen beschworen wurde, sondern auch Taten folgten. Selbst Handelsboykotte gegen einzelne Regionen, aus denen Piraten stammten, waren üblich. So schrieb der Bremer Rat am 16. Juni 1307 an die westfälischen Städte Osnabrück, Münster, Soest, Dortmund, Vechta, Quakenbrück, Wiedenbrück und Lünen:

»Euer Ehren müssen wir mit tiefstem Schmerz anzeigen, dass die Friesen aus Rüstringen, die unterhalb der Ahne wohnen, durch Raubzüge und verschiedene Unrechtstaten die Wege des Meeres, der Flüsse und ihnen angrenzenden Ländern so stören, dass die Kaufleute und rechtschaffenen Männer unter Vernachlässigung ihrer Geschäfte die Weser und die übrigen dem Gebiet benachbarten Flüsse zu meiden gezwungen sind; der Übermut der Friesen kann am besten gezügelt werden, wenn Eure und unsere Kaufleute ihre Wochen- und Jahrmärkte nicht besuchen. Und wenn wir auch um des gemeinen Vorteils willen gegen die Friesen Krieg und vielfältige Mühen auf uns nehmen und schon lange in abgelaufenen Zeiten auf uns genommen haben, scheuen sich diese dennoch nicht, in ihrer Aufsässigkeit hartnäckig fortzufahren.«

Natürlich kamen hier massive Handelsinteressen ins Spiel; denn Konkurrenten konnten auch über diesen Weg ausgeschaltet werden. Und keineswegs waren nur die Friesen als Seeräuber aktiv. Die Piraten stammten aus fast allen Küstenregionen und bereiteten den großen Städten in ihrer Nachbarschaft erhebliche Schwierigkeiten. Bremen musste zeitweise sogar seinen Hafen ganz schließen, weil kein Schiff mehr sicher durch die Wesermündung fahren konnte. Auch die Klagen Hamburgs über Piraten in der Deutschen Bucht rissen nicht ab. Mehr als einmal forderte die Hansestadt Hilfe von ihren Bundesgenossen. Bremen erklärte sich 1312 sogar bereit, Tributzahlungen an die Friesen zu leisten – also eine Art Schutzgeld –, um den Seehandel halbwegs zu sichern. Die anhaltende Unsicherheit auf den Wasserwegen führte der Hanse immer neue Städte zu und machte den Bund zum bedeutendsten wirtschaftlichen Faktor im Ost- und Nordseeraum. Schließlich gehörten fast 200 Städte zwischen Zuidersee und Finnischem Meerbusen der Hanse an, darunter Wismar, Rostock, Stralsund, Danzig, Riga, Visby, Bremen und Hamburg. In Brügge, London, Bergen und Nowgorod gab es große Niederlassungen (Kontore), die die Interessen aller beteiligten Städte sicherten.

»Folgerichtig«, so Michel Mollat du Jourdin in seinem Buch *Europa und das Meer*, *»erwuchs aus der wirtschaftlichen die po-*

litische Hegemonie, wobei der Schutz der Seerouten die entschei-
dende Rolle spielte, wie aus den Beschlüssen der Hansetage und des
Rats der Stadt Lübeck hervorgeht, welche die Führungsrolle übernahm. Die vier großen Kontore waren in ihren Entscheidungen
autonom; sie regten gemeinsame oder lokale Aktionen an, dienten
aber gleichzeitig als Ausführungsorgane kollektiver Entscheidungen. Ein solcher Pragmatismus wirkte sich gegen Konkurrenten
vernichtend aus«.

Ende des 14. Jahrhunderts war die Hanse auf dem Höhe-
punkt ihrer Macht angelangt. Rund 1000 Schiffe, die sogenannten Koggen, segelten über die Meere; bei rund drei Meter Tief-
gang, einer Länge von knapp 30 Metern und einer Breite von
sieben Metern konnten die wendigen Schiffe bis zu 200 Tonnen
Last tragen. Das machte sie aber auch zu einer leichten Beute
für Piraten, denn für schwere Kanonen oder einen abschrecken-
den Geleitschutz blieb kein Platz. Die wenigen Bewaffneten an
Bord hatten bei einem gezielten Angriff keine Chance. Es war
also Aufgabe der Hanse, für sicheren Transport auf dem Wasser
zu sorgen. Da der Bund aber über keine zentrale Kasse verfügte,
aus der ständige Patrouillen hätten bezahlt werden können, und
die Städte es in der Regel ablehnten, sogenannte Fredekoggen
mit jeweils hundert bewaffneten Soldaten über einen längeren
Zeitraum zu finanzieren, waren die Kaufleute den Piraten relativ
schutzlos ausgeliefert. Die Blütezeit der Hanse ist auch schon
deshalb eine Blütezeit des Seeraubs. Hinzu kamen politische
Verwicklungen, die die Grenzlinie zwischen kriegerischem Akt,
Fehdeauseinandersetzung und Piraterie verschwinden ließen.
Es kam offenbar auf die jeweilige (politische) Sichtweise an, wie
die Kaperfahrten beurteilt wurden. »Wie an Land selbstverständlich nie die eigenen, sondern immer nur die Fehden der anderen
illegitim waren«, schreibt der Historiker Gregor Rohmann, »so
betrieben auch auf See die gleichen Städte selbst die Kriegführung
vermittels der sogenannten Auslieger, die vielfach privatwirt-
schaftlich geführt und mit Söldnertruppen besetzt waren. Wie an
Land waren Fehdeführer und Fehdehelfer also als Kombattanten
legitimiert. Das hieß jedoch nicht, dass sich daraus für sie ein un-
zweifelhafter Schutzanspruch etwa auf schonende Behandlung abgeleitet hätte. Gefangene wurden daher von der Gegenseite schlicht

als Räuber beziehungsweise Seeräuber behandelt, wenn dem nicht politische oder taktische Erwägungen entgegenstanden.«

Die berühmteste Phase dieser Form der »Seeräuberei« in Nord- und Ostsee begann mit dem 24. Oktober 1375. An diesem Tag starb der dänische König Waldemar IV. Atterdag. Um sein Erbe stritten sich seine beiden Töchter Ingeborg und Margarete. Die besseren Karten schien zunächst Ingeborg zu haben, die mit dem Bruder des schwedischen Königs, Herzog Heinrich III. von Mecklenburg, verheiratet war. Nach deutschem Recht hätte das Erbe an ihren Sohn Albrecht IV. fallen müssen. Das wollte nun Margarete, die mit König Hakon VI. von Norwegen eine ebenfalls standesgemäße Ehe führte, nicht einsehen. Da in Dänemark Monarchen gewählt wurden und sie unter dem dänischen Adel eine große Zahl von Anhängern besaß, rechnete sie sich in einem möglichen Konflikt gute Chancen aus. Zum entscheidenden Faktor hätte die Hanse werden können, die sich allerdings zunächst aus dem Gerangel heraushielt und nur darauf achtete, dass kein Staat im Ostseeraum zu mächtig wurde, denn das hätte ihre Interessen nachhaltig gefährdet.

Diese Balance-of-Power-Politik führte schließlich dazu, dass die Hanse die Wahl von Margaretes Sohn, Olaf IV., zum dänischen König am 3. Mai 1376 zuließ. Norwegen-Dänemark auf der einen Seite stand nun Mecklenburg-Schweden auf der anderen gegenüber. Das Mecklenburger Fürstenhaus erkannte, wie zu erwarten war, die Wahl nicht an und ergriff Gegenmaßnahmen, die sich in den folgenden Jahren als verhängnisvoll erweisen sollten. Die Mecklenburger warben die in der Ostsee auf Beute lauernden Seeräuber für einen Kaperkrieg gegen Dänemark an und brachten dabei ihre beiden Hansestädte Rostock und Wismar in eine verzwickte Lage. Denn Hansestädte mussten selbstverständlich gegen die Piraterie sein, aber als Untertanen ihres Herzogs wurden Rostock und Wismar nun in die Pflicht genommen.

Eine weitere Verschärfung der Situation brachte Margaretes ungebremstes Machtstreben. Sie wollte die drei nordischen Königreiche in einer Hand vereint sehen und nutzte die Unzufriedenheit des schwedischen Adels mit dem aus Mecklenburg stammenden König, der unterdessen die Nachfolge seines verstorben Bruders angetreten hatte. Im März 1388 rief der schwedische Adel Margarete zur Königin aus. Albrecht III. von Mecklenburg stellte sich mit seinem Heer zum Kampf und erlitt eine vernichtende Niederlage. Er selbst geriet in Gefangenschaft; sein Land war bis auf Stockholm verloren. Die Mecklenburger setzten nun alles auf eine Karte und öffneten auch ihre Häfen für die Seeräuber, das heißt, jeder konnte sich in Wismar oder Rostock einen Kaperbrief gegen Dänemark und Norwegen abholen und dort die geraubten Waren tauschen oder verkaufen.

Von dem Angebot machten nicht nur die Seeräuber Gebrauch. Auch Landadlige aus Mecklenburg, die in der schon lange andauernden Agrarkrise verarmt waren, sahen ihre Chance gekommen, mit relativ geringem Aufwand und Risiko zu einem stattlichen Vermögen zu gelangen. Nach damaliger Rechtsauffassung kämpften sie nicht als Piraten, sondern als legitime Fehdehelfer.

In dieser Entwicklung hat wohl die Sage von der adligen Geburt des Klaus Störtebeker ihren Ursprung, die sich beispielsweise in der von Lutz Mackensen 1928 herausgebrachten Sammlung *Hanseatischer Sagen* findet:

»Klaus Störtebeker ist, bevor er ein Seeräuber geworden, ein Edelmann gewesen und hat in seinen jungen Jahren lustig gelebt, Fehden ausgefochten, turniert und gerauft, geschmaust und gezecht und danach in Hamburg mit andern wilden Gesellen so lange bankettiert und gewürfelt, bis er Hab und Gut verprasst hatte. Zuletzt nahmen ihm die Hamburger, denen er tief verschuldet war, sogar sein ritterlich Gewand und Rüstung und verwiesen ihn der Stadt; da ist er unter die Vitalienbrüder gegangen und ein Seeräuber geworden, wie vor ihm noch keiner gewesen ist.

Damals war Godeke Michels das Haupt der Seeräuber, ein tapferer, gewaltiger Mann, auch guter Leute Kind. Der nahm den neuen Gesellen mit Freuden auf, denn er war so stark, dass er eine eiserne Kette wie Bindfaden zerreißen konnte, und unerhört unerschrocken. Klaus bekam sofort ein Schiff zu kommandieren, und bald teilte Godeke Michels mit ihm den Oberbefehl. Weil er aber so viel trinken konnte, dass er die vollen Becher in einem Zuge und ohne abzusetzen hinunterzustürzen pflegte, nannte man ihn Störtebeker.

Als die Raubgesellen einmal die Nordsee recht kahl geplündert hatten, fuhren sie nach Spanien und brandschatzten dort, dass es zum Himmel schrie. Sie machten mit ihren Untergebenen gleiche Beute, nur die aus einer Kirche gestohlenen Reliquien des heiligen Vincentius behielten sie für sich und trugen sie seitdem unter ihrem Wams auf der bloßen Brust. Daher ist's gekommen, dass sie hieb- und schussfest wurden und keine Waffe ihnen etwas anhaben konnte.«

Wo Störtebeker geboren wurde, wo er Land und vielleicht sogar ein Schloss besaß, bleibt unerwähnt. Dafür purzeln in anderen Sagen die Geburtsorte, Schlupfwinkel und Geldverstecke nur so durcheinander. Annelise Blasel zählt in ihrer Dissertation über *Klaus Störtebeker und Gödeke Michael in der deutschen Volkssage* zwölf dieser sagenhaften Geburtsorte – von Barth, Ruschwitz und Koosdorf über Wismar, Hamburg und Verden bis nach Norden, Osteel und Siel in Ostfriesland. Dokumentiert ist sein Name in Wismar, denn dort wird im sogenannten Verfestungsbuch, das alle polizeilichen und gerichtlichen Maßnahmen in der Stadt protokollierte, ein »Nicolao Stortebeker« genannt. 1380 war dieser Störtebeker das Opfer einer Schlägerei. Seine zwei Kontrahenten mussten die Stadt verlassen. Weiter erfahren wir nichts, kein Geburtsdatum, keine Beruf, keine genaueren Angaben, wo er wohnte. Matthias Puhle, der eine umfangreiche Studie über *Die Vitalienbrüder* verfasste, ist sich trotzdem sicher, *»dass dieser Nikolaus Störtebeker der Störtebeker ist, der später unter dem Namen ›Klaus Störtebeker‹ als berühmtester Vitalienbruder in die Geschichte eingegangen ist. Der Nachname stimmt mit dem des Seeräubers überein, die Herkunft Wismar, bei der Verwicklung der Stadt in die mecklenburgisch-dänischen Auseinandersetzungen, der Parteinahme für das mecklenburgische Herzogshaus und der Tolerierung, wenn nicht sogar Unterstützung der Seeräuber, scheint plausibel. Vor allem passt die Verwicklung in eine schwere Schlägerei zum vermuteten Charakter und Umgang eines gefährlichen Seeräubers.«*

Bei Vermutungen muss es allerdings bleiben, denn Dokumente über das Leben Störtebekers fehlen fast ganz. Ob sich nun dieser Nikolaus oder ein ganz anderer Störtebeker den Seeräubern anschloss und wann dies geschah, ist völlig offen. In den erhaltenen Chroniken und Hanseberichten jedenfalls taucht er noch lange nicht auf. Einer der Anführer ist er in der ersten Phase des Kaperkrieges der Mecklenburger gegen Margarete mit Sicherheit nicht gewesen. Aber auch die anderen Haudegen vom Schlage Störtebekers waren keineswegs ungefährlicher oder menschenfreundlicher.

Auf der anderen Seite konnten Seeräuber, selbst wenn sie im »offiziellen« Auftrag unterwegs waren, nicht auf Gnade hoffen, gingen sie einmal nicht siegreich aus einer Kaperfahrt hervor. Der Lübecker Reimar Kock, der in der Mitte des 16. Jahrhunderts seine berühmte Chronik verfasste, schildert einen solchen Fall aus dem Jahre 1391:

»Es begab sich, dass nicht wenige Vitalienbrüder ein Schiff aus Stralsund angriffen und es mit Gewalt nehmen wollten, obwohl sie merken mussten, dass es nicht Dänen, sondern Deutsche waren. Aber die Besatzung des Stralsunder Schiffes wehrte sich so heftig, dass sie die Vitalienbrüder überwand und mehr als hundert gefangen nahm. Da weder Ketten noch hölzerne und eiserne Fußfesseln in genügender Zahl vorhanden waren, überlegten sie sich etwas Neues: Sie nahmen Tonnen, von denen sie genügend geladen hatten, schlugen den einen Boden heraus und machten in den anderen Boden ein so großes Loch, dass der Hals eines Menschen umschlossen war. Einer nach dem anderen der Vitalienbrüder wurde in die Tonnen gesteckt, sodass nur noch die Köpfe herausguckten. Dann schlugen sie die Tonnen wieder zu und stapelten die Vitalienbrüder auf einem Haufen. So fuhren sie nach Stralsund, wo ihnen die Köpfe abgeschlagen wurden. Diese Art, Gefangene zu behandeln, hatten die Stralsunder von den Vitalienbrüdern gelernt, die manchen Dänen genauso geschunden und gemartert hatten.«

Die Stralsunder selbst waren keineswegs reine Engelsgestalten. Sie verstanden es auch, wie so viele Städte an den Küsten, mit den Seeräubern Geschäfte zu machen. Die in mecklenburgischen Diensten stehenden Piraten waren ein Machtfaktor in der Ostsee geworden. Sie bedrohten die gesamte Schifffahrt und damit den Handel. Die Lebensmittel verteuerten sich. Der für die Ernährung gerade der ärmeren Bevölkerung so wichtige Hering z. B. verzehnfachte seinen Preis.

Wie ungehindert die Seeräuber unterdessen hantieren konnten, machte der Überfall auf das norwegische Bergen im April 1393 deutlich. Ohne nennenswerte Gegenwehr wurde der Ort geplündert. Die Deutsche Brücke, also die Niederlassung der Hanse, scheint dabei verschont worden zu sein. Offensichtlich waren die Seeräuber, die höchstwahrscheinlich unter dem Kommando mecklenburgischer Adliger standen, an keinem Konflikt mit der Hanse interessiert.

Der Überfall auf Bergen war ein tollkühner Streich, der die Zeitgenossen beeindruckte. Aber von noch weit größerer Wirkung war eine Aktion, die auch die Legendenbildung um die Vitalienbrüder stark beeinflusst hat: die Versorgung der von Dänen eingeschlossenen mecklenburgischen Festung Stockholm mit Lebensmitteln – und das im frostigen Winter zu Beginn des Jahres 1394. Inwieweit an dem Coup »reguläre« mecklenburgische Truppen neben den Vitalienbrüdern beteiligt waren, ist heute nicht mehr auszumachen. Der Lübecker Chronist Reimar Kock (Mitte des 16. Jahrhunderts) nennt allerdings nicht Störtebeker als Anführer, sondern einen gewissen Meister Hugo, was aber nicht bedeuten muss, dass Störtebeker an dieser Aktion nicht teilgenommen hatte. Hauptleute der Vitalienbrüder waren er und Godeke Michels zu diesem Zeitpunkt schon. Das beweisen englische Klageakten, in denen festgehalten ist, dass u. a. »Goddekin Mighel« und »Storbiker« 1394 ein Schiff aus Elbing gekapert hatten. Auch für die späteren Jahre bis 1399 tauchen immer wieder die Namen Störtebeker und Godeke Michels auf, die jetzt auch auf eigene Rechnung unterwegs waren, sich also nicht nur als Teil der mecklenburgischen Kriegsführung verstanden. In dieser Zeit wird auch die Bezeichnung Vitalienbrüder oder Likedeeler (Gleichteiler) für die Seeräuber gebräuchlich. Woher die Begriffe stammen und welchem konkreten Anlass sie ihre Anwendung auf die Seeräuber verdanken, ist nicht bekannt. Lange wurde vermutet, dass »Vitalienbrüder« etwas mit der erfolgreichen Versorgung Stockholms mit Lebensmitteln, also Viktualien, zu tun hatte. Aber der Begriff ist schon älter. Er tauchte bereits Mitte des 14. Jahrhunderts in Frankreich (vitaillers) auf und wies darauf hin, dass die damit gemeinten Söldner von der Beute (Vitalien) lebten, die sie auf dem Meer raubten.

Noch weit mehr als die Bezeichnung Vitalienbrüder hat »Likedeeler« die Fantasie der nachfolgenden Generationen beflügelt. Sollte da tatsächlich eine frühkommunistische Gesellschaft am Werk gewesen sein, eine Art Genossenschaft, die den Gewinn gemeinsam erwirtschaftete und dann an alle gleich verteilte – vom Schiffsjungen bis zum Hauptmann? Auch hier scheint die Legendenbildung die Wirklichkeit verdrängt zu haben. Die Seeräubergesellschaft wurde schon früh von den sozial Deklassierten als eine positiv besetzte Gegenwelt gesehen, in der es selbstverständlich auch keine Standesschranken mehr gab. Was den kleinen Fischern, Bauern und Tagelöhnern vorenthalten wurde, ein gerechter Anteil an dem, was sie erwirtschafteten, das erträumten sie sich von der Gegengesellschaft der Desperados. Wie es auf einem Seeräuberschiff wirklich aussah, weiß niemand, denn zeitgenössische Schilderungen fehlen. Sicherlich steckt auch in der Bezeichnung Likedeeler wieder ein Körnchen Wahrheit. Denn die starren Hierarchien und Standesunterschiede, die auf einer Hansekogge herrschten, dürften für die Seeräuberschiffe nicht gegolten haben. Das gemeinsame Schicksal, das die meisten freiwillig gewählt hatten und das bei Misserfolg den sicheren Tod bedeutete, schweißte die Besatzung zusammen. Ähnlich war es später bei den großen Räuberbanden im Rheinland oder in Frankreich, die ebenfalls nur ein Ziel hatten, nämlich in möglichst kurzer Zeit möglichst viel zusammenzubringen. Selbstverständlich erhielt der Anführer den Löwenanteil, aber danach wurde die Beute relativ gleich verteilt, nur mit geringen Abstufungen. Ähnlich dürfte es auf den Piratenschiffen gewesen sein.

Die Vitalienbrüder hatten mit der siegreichen Schlacht gegen die Dänen vor Stockholm den Gipfelpunkt ihrer Macht erreicht. Im Juni 1394 stifteten zehn Hauptleute der Vitalienbrüder aus Dankbarkeit für ihren Sieg eine ewige Messe in Stockholm, damit immer an sie erinnert würde. Noch 1394 kam es zu ersten Friedensverhandlungen zwischen Mecklenburg und Königin Margarete. Nach einer Phase des Zögerns war die Hanse aktiv geworden. Sie wollte nicht mehr länger zusehen, wie ihr gesamter Ostseehandel zum Erliegen kam, und drohte mit dem Einsatz einer eigenen Streitmacht. Die Mecklenburger versuchten noch schnell ihre Position zu verbessern. Der Hauptmann von Stockholm eroberte mithilfe der Vitalienbrüder die Insel Gotland, die sich im Besitz Margaretes befand. Trotz dieses Handstreichs kam es 1395 zum Friedensschluss zwischen der Hanse, dem Deutschen Orden, Königin Margarete und Mecklenburg. Die Vitalienbrüder sollten sich bis zum 25. Juli 1395 auflösen.

Das blieb natürlich ein frommer Wunsch, denn aus den Vitalienbrüdern im Dienste Mecklenburgs waren unterdessen richtige Seeräuber geworden. Für sie hatten die Frieden schließenden Parteien keine Entschädigung oder Ähnliches vorgesehen. Die von ihren früheren Auftraggebern nun geächteten Piraten hatten ihre bäuerlichen, bürgerlichen oder adligen Existenzen zugunsten des Seeräuberlebens aufgegeben. Nur für wenige gab es einen Weg zurück, am ehesten für die Landadligen.

Da sie jetzt nicht mehr in festen Diensten standen, waren die Vitalienbrüder auch nicht mehr gezwungen, zusammenzubleiben oder gemeinsam vorzugehen. Sie suchten sich neue Operationsgebiete im gesamten Ostseeraum bis nach Finnland und Russland. Hauptstützpunkt wurde Gotland. Von dort aus kontrollierten die Seeräuber die Ostsee und kaperten, was ihnen vor den Kiel kam. Dass die Hanse und vor allem der Deutsche Orden diesem Treiben nicht tatenlos zusehen konnten, ist verständlich, denn die Piratenherrschaft, die nun seit Jahren andauerte, bedrohte die Handelsstädte an der Küste in ihrer Existenz. Die Initiative ergriff der Deutsche Orden unter seinem Hochmeister Konrad von Jungingen. Im Frühjahr 1398 eroberten 4000 Mann auf 84 Schiffen Gotland und zwangen den Herzog von Mecklenburg zur Übergabe der Insel. In der Urkunde, die am 5. April 1398 ausgestellt wurde, verpflichtete sich der Herzog, die Seeräuber ohne Verzug von Gotland zu vertreiben. Wer von den Seeräubern nicht sofort die Insel verlassen wollte, der würde ohne Prozess hingerichtet. Der Deutsche Orden beließ es nicht bei der Ankündigung. Drei Schlösser, die die Seeräuber beherbergt hatten, wurden niedergebrannt und unzählige der ehemaligen Vitalienbrüder, die nicht rechtzeitig von der Insel flüchten konnten, erschlagen. Fast über Nacht war die Ostsee für Piraten zu einem gefährlichen Terrain geworden. Wer Schiffe hatte, der wich in die Nordsee aus, die weitaus schlechter zu überwachen war als die Ostsee und in die sich bereits schon seit 1395 See-räuber zurückgezogen hatten. Außerdem gab es in Ostfriesland Stammeshäuptlinge, die geradezu auf die kampferfahrenen Piraten als Hilfstruppen zu warten schienen. Denn die politische Situation in dem Landstrich war äußerst verworren. »Für Ost-friesland bestand zu diesem Zeitpunkt die Gefahr«, schreibt Ute Scheurlen in ihrem Aufsatz über *Bremen und die Seeräuber*, »von *Herzog Albrecht von Bayern, der zugleich Graf von Holland war, auf dem Wege über Westfriesland vereinnahmt zu werden. Wid-zol tom Brok, der sich aus kluger Berechnung zum Gefolgsmann des Herzogs machte, stand damit gegen die Partei der Gronin-ger, die Westfriesen, gegen Hisko von Emden und Edo Wiemken. Widzol kämpfte um die Hinterlassenschaft seines Vaters, des Rit-ters Ocko tom Brok. Es war verständlich, dass er Vitalienbrüder zu seiner Hilfe genommen hatte, obwohl die Versorgung dieser Scha-ren für ihn ein Problem war. Die Vitalienbrüder lösten es auf ihre Art«.

Ob Klaus Störtebeker und Godeke Michels zu den Seeräu-bern gehörten, die 1398 nach Ostfriesland kamen, oder ob sie bereits schon dort lebten, ist nicht sicher zu sagen. Urkundlich nachgewiesen sind »Vitalienses« seit 1390 im Jadegebiet. Der Störtebeker-Forscher Matthias Puhle schließt aus der Tatsache, »*dass Michels und Störtebeker in den Jahren 1398 bis 1400 offen-bar eine große Aktivität von Ostfriesland aus entwickelten*«, dass »*die beiden sich schon vor 1398 dort aufgehalten und ihre Macht-position gesichert hatten*«.

Rund 400 der ehemaligen Vitalienbrüder hatten in Ost-friesland Aufnahme gefunden und unterstützten die einzelnen Häuptlinge bei ihren Kämpfen gegeneinander und beim fast ge-werbsmäßigen Seeraub.

Bereits im Mai 1398 kam es zu heftigen Klagen. In einem Bericht an den Hansetag in Lübeck fasste das Brügger Kontor zusammen:

Die Vitalienbrüder hatten in Norwegen ein Schiff gekapert, voll mit Bier, segelten damit in den Ärmelkanal und nahmen 14 oder 15 weitere Schiffe mit Öl, Wachs, Wein, Reis, Honig, Talg und anderen Waren. Und weil gerade eine Hansekogge vorbei-segelte, die Gold und Gewänder geladen hatte, wurde auch die überfallen. Die Schiffsleute mussten mit nach Friesland kommen und dort gegen gehörige Geldsummen ausgelöst werden. Dem armen Besitzer des Bierfrachters boten die Seeräuber den Rückkauf seines Schiffes an. Und wie zum Hohn gaben sie ihm noch ihren Leitspruch mit auf den Weg: »*dat se weren Godes vrende unde al der werlt vyande*«, dass sie wären Gottes Freunde und aller Welt Feinde, allerdings mit der Ausnahme der Hamburger und Bremer. Das nährte die Gerüchte, die beiden Hansestädte würden mit den Vitalienbrüdern zusammenarbeiten, denn irgendwo mussten die ungeheuren Warenmengen ja verkauft werden. Die Brügger schlossen ihren Bericht deshalb mit der dringenden Bitte an den Hansetag, den Ankauf geraubten Gutes verbieten zu lassen. Außerdem wurden erste Gegenmaßnahmen ins Auge gefasst, die aber noch nicht zum Tragen kamen; vor allem Bremen wollte sich wegen der hohen Kosten nicht an einer Expedition beteiligen. Außerdem waren die Interessengegensätze innerhalb der Hanse zu stark, was lange ein gezieltes Vorgehen behinderte.

Erst im Februar 1400 trafen sich Abgesandte der wichtigsten Hansestädte in Lübeck, um unter anderem Strafmaßnahmen gegen den ostfriesischen Häuptling Keno tom Brok zu beraten. Der Angegriffene ließ daraufhin durch seinen Unterhändler erklären, er habe die Vitalienbrüder nur aus Angst, sein Land und seine Güter zu verlieren, aufgenommen. Jetzt werde er die Seeräuber ausweisen. Derartige Absichtserklärungen hatte es in den beiden Jahren zuvor schon von mehreren ostfriesischen Häuptlingen gegeben. Die Situation war aber weiterhin unverändert. Selbst der Graf von Oldenburg stand im Verdacht, Vitalienbrüder aufgenommen zu haben. Der Spuk schien sich nur von der Ost- in die Nordsee verlagert zu haben; die Gefahr für den Handel auf den Meeren aber blieb.

Die Hanse war am Ende ihrer Geduld. Hamburg, Lübeck und jetzt auch Bremen erkannten, dass diese ständige Bedrohung nur noch gewaltsam zu beseitigen war, und schickten im April 1400 eine bis an die Zähne bewaffnete Flotte los. Über die Schlacht in der Osterems, die am 5. Mai stattfand, berichteten die hansischen Hauptleute kurz und bündig:

»*Es half uns Gott, dass wir einen Teil der Vitalienbrüder in unsere Gewalt brachten. 80 von ihnen wurden getötet und über Bord geworfen. Die anderen flohen ans Land.* Dann jagten unsere Freunde 18 Vitalienbrüder bis zu einem Schloss des Friesen Haro Cirksena, mit dem wir so lange verhandelten, bis er uns sie überantwortete. Außerdem übergab uns ein anderer Friese vier Vitalienbrüder, danach fielen uns noch drei in die Hände. Diese 25 wurden am 11. Mai hingerichtet, danach, am 18. Mai, noch einmal neun und schließlich noch zwei.«

Unter den am 11. Mai Hingerichteten war auch ein unehelicher Sohn des Oldenburger Grafen, der in dem offiziellen Bericht als einer der Hauptleute galt. Auch das spricht für eine enge Zusammenarbeit des Grafenhauses mit den Vitalienbrüdern, die durch die erfolgreiche Expedition der Hanse zunächst ihr Ende fand. Alle Häuptlinge in Ostfriesland unterwarfen sich bedingungslos den Forderungen der Hanse. Das fiel ihnen umso leichter, als die Erwartungen, die sie an den Aufenthalt der Vitalienbrüder geknüpft hatten, nicht in Erfüllung gegangen waren. In ihrer Doktorarbeit über *Handel und Seeraub im 14. und 15. Jahrhundert an der ostfriesischen Küste* kommt Ute Scheurlen zu dem Ergebnis, dass »*für die Ostfriesen von keinem nennenswerten Gewinn durch Raubgut gesprochen werden*« kann.

Die Vitalienbrüder verbrauchten das meiste selbst, anderes war nur schwer abzusetzen. Auch bei den Stammesfehden blieben die Seeräuber ohne entscheidenden Einfluss. Letztlich profitierte nur Bremen von dem ostfriesischen Abenteuer. Der Hansestadt gelang es im Zuge der Auseinandersetzungen, nach Westen zu expandieren und in Ostfriesland Fuß zu fassen.

Für die Vitalienbrüder bedeutete die Kapitulation der Stammeshäuptlinge die erneute Flucht. In zwei Gruppen verließen die vielleicht 300 Seeräuber Ostfriesland. Godeke Michels und Magister Wigbold wandten sich nach Norwegen. Einen Johann Stortebeker, sieben weitere Hauptleute und 114 gemeine Vitalienbrüder nahm Herzog Albrecht von Holland am 15. August 1400 auf. Ob es sich bei dem Johann Stortebeker um Klaus Stortebeker handelt, ist nicht eindeutig zu sagen. In dieser Zeit nahm man es mit der Namensschreibung nicht so genau. Ein Passwesen wie heute existierte noch nicht. Wer schreiben konnte, das waren damals nicht gerade viele, der brachte Namen so zu

Papier, wie er sie gehört und verstanden hatte. Ein Störtebeker hielt sich aber seit spätestens August 1400 in Holland auf.

Im November stellte Herzog Albrecht weiteren 150 Vitalienbrüdern einen Geleitbrief aus. Die Seeräuber hatten bis dahin beim Oldenburger Grafen Unterschlupf gefunden. Der sich weiter auf Expansionskurs befindende holländische Herrscher wollte die Vitalienbrüder für seine kriegerischen Auseinandersetzungen einsetzen. Die Hanse war aber nicht gewillt, sich das Heft aus der Hand nehmen zu lassen. Die Initiative ging nun von Hamburg aus, das, so die Forschungen von Matthias Puhle, nach dem 15. August 1400 eine Flotte mit dem Ziel Helgoland in Marsch setzte; an der Spitze standen die beiden Ratsherren Hermann Lange und Nikolaus Schoke. Das, was sich an Belegen für diesen Einsatz gegen die Vitalienbrüder findet, ist spärlich. In den Hamburger Kämmereirechnungen für 1401 heißt es knapp: »*Ad reysam dominorum Hermanni Langhen et Nicolai Schoken, in Hilghelande, de anno preterito contra Vitalienses: summa 57 Pfund.*« Daneben finden sich noch Angaben über die Hinrichtungskosten für 30 Seeräuber und über den Verkauf von Teilen der eroberten Schiffe. Das ist tatsächlich die einzige zeitgenössische Quelle. Die schöne Geschichte in der *Lübecker Rufus-Chronik* ist wesentlich später entstanden:

»*In demselben Jahr fochten die Englandfahrer von der Stadt Hamburg auf der See mit den Seeräubern, die sich Vitalienbrüder nannten, und behielten den Sieg gegen sie. Bei Helgoland schlugen sie ungefähr 40 tot und fingen etwa 70. Die brachten sie mit sich nach Hamburg und ließen ihnen allen den Kopf abschlagen. Die Köpfe setzten sie bei der Elbe auf eine Wiese – als ein Zeichen, dass sie auf der See geräubert hatten. Von den geköpften Vitaliern werden Wichmann und Klaus Störtebeker genannt.*«

Dass Störtebeker unter den Gefangenen und den schließlich Hingerichteten war, wird auch in der *Hamburgischen Chronik* von 1457 erwähnt. Das sagt aber noch nichts darüber aus, ob Störtebeker tatsächlich vor Helgoland gefangen genommen und dann, wie lange fest geglaubt, am 21. Oktober 1400 in Hamburg hingerichtet wurde. Für Wilfried Ehbrecht sind die Berichte entweder zu lange nach den Ereignissen aufgezeichnet worden oder nicht eindeutig genug, um die Hinrichtung exakt datieren zu können. Es könnte 1400 oder auch 1401 gewesen sein, *»denn auch für das Rechnungsjahr 1401 werden Kosten für die Verwahrung von gefangenen Holländern, Friesen und Vitaliern ausgewiesen, ohne dass wir wissen, für wen, für wie viele und seit wann«.* Die Zeitgenossen hielten Störtebeker nicht für so wichtig, dass sie seinen Namen ausdrücklich genannt hätten. Für sie war er ein Seeräuberhauptmann unter mehreren. Entsprechend existieren auch keine ausführlichen Berichte über die Schlacht vor Helgoland. So war, wie Matthias Puhle schreibt, für spätere Generationen *»Raum genug für eine sagenhafte Ausschmückung dieses Kampfes, die den Mythos der Unbesiegbarkeit Störtebekers aufnimmt, indem nur ein Verrat in den eigenen Reihen den großen ›capitaneus‹ der Vitalienbrüder zu Fall bringen kann«.*

2007 hat Gregor Rohmann in einem Aufsatz für die *Hansischen Geschichtsblätter* den zahlreichen Spekulationen eine neue hinzugefügt. Ausgangspunkt war für ihn der Name Störtebeker, der in dieser Zeit mehrfach vorkam und unterschiedliche Personen meinte. Rohmann glaubt, und er liefert zahlreiche Belege dafür, dass der berühmte Seeräuber Störtebeker in Wirklichkeit der Kaperfahrer Johann Stortebeker aus Danzig war. Und der lebte nachweislich um 1413 noch, ist also wahrscheinlich eines natürlichen Todes gestorben.

Dabei hat Rohmann allerdings außer Acht gelassen, dass ein friedlich im Bett entschlummerter Störtebeker kaum zum Volkshelden geworden wäre. Denn die Erfahrung zeigt genau das Gegenteil. Schinderhannes, der Bayerische Hiesel oder der Räuber Kneißl wurden erst nach ihrem durch die Staatsmacht herbeigeführten Ende zu andauernden Berühmtheiten.

Wir wissen also letztlich noch nicht einmal sicher, ob ein (Klaus) Störtebeker überhaupt zum Tod verurteilt wurde. Dagegen sind wir relativ gut darüber unterrichtet, wie die Hinrichtung von Seeräubern in dieser Zeit ablief. Die Enthauptungen fanden nicht in dunklen Gefängnissen, sondern als öffentliches Spektakel statt. Der Ort der Hinrichtung lag vor den Toren der Stadt Hamburg auf dem Grasbrook. Die abgeschlagenen Köpfe, an der Elbe aufgereiht, blieben dort als grausige Warnung, nicht vom rechten Weg abzuweichen und immer der Obrigkeit, der mächtigen Stadtregierung treulich zu dienen. Über Hinrichtungen als zwar grausame, aber willkommene Unterbrechung des tristen Alltags wurde lange gesprochen. Sie blieben im Volksbewusstsein haften und wurden, um sie über Jahre oder gar Jahrzehnte unterscheidbar zu machen, mit entsprechendem Beiwerk versehen. Störtebekers Enthauptung ist dafür geradezu ein Musterbeispiel. Realität und Sage sind heute so verflochten, dass die Sage schon fast zur Realität geworden ist. Viele halten Störtebekers kopflosen Marsch, den Tod des vorlauten Scharfrichters oder das versteckte Gold in den Masten des Seeräuberschiffes für historisch belegt. Zeugnisse dafür finden sich aber nicht. Allerdings sind die Sagen auch so schön, dass sie gar nicht wahr sein müssen. Sie tauchen übrigens, inhaltlich immer ähnlich, in fast allen norddeutschen Sagenbüchern auf:

»Als Störtebeker geköpft werden sollte, standen seine mitgefangenen Spießgesellen in einer langen Reihe neben dem Richtblock. Da sprach der Richter zu Störtebeker, wenn er, nachdem der Kopf abgehauen sei, noch umherlaufen könne, so sollten alle diejenigen seiner Gefährten, an welchen er vorbeilaufen würde, frei sein. Darauf lief Störtebeker, als er seinen Kopf bereits verloren hatte, ein ganzes Stück an der Reihe seiner Gefährten entlang, bis ihm ein Gehilfe des Scharfrichters einen Richtblock vor die Füße warf, über den der enthauptete Seeräuber stolperte und zu Fall kam.

[Bei der Hinrichtung auf dem Grasbrook floss so viel Blut, ...] dass es dem Scharfrichter bis an die Knöchel ging. Nach der Hinrichtung fragte ihn der Senat, wie ihm dabei zu Mute gewesen sei. ›O, gestrenge Herren‹, antwortete er, ›mir war so wohl dabei, dass ich auch noch den ganzen hochweisen Senat hätte abtun mögen.‹ Diese kecke Antwort aber musste er mit seinem Leben büßen.

Vergebens hatten die Hamburger in dem Schiffe nach großen Schätzen gesucht; da man nichts fand, verkaufte man es endlich an einen Zimmermann, es zu zerschlagen. Als der aber die Säge ansetzte, traf er gleich auf etwas Hartes, und bald schimmerte ihm das helle Metall entgegen. Er machte dem Magistrat Anzeige davon, und als man nun die Masten untersuchte, war der eine mit purem Golde, der andere mit Silber und der dritte mit Kupfer angefüllt. So waren auch die übrigen Balken ausgehöhlt. Man belohnte den Zimmermann reichlich und ließ aus dem Golde eine

Krone verfertigen, die um den St. Katharinenturm herumreichte. Daraus haben die Franzosen später Dukaten geschlagen.«

Und als besondere Rügener Variante ist überliefert:

»Nachdem die Hamburger die gefangenen Seeräuber enthauptet hatten, schickten sie eine Kommission nach Rügen zur Auffindung der von Störtebeker und Michel Gödeke geraubten und auf der Insel vergrabenen Schätze. Ein Bauer aus Saßnitz, der den Seeräubern gedient hatte, verriet den Hamburgern die betreffende Stelle. Sie lag in dem Winkel, welchen der Prißnitzer und der Kühlen-Bach in der Stubbnitz bilden. Und in der Tat soll hier ein Teil des Geraubten wieder zutage gefördert worden sein. Auch in dem Venzer Burgwalle sollen noch große Schätze verborgen sein, die die Seeräuber hier einst vergraben haben; besonders erzählt man dies von jener großen goldenen Kette, die dreimal um die Mauern der Stadt Hamburg reiche.«

Bei seinen Zeitgenossen weitaus bekannter als Störtebeker war Godeke Michels, über den sich ebenfalls in den Wismarer Akten eine Eintragung findet. Danach wurde er 1397 verfestet, also aus der Stadt geworfen. Das könnte ein Hinweis darauf sein, dass Godeke Michels aus Wismar stammte. Mit Sicherheit lässt sich das aber nicht sagen. Dagegen ist das Ende des Seeräubers genauestens dokumentiert. So berühmt war er damals schon, dass man sich – im Gegensatz zu Störtebeker – mit seiner Gefangennahme brüsten konnte.

Wie bereits geschildert, war Godeke Michels 1400 von Ostfriesland nach Norwegen geflüchtet und setzte von dort aus seine Seeräubereien fort, sodass sich die Hamburger erneut veranlasst sahen, eine schwer bewaffnete Expedition auszurüsten. Nach den Eintragungen in den Hamburger Kämmereirechnungen fand sie 1401 statt, der Ratsherr Simon von Utrecht nahm mit Sicherheit teil. Die Sage hat ihn zwar zum Bezwinger von Störtebeker gemacht, aber dass er tatsächlich an der Schlacht vor Helgoland beteiligt war, ist unwahrscheinlich. Die berühmte BUNTE KUH, das große Hamburger Schlachtschiff, konnte erst bei der Gefangennahme Godeke Michels eingesetzt werden. Im Herbst 1400 war es noch gar nicht fertig. Außerdem hatte auf der BUNTEN KUH nicht Simon von Utrecht den Oberbefehl, sondern ein gewisser Hermann von Nyenkerken. *»Das Schiff des Simon von*

Utrecht«, schrieb Karl Koppmann schon 1877 in seinem Aufsatz über Störtebeker in Geschichte und Sage, »*scheint entweder das größte oder das im Kampf am meisten beschädigte, vielleicht auch beides gewesen zu sein*«.

Drei Schiffe hatten die Hamburger geschickt, um Godeke Michels zu fangen – ein aufwendiges Unternehmen, das noch einmal die Bedeutung des Seeräubers herausstellte und die Angst dokumentiert, die die Kaufleute in der Hansestadt vor ihm hatten. Über den Verlauf der Schlacht gibt ein Brief Auskunft, den die Hamburger im April 1402 an die Stadt Kampen schrieben, die einen Teil des erbeuteten Bieres forderte. Danach hatte Godeke Michels zunächst eine mit Bier beladene Kogge gekapert und den Besitzer als Geisel genommen. Den Hamburgern gelang es, die Seeräuber auf der Weser zu stellen und Godeke Michels gefangen zu nehmen. Der Rest der Vitalienbrüder flüchtete mit der geraubten Kogge und wurde schließlich auf der Jade überwältigt. In den Hamburger Chroniken heißt es dazu fast lakonisch (allerdings für das offensichtlich falsche Jahr 1402): »*In dem jare wort gekoppet Gotke Michel und Wikbolt und bi 80.*«

Trotz der Götterdämmerung gab es auch nach der Gefangennahme und Hinrichtung von Godeke Michels noch Vitalienbrüder. In den *Hamburgischen Chroniken* finden sich für die folgenden Jahre Berichte über Hinrichtungen, aber ein Störtebeker oder Godeke Michels ist nicht mehr darunter. Noch bis 1435 waren die Vitalienbrüder aktiv, denen wieder in Ostfriesland, Oldenburg und Holland Unterschlupf gewährt wurde. Dann rüsteten die Hamburger zur endgültigen Niederschlagung des Seeräuberunwesens in der Nordsee und zerstörten ihren wichtigsten Stützpunkt, die Sibetsburg. Die Strafexpedition gegen die ostfriesischen Häuptlinge zeigte eine so durchschlagende Wirkung, dass danach Piraten nur noch vereinzelt in der Nordsee auftauchten. »*Die Vitalienbrüder*«, fasst Matthias Puhle zusammen, »*verschwanden mit der Zerstörung der Sibetsburg 1435 nicht nur aus der oldenburgischen und ostfriesischen Geschichte, sondern aus der Geschichte überhaupt – ohne dass damit jedoch die Geschichte der Kaperei und Seeräuberei beendet gewesen wäre.*«

Robin Hood der Meere –
der sagenhafte Klaus Störtebeker

Warum war es gerade Klaus Störtebeker und nicht Godeke Michels, Klaus Kniphoff, Hinrik Stürmer oder Wiben Peter, dessen Name sich in der Volksüberlieferung festsetzte? Einen wichtigen Beitrag dazu lieferten sicherlich die Chroniken des 15. und 16. Jahrhunderts, die als Anführer der Seeräuber in der Schlacht vor Helgoland Störtebeker nannten, wobei sich auch langsam der Vorname Klaus herausbildete. *»Was aber den Ausschlag dafür gab, dass die Geschichte von Störtebeker und Michels sich von dem im Grunde gelehrten und nur einer kleinen Minderheit zugänglichen Texten wegbewegte, um sich als ›Volkssage‹ zu verselbständigen, ist nicht mehr festzustellen«*, resümiert Matthias Puhle. *»Sicher hat der eigentümliche Name ›Störtebeker‹ zur Verbreitung des Seeräuberstoffes beigetragen, so wie er wohl auch dafür gesorgt hat, dass Godeke Michels dahinter zurücktreten musste.«*

Wenn man die »Volkssagen« aus den verschiedenen Gebieten an der Ost- und Nordsee vergleicht, dann ergeben sich bestimmte Gemeinsamkeiten. Auf die Hinrichtungs-Schilderungen haben wir bereits hingewiesen (auch wenn für die Bewohner Rügens Störtebeker selbstverständlich auf ihrer Insel gefangen genommen, verurteilt und begraben wurde). Fast überall finden sich sagenhafte Gold- und Seeräuberverstecke, und natürlich war Störtebeker ein maritimer Robin Hood, der den Armen dort half, wo er am nötigsten gebraucht wurde. Unsere kleine Auswahl aus den verschiedenen Sagenbüchern, die um die Jahrhundertwende erschienen, macht auch deutlich, wie sich in der Überlieferung Erfundenes mit Historischem (beispielsweise alten Siedlungsplätzen) mischt:

Störtebeker in der Hertesburg

»Im vierzehnten Jahrhundert trieb eine Seeräuberbande, die sich die Vitalienbrüder nannte, auf der Ostsee arge Räubereien. Die Anführer der Bande waren zwei übel berüchtigte Gesellen, Störtebeke und Göteke Michäl, aus hiesigen Landen gebürtige Unterta-

nen. Die sollen [...] in der Hertesburg, deren sie sich bemächtigt hatten, ihr Raubnest gehabt haben. Wie man sagt, gelangten die Seeräuber mit ihren Raubschiffen aber nicht durch den jetzigen Prerower Strom nach dem Schlosse, sondern durch einen anderen Seedurchbruch, der rechts vom Schlosse liegt und von dem man noch die Spuren sieht. In der Hertesburg sollen die Seeräuber des Nachts durch angezündetes Licht Schiffe aus Dänemark, Lübeck und anderen Orten irregeführt, hierher gelockt und dann überfallen haben. Als die Seeräuber endlich überwältigt wurden, soll der eigentliche Burghafen versenkt worden sein; nahebei aber können noch die größten Schiffe fahren.«

Der Seeräuber Gödike Michael
»Der Hauptgenosse des kühnen Seeräubers Klaus Störtebeker war Gödike (d. i. Gottfried) Michael. Dieser war aus dem Dorfe Michaelsdorf nahe bei Barth gebürtig und hieß eigentlich Gottfried Borgwardt. Später vertauschte er seinen väterlichen Namen mit dem seines Geburtsortes, wie es in damaligen Zeiten häufig geschah, und nannte sich Gödike Michael, woraus der Volksmund Götke Micheel oder Gömichel gemacht hat. In Michaelsdorf lebte noch vor neunzig Jahren die Familie Borgwardt, aus der Gödike abstammte; sie bewahrte damals noch Münzen auf, die ihre Vorfahren von dem Seeräuber Gödike erhalten haben sollen.«

Der »Störtebeker« bei Rörchen
»In der Nähe des Dorfes Rörchen im Kreise Naugard liegt mitten in einem ausgedehnten Wiesenterrain eine erhabene Stelle oder ein Brink, welcher im Volksmunde ›der Störtebeker‹ heißt. [...] Man erzählt sich, dass Störtebeker hier lange Zeit im Verborgenen gelebt hat, als er von den Hansestädten verfolgt wurde.

Neuerdings hat man angefangen, den Brink abzufahren und die Erde auf das nahe Wiesenterrain zu schaffen. Dabei sind eiserne Schwerter, große Sporen, zahlreiche Knochen und die Reste eines großen Kahnes aufgefunden worden.«

Stinas Utkiek
»An der Nordküste der Insel Wollin liegt am hohen Ufer eine Stelle, die Stinas Utkiek heißt. Diesen Namen hat die Örtlichkeit erhal-

ten, weil ehedem Stina, die kühne Gefährtin des Seeräubers Klaus Störtebeker, von hier aus Ausschau zu halten pflegte. Wenn Störtebeker von seinen Raubzügen ausruhen und besonders wertvolle Schätze verstecken wollte, segelte er hierher; aber er landete nicht eher, als bis er auf dem hohen Ufer eine rote Flagge wehen sah. Das war das Zeichen, das ihm Stina gab, zur Kunde, dass keine Gefahr drohte. Dann landete Störtebeker mit seinen Genossen. Ihre Boote und ihren Raub trugen sie das Ufer hinauf und brachten alles nach dem Jordansee, der im tiefen Waldesdickicht versteckt lag. Dabei schritten sie, einer hinter dem anderen her, das Bett eines kleinen Baches entlang, der vom Jordansee abfließt und in die Ostsee mündet; dadurch wurde jede Spur ihrer Ankunft verwischt. An dem Ufer des Jordansees begann dann ein wildes, ausgelassenes Treiben: die Räuber jubilierten und schwelgten, bis sie zu neuen Taten hinaussegelten. Als Störtebeker und seine Genossen endlich vom Schicksal ereilt wurden, stand die treue Stina noch lange Jahre wartend auf dem hohen Ufer – aber Störtebeker kehrte nimmer wieder. Unermessliche Schätze sollen am Ufer des Jordansees vergraben oder im Wasser des Sees versenkt liegen; doch weiß niemand, wie sie zu heben sind.«

Störtebeker auf der Helgoländer Düne

»Die Helgoländer erzählen, dass er in der Nähe der Düne eine Burg hatte. Seine Schätze verwahrte er in einer Grotte am Fuß der Felsen. Die Seeräuber des Mittelalters behandelten die Insel stets glimpflich; denn sie glaubten, wer auf der Insel etwas raube, werde Schiffbruch erleiden oder vom Feind erschlagen werden.«

Die goldene Ankerkette in der Huder Wisch

»Störtebeker und andere Seeräuber trieben häufig ihr Unwesen an den Ufern der Eider und Treene. Einmal war Störtebeker mit seinen Gesellen in Hude bei Schwabstedt und hielt ein Gelage auf einer Wiese. Hier ging es hoch her. Man speiste von silbernen Tellern und trank aus goldenen Hörnern. Eine goldene Ankerkette, so lang, dass sie mehr als einmal um die Schwabstedter Kirche hätte herumreichen können, war an Pfählen um den Raum gezogen, wo man das Gelage hielt. Da kamen Feinde, und Störtebeker musste eilig aufbrechen. Die goldene Kette konnte er in der Eile nicht mitnehmen und versenkte sie deshalb im Moor. [...] Die Kette liegt dort noch heute im Moor; man weiß nur nicht, an welcher Stelle.«

Die Vitalienbrüder in Ostfriesland

»In Ostfriesland war Marienhafe Störtebekers Standquartier. Im Turm der gewaltigen Kirche, dessen erstes Obergeschoss noch heute den Namen Störtebekerkammer trägt, befand sich die stark befestigte Wohnung des Seekönigs, der hierher ganze Flotten voller Beute schleppte, sodass es weit und breit im Lande umher großen Überfluss an Geld und Gut gab.

Den Domhof ließ er mit einer kolossalen Mauer umsichern, in der vier bronzene Tore waren. Auch ließ er einen Kanal bis an die Kirche graben, um zu Schiff dahin gelangen zu können.

Damit der Turm den einlaufenden Schiffen als Bake dienen konnte, hatten die Seeräuber ihn bedeutend erhöhen lassen. Aus gleicher Absicht ließen sie auch die Kirche an einer Seite mit Kupfer, an der anderen Seite mit Schiefer bedecken. Fuhren sie nun von Marienhafe aus auf dem heute noch den Namen Störtebekertief führenden Wasserlauf dem Meere zu, so konnten sie die Kirche nicht mehr sehen, denn der Turm davor bedeckte sie. Waren sie aber erst auf dem Watt und lenkten nach Norden, so sahen sie die mit Kupfer gedeckte Kirchendachseite und nannten die Stelle, wo sie sich befanden, Kapersand; steuerten sie aber südlich, so bekamen sie die mit Schiefer (Ley) bedeckte Seite in Sicht und erkannten daran, dass sie auf dem Leysand waren. Das war alles sehr klug ausgedacht, denn wenn sie nun bei der Rückkehr vom Meere mit Beute beladen einlaufen wollten und auf diese Merkzeichen achteten, so musste ihnen die schwierige Einfahrt gelingen.

Auf halbem Wege lag dann ein anderer Schlupfwinkel, genannt der Wykhof, wo in den gewölbten Kellern große Schätze versteckt lagen. Als das alte Haus vor Jahren erneuert wurde, soll der Besitzer große Töpfe voller Gold gefunden haben.«

Störtebeker auf Rügen

Rügen scheint ein wahres Seeräubernest gewesen zu sein, wenigstens, was die überaus zahlreichen Verstecke für Störtebeker und seine Vitalienbrüder angeht. Für fast jeden Flecken auf der Insel findet sich die entsprechende Sage:

»Störtebeker soll von der Halbinsel Jasmund stammen und eines Bauern Sohn aus Ruschvitz ein; auf diesem Hofe soll er als Knecht gedient haben und später von dort entlaufen sein. Im Jahre 1840 fanden Arbeiter von Ruschvitz beim Umackern [...] den Grundbau eines Hauses und erzählten damals, sie hätten immer gehört, dass Störtebekers Eltern an dieser Stelle gewohnt hätten. Störtebeker soll von gewaltigem Körperbau und übermenschlicher Kraft gewesen sein, sodass er eiserne Ketten sprengen und ein Hufeisen auseinander reißen konnte; dazu war er der Liebe nicht abhold und ein gewaltiger Trinker. Sein Genosse war Michael Gödeke. [...]

Überall an der Küste hatten die kühnen Seeräuber ihre Schlupfwinkel, in welchen sie ihre reiche Beute aufspeicherten. Denn ganz unermesslich waren die Schätze, welche sie auf ihren mannigfachen Zügen zusammengeraubt hatten. Zu Stubbenkammer in der Nähe der beiden Kreidepfeiler, welche in der halben Höhe des Abhanges emporragen, soll sich eine Höhle und in dieser die Hauptniederlage Störtebekers befunden haben. Es wird auch wohl erzählt, dass ein Teil seiner Schätze bei Stubbenkammer im Meere verborgen liege.

In die Höhle hatte Störtebeker einst eine schöne Jungfrau gesperrt, die er in einem fernen Lande geraubt hatte; er hatte ihr den Auftrag gegeben, die Schätze zu bewachen und die Höhle nicht eher zu verlassen, als bis er zurückgekehrt sein würde. Unmittelbar darauf aber büßte Störtebeker seine zahlreichen Räubereien mit dem Leben, und da er infolgedessen nicht zurückgekehrt ist, sitzt die Jungfrau bis auf den heutigen Tag dort unten bei ihren Schätzen. Nur bisweilen kommt um die Mitternachtsstunde das gespenstische Schiff Störtebekers zum Strande, und die Schattenbilder der ehemaligen Seeräuber steigen in die Höhle hinab, um die dort aufgespeicherten Reichtümer nachzuzählen. [...]

Ferner wird der bei der Oberförsterei Werder auf Jasmund gelegene, so genannte Schlosswall als Aufenthaltsort Störtebekers und seiner Genossen angegeben. Die Südostseite dieses Walles soll vordem von einem See bespült worden sein, welcher durch einen Wasserlauf mit dem Meere in Verbindung stand, die [...] Schlucht, durch welche der Wasserlauf sich hindurchwand, heißt noch jetzt die Piratenschlucht. So konnten die Seeräuber also [...] direkt vom Meere aus in ihre Schlupfwinkel hineinfahren. [...]

An der Westküste Rügens soll Störtebeker zu Ralow, wo die Raubburg der seeräuberischen Ralunken lag, sein Unwesen getrieben haben. Mit den beiden Brüdern, welche auf dieser Burg hausten, soll er in Verbindung gestanden und gemeinschaftlich mit ihnen manches vorübersegelnde Handelsschiff weggekapert haben. [...]

Endlich soll Störtebeker nebst seinem Genossen Göd' Micheel auch die Bullerhürn auf Wittow als Schlupfwinkel benutzt haben. Die Seeräuber besaßen hier eine Höhle, in welche sie ihre geraubten Schätze bargen. Leider hat man diese Höhle nach dem Untergange der Seeräuber nicht auffinden können; solange aber die Schätze, an denen viel unschuldiges Blut kleben soll, nicht aufgedeckt sind, haben die Seeräuber keine Ruhe im Grabe und spuken oder ›bullern‹ unausgesetzt in der Meeresbucht herum.

Auf ihren Beutezügen richteten Störtebeker und Gödeke Michael ihre Angriffe vornehmlich gegen reiche Leute; den Armen aber taten sie nie etwas Böses, ja sie unterstützen dieselben wohl gar mit Geld und gaben dann reichliche Gaben. Eines Tages ging Störtebeker durch ein rügensches Dorf, da sah er vor der Haustür eine Frau sitzen, die ein Paar Beinkleider flicken wollte. Es fehlte ihr aber ein Stück Zeug dazu. Da warf ihr Störtebeker einen Lappen Tuch hin, und als die Frau denselben umwendete, klebten an der Rückseite lauter blanke Goldstücke. – In Hagen auf Jasmund saß einst ein Mann vor der Haustür und weinte; er sollte aus dem Hause ausziehen, weil er die rückständige Miete nicht bezahlen konnte. Da kam Störtebeker durch das Dorf; er sah den Alten und fragte ihn, was ihm fehlte. Und als er die Not des Mannes vernommen hatte, gab er ihm so viel Geld, dass er auf mehrere Jahre hinaus die Miete für die Wohnung bezahlen konnte.

In ähnlicher Weise hat er einst einer Frau in Bobbin geholfen.«

Bei dieser Fülle von sagenhaften Überlieferungen überrascht es natürlich nicht, dass plötzlich auch »original« Störtebeker-Fundstücke auftauchten. Im Jahre 1902, zum angeblich 500. Todestag des Seeräubers, präsentierte das Museum für Hamburgische Geschichte ein ganzes Arsenal von Erinnerungsstücken: den Piraten-Totenschädel, das Schwert, mit dem er gerichtet worden war, seinen Hut, den Schild, den Kettenpanzer und selbstverständlich den Becher, nach dem er seinen Namen bekommen hatte. Natürlich waren das alles historische Gegenstände, aber mit Störtebeker hatten sie nichts oder nur sehr entfernt zu tun. Bereits um 1700 waren in Hamburg zwei Medaillen mit dem angeblichen Porträt des Seeräubers geprägt worden. Die offensichtliche Vorlage, ein Stich Daniel Hopfers, zeigt aber nicht Störtebeker (von dem kein zeitgenössisches Bild existiert), sondern Kuntz von Rosen, der am Hof Kaiser Maximilians I. lebte.

Ein Volkslied über die Vitalienbrüder und besonders natürlich Störtebeker ist noch etwas älter; vermutlich aus dem 16. Jahrhundert. Von der niederdeutschen Originalfassung hat sich nur die erste Strophe erhalten, die 1609 gedruckt wurde:

»Störtebeker und Gödeke Micheel
De roveden beide tho gliken deel
Tho water und tho lande
So lange dat idt Gott vom hemmel verdroth,
Do mosten se liden grote schände.«

Die niederdeutsche Fassung ist offensichtlich in Vergessenheit geraten. Erhalten haben sich aber neuhochdeutsche Übertragungen, und zwar in verschiedenen, nur leicht voneinander abweichenden Versionen. Die bekannteste stammt aus *Des Knaben Wunderhorn*. Die Volksliedsammlung von Achim von Arnim und Clemens Brentano erschien in drei Bänden zwischen 1806 und 1808 in Heidelberg. Gleich zu Beginn des zweiten Bandes findet sich das Lied mit dem Titel *Die Seeräuber*. Als Quelle geben die beiden Herausgeber die 1784 in Leipzig publizierte *Quartalschrift für ältere Literatur* an:

»Störtebecher und Gödte Michael,
Die raubten beide zu gleichem Teil
Zu Wasser und nicht zu Lande,
Bis dass es Gott vom Himmel verdross,
Des mussten sie leiden große Schande.
Sie zogen vor den heidnischen Soldan,
Die Heiden wollten ein Wirtschaft han;
Seine Tochter wollt er beraten,

Sie rissen und splissen wie zwei wilde Tiere,
Hamburger Bier tranken sie gerne.

Störtebecher, der sprach allzuhand:
›Die Westsee ist mir wohlbekannt,
Das will ich uns wohl holen;
Die reichen Kaufleut von Hamburg
Die sollen das Gelag bezahlen.‹

Sie liefen ostwärts längst des Lick;
Hamburg, Hamburg, tu deinen Fleiß,
An uns kannst du nichts gewinnen,
Was wir auch wollen bei dir tun,
Das wolln wir bald beginnen.

Und das erhört ein schneller Bot,
Der war von klugem Rat,
Kam in Hamburg gelaufen,
Er fragte nach des ältsten Bürgermeistern Haus,
Den Rat fand er zuhauf.

›Ihr lieben Herrn all durch Gott,
Nehmt diese Red nicht auf für Spott,
Die ich euch will sagen,
Die Feinde liegen euch nahe bei,
Sie liegen am wilden Have.

Die Feinde liegen euch hart vor der Tür,
Des habt ihr edlen Herrn zweier Kür,
Sie liegen dar am Sande.
Lasst ihr sie wieder von hinnen ziehn,
Des habt ihr Hamburger Schande.‹

Der ältste Bürgermeister sprach allzuhand:
›Gut Gesell, du bist uns unbekannt,
Worüber solln wir dir glauben?‹
›Des sollt ihr edlen Herren tun,
Bei meinem treuen Eide.

Ihr sollt mich setze auf das Vorkastell,
Bis dass ihr eure Feinde seht
Wohl zu derselben Stunde,
Und spüret ihr einigen Wankel an mir,
So senket mich zu Grunde.‹

Die Herrn von Hamburg zogen aus,
Sie gingen zu Segel mit der Flut,
Wohl nach dem neuen Werke,
Vor Nebel konnten sie nicht sehn,
So finster waren die Schwerken.

Die Schwerken brachen durch,
Die Wolken wurden klar,
Sie segelten fort und kamen dar,
Großen Preis wollten sie erwerben,
Störtebecher und Gödte Michael mussten darinnen sterben.

Sie hatten einen Holk mit Wein genommen,
Damit waren sie auf die Weser gekommen,
Dem Kaufmann dar zu leide,
Sie wollten damit in Flandern,
Sie mussten dar noch scheiden.

Hört auf, Geselle, trinket nun nicht mehr,
Dort laufen drei Schiffe in jener See,
Uns grauet vor den Hamburger Knechten,
Kommen uns die von Hamburg an Bord,
Mit ihnen müssen wir fechten.

Sie brachten die Büchsen an den Bord,
Zu allem Schießen gingen sie fort,
Da hört man die Büchsen klingen;
Da sah man so manchen stolzen Held
Sein Leben zu Ende bringen.

Sie schlugen sich drei Tag und auch drei Nacht,
Hamburg, dir ist ein Böses gedacht

All zu derselben Stunde,
Das uns ist lang zuvor gesagt,
Das kommen wir hie zu Funde.

Die bunte Kuh aus Flandern kam,
Wie bald sie das Gerücht vernahm,
Mit ihren starken Hörnern,
Sie ging sich brausen durch die See,
Den Holk wollte sie verstören.

Der Schiffer sprach zu dem Steuermann:
›Treib auf das Ruder zum Steuerbord an,
So bleibt der Holk bei dem Winde,
Wir wollen ihm laufen sein Vorkastell entzwei,
Das soll er wohl empfinden.‹

Sie liefen ihm sein Vorkastell entzwei.
›Trauen‹, sprach sich Gödte Michael,
›Die Zeit ist nun gekommen,
Dass wir müssen fechten um unser beider Leib,
Es mag uns schaden oder frommen.‹

Störtebecher sprach sich allzuhand:
›Ihr Herrn von Hamburg, tut uns kein Gewalt,
Wir wollen euch das Gut aufgeben,
Wollt ihr uns stehen für Leib und Gestalt
Und fristen unser junges Leben?‹

›Ja traun‹, sprach sich Herr Simon von Utrecht,
›Gebt euch gefangen auf ein Recht,
Lasst euch das nicht verdrießen.
Habt ihr dem Kaufmann kein Leid getan,
So werdet ihr's wohl genießen.‹

Da sie gegen die Richtstatt kamen,
Nicht viel Gutes sie da vernahmen,
Sie sahn die Köpfe stecken.
›Ihr Herren, das sind unsere Mitkompans!‹

So sprach sich Störtebecher.

Sie wurden zu Hamburg in die Haft gebracht,
Sie saßen nicht länger als eine Nacht,
Wohl zu derselben Stunde,
Ihr Tod wurd also sehr beklagt
Von Frauen und Jungfrauen.

›Ihr Herrn von Hamburg, wir bitten um eine Bitt,
Die wollt ihr uns versagen nicht,
Und mag euch auch nicht schaden
Dass wir mögen den Trauerberg
Angehn in unserm besten Gewande.‹

Die Herren von Hamburg taten die Ehr,
Sie ließen ihn Pfeifen und Trommeln vorgehn,
Sie hätten's wohl lieber entbehret
Ja wären sie wieder in der Heidenschaft gewest,
Sie wären nicht wiedergekehret.

Der Scharfrichter hieß sich Rosenfeld,
Er haute so manchen stolzen Held
Mit einem frischen Mute,
Er stand mit seinen geschnürten Schuhn
Zu den Enkeln in dem Blute.

Hamburg, Hamburg, des geb ich dir den Preis,
Die Seeräuber waren nie so weiß,
Um deinetwillen mussten sie sterben.
Des magst du von Gold eine Krone tragen,
Den Preis hast du erworben.«

Parallel zu dieser volkstümlichen Störtebeker-Verehrung entwickelte sich, zunächst auf der Bühne, auch eine literarische und musikalische Auseinandersetzung mit dem Seeräuber-Stoff. Zum vermuteten 300. Todestag des Piraten, 1701, wurde in Hamburg eine Oper aufgeführt, von der sich allerdings nur das Bühnenbild erhalten hat. Es folgten weitere Opern, Stegreifspiele von

Komödienkompanien, vaterländische und geschichtliche Trauerspiele, dramatische Gemälde, Tragödien, Fragmente, plattdütsche Volksstücke, Komödien und Hörspiele. Im März 1927 inszenierte sogar Erwin Piscator an der Berliner Volksbühne ein Störtebeker-Stück: *Gewitter über Gotland* von Ehm Welk mit Heinrich George, Albert Steinrück und Leonhard Steckel in den Hauptrollen. Welk, damals Redakteur der *Grünen Post* (und später u. a. Autor der sehr populären *Kummerow*-Trilogie) distanzierte sich allerdings von der Inszenierung, weil Piscator aus seinem eher allgemein gehaltenen expressionistischen Drama ein sehr zeitbezogenes Agitationsstück gemacht hatte, in dem sogar Lenin auftrat.

Auch die auf ein Massenpublikum zielenden Kolportage- und Fortsetzungsromane, die seit der Mitte des 19. Jahrhunderts den Störtebekerstoff bearbeiteten, zeigen, wie beliebt Störtebeker selbst im von ihm so heftig attackierten Bürgertum war. Der Seeräuber, der frühere Schrecken der Hanse, hatte sich endgültig zum positiven Helden gewandelt.

Das zynische Pendant zu der ganzen Störtebeker-Begeisterung lieferte Joachim Ringelnatz, der ebenfalls zur See gefahren war. Für den Seemann *Kuttel Daddeldu,* wie er sich nach seinem 1920 erschienenen Büchlein auch nannte, war die Piraterie nur Mord, Raub und Vergewaltigung, der beste Stoff also für eine blutrünstige Moritat:

»Störtebekerlied

Seeräuber und Kameraden,
Wenn meine Augen richtig sind,
Hat die Bark voraus auch Fässer geladen. -
Auf, ihr Hurenboys! An die Brassen!
Royal hoch! Alle Lappen noch härter an den Wind.
Denn die Hunde wittern Blut.
Denn sie segeln gut,
Das muss der Teufel ihnen lassen.

Hei! Holt die hollandsche nieder
Und hisst die Flagge rot – rot – rot!

Und singt recht schweinische Lieder.
Vielleicht ist einer von uns morgen tot.
Denn sie haben eine Kanone an Bord
Und ein halbes Dutzend Soldaten
Mit Blei und mit Dünnschiss geladen.
Wir aber sind kühne Piraten
Und fürchten nicht Tod noch Mord.
Wir sind weder fromm – aber frei.

Was mag in dem Schiffe wohl sonst noch sein?
Kakerlaken oder Seife oder Gold oder Wein? –
Nun signalisiert: ›Dreht bei!‹
Und ich, euer Kapitän, rufe: Enterhaken klar!
Und kämmt den Krämern das ölige Haar.
Nur merkt euch: Die Leute alle über dreißig Jahr
Sollen leben bleiben. Leben bleiben –
Nun hofft, wie es kommt, und glaubt, wie es war.
Und fragt nicht, wie lang wir's noch treiben.

Liebe mit mir verfluchte Halunken,
Was soll denn mit den
Unter dreißig geschehn?
Die machen wir mit Braunteer betrunken
Aber wer uns gefällt,
Weil er's ehrlich mit uns hält,
Dem sei das Leben geschunken.
Den andern aber sagen wir: Amerika ist nah.
Und knüpfen sie sauber an die Obermarsraa.

Old sailors! Likedelers!
Kommt selber und schaut:
Sie haben ein Weibstück an Bord. Unsre Braut,
Sie soll leben! Unsre Braut, sie soll leben!
Und ich werde sie weitergeben,
Bis zuletzt sie der Schiffsjunge nimmt.
Der soll dann mit Eisenstücken
Und Ankerketten sie schmücken
Und sehen, wie weit sie damit schwimmt.«

Boy Lornsen: Störtebeker taucht auf

Im letzten Jahrhundert ist eine Fülle von Störtebeker-Romanen entstanden, die die ungebrochene Popularität des sagenhaften Seeräubers dokumentieren. Zu den bekanntesten zählt Boy Lornsens Jugendroman, der als Untertitel den Vitalierspruch »Gottes Freund und aller Welt Feind« trägt. Seit 1980 wird das Buch immer wieder neu aufgelegt. Der 1922 geborene und 1995 gestorbene Kapitänssohn Lornsen wurde einen breiten Fernsehpublikum vor allem durch die Verfilmung von *Robbi, Tobbi und das Fliewatüüt* bekannt. Er stammte von Sylt, das Meer war seine zweite Heimat. Das spürt man auch in seinem Störtebeker-Roman, der keine romantische Verklärung betreibt, sondern das harte Leben auf See in dieser Zeit schildert. Als moralisches Vorbild taugt dieser Störtebeker nicht. Das Buch beginnt im Jahre 1391 mit dem Aufkommen der Vitalienbrüder in der Ostsee.

»*Es war im April des Jahres 1391. Von Rügens hoch ragenden Kreidefelsen aus hätte man zwei Segel gesehen. Ein Segel folgte dem anderen, beide lagen hart am Wind, und beide zogen westwärts. Die Schiffe aber sahen einander noch nicht.*

Ein wütender Wind kämmte die Baltische See. Von Westen her kam er, hetzte seine Wellenhunde nach Osten zu, dass denen der weiße Schaumgeifer vor den Mäulern stand. Mit den Wolken trieb er Schindluder, mal jagte er sie zuhauf, mal scheuchte er sie auseinander, bis ihnen das Fell in Fetzen davonstob. Dazu ließ er noch seine Böen pfeifen, um zu zeigen, wer hier der Herr und Meister war.

Das Segel, welches am weitesten zu Ost stand, schob eine große Kogge voran, die mühelos durch die grobe See schnitt und dem vorderen Segel stetig näher rückte.

›Wenn der Wind so bleibt, können wir noch vor Dämmerungsbeginn an der Durchfahrt bei Swante Wustrow stehen‹, sagte der krummrückige Jerk Fretwurst zu seinem jungen Maat.

›Soll mir nur recht sein, Schiffer‹, antwortete der Junge. ›Wird auch Zeit, dass ich nach Hause komme. Meine Frau muss inzwi-

schen ein Kind geboren haben. Das dritte! Und hoffentlich ist es diesmal ein Junge!‹

Der Alte rieb sich die knotigen Hände. Ihn plagten andere Sorgen. ›Die elende Gicht sitzt mir schon in allen Knochen‹, jammerte er. ›Soll auch meine letzte Reise sein. Und bei Gott, diesmal mach ich Ernst!‹ [...]

›Hoffentlich steigt er aus, der Alte!‹, dachte der Maat. Aber laut sagte er: ›Wer so viele glückliche Reisen hinter sich brachte wie Ihr, hat seinen warmen Herdplatz verdient. Ich gönn ihn Euch, Schiffer!‹

›Glaub's gern‹, knurrte der Alte gallig und dachte bei sich: ›Der Junge wünscht mich möglichst bald von Bord! Kann's ihm nicht mal verdenken. Wie viele Maate wären gern Schiffer der SCHWALBE VON RIBNITZ! Ist ja auch das schönste und schnellste Schiff auf dem ganzen Baltic.‹ Jerk Fretwurst seufzte.

Aber sein junger Maat sollte nie Schiffer der SCHWALBE VON RIBNITZ werden ...

Der schwarze Holk tat sich schwerer mit Wind und Wellen als die Kogge. Rügens Felsenmauer wollte ihn nicht loslassen; so langsam kroch er voran und dabei gab er sein Bestes her. Sein Vierkantsegel stand brettsteif, seine Leeseite tauchte tief in die See ein. Sein Bug hieb in die Wellen, dass die Gischt spritzte, und dazu ächzte das gequälte Holz.

Vom Schiffsvolk war wenig zu sehen. Die meisten hatten sich in geschützte Winkel verkrochen. Oben auf der Mastspitze musste sich der Ausgucksmann an den Tonnenrand klammern, weil er wie mit einem Peitschenstiel durch die Luft geschwenkt wurde. Auf dem hohen Achterkastell hielten sich drei Männer trotz der geneigten Decksplanken aufrecht.

›Verdammter Westwind! Unser Segel steht zum Bersten voll, und wir kommen kaum von der Stelle!‹, fluchte der Riese mit dem weizengelben Haarschopf grimmig und starrte zu den hochmütigen Felsen hinüber, als wollte er sie mit seinen Blicken achteraus zwingen. ›Und wenn ich unser altes Heringsfass ganz bis nach Rostock hinprügeln soll – wir müssen dabei sein, wenn die Sache ausgehandelt wird. Was denkst du, Kleiner?‹

›Recht hast du, Klaus! Wenn wir unsere Löffel nicht mit in den Brei stecken, sichern sich nur die adligen Herrn die Vorteile. Sie *werden ohnehin versuchen, uns die Drecksarbeit aufzuhalsen. Und ich sag dir, sie sind auf Kriegerruhm aus, rechnen damit, dass König Albrecht sie später reich mit Gütern belehnt, sobald er sich die Schwedenkrone wieder aufs Haupt stülpen kann.‹*

Diese Antwort gab der zweite Mann auf dem Achterkastell. Ein Männchen, ein Zwerg war es, ging dem Riesen bis eben über den Schwertknauf und klammerte sich an dessen Ledergurt fest wie die Miesmuschel an dem Eichenpfahl.

Der Riese ließ sich Klaus Störtebeker rufen. Ob das wirklich sein ehrlicher Name war, wusste keiner an Bord. Aber das wussten alle: Seine Stärke und Verwegenheit reichte für drei Männer aus, und dazu war er noch ein selten guter Seefahrer. Klaus Störtebeker konnte ein Schiff durch die Hölle segeln, wenn sie ihm grad quer im Weg lag.

Der Zwerg nannte sich Magister Wigbold. Er hatte sich mit den sieben Künsten abgegeben, gab aber keine Auskunft, wo das gewesen war, warum er davon abließ und welche Umstände ihn auf das Achterkastell eines Seeräuberholks gebracht hatten. Denn der schwarze Holk war ein Seeräuberschiff! Und der Zwerg war der schlaueste und listenreichste Kopf, der sich zurzeit auf der Baltischen See herumtrieb.

Ein Riese und ein Zwerg! Ein sonderbares Gespann hatte sich da für das Räuberhandwerk zusammengetan. [...]

›Fall ab, Maat!‹, rief Störtebeker dem Mann am Ruderholz zu. ›Gib dem alten Fass so viel Wind, wie's vertragen kann! Wollen doch hoffen, dass die Planken noch bis Rostock zusammenhalten!‹

Der dritte Mann auf dem Achterkastell legte das Ruder nach Lee, sagte aber kein Wort. Er redete überhaupt so wenig, dass man glauben konnte, er wäre stumm. Seine Arme waren muskelbepackt und am Ruder tat er eine Arbeit, zu der bei diesem Wetter eigentlich drei Männer nötig waren. An Störtebekers Länge fehlte ihm eine Handspanne, dafür war er breiter gewachsen und schwer wie ein Eichenstubben. Wenn er sprach, kamen die Worte seltsam gurgelnd aus seinem schiefen Mundschlitz. Gern schaute niemand in sein Gesicht. Das Feuer hatte es verwüstet und bis zum Schädel hinauf, der kahl war, einen schaurigen, blauroten Narbenacker hinterlassen. Sie nannten ihn den Namenlosen.

Zögernd wanderten Rügens Kreidefelsen achteraus [...]

›Kann auch sein, dass wir uns in Rostock auf ein schlechtes Geschäft einlassen‹, sagte Störtebeker nachdenklich, denn er war sich noch nicht im Klaren über den Nutzen dieser Sache. ›Bisher haben wir unsere Schiffsnase nur dahin gerichtet, wo uns Glück und Beute winkten. Bis jetzt waren wir freie Raubgesellen. Nun wollen wir uns auf den Fürstendienst einlassen. Das will mir immer noch nicht gefallen!‹

›Vogelfreie Gesellen sind wir, Klaus. Vogelfrei! Vergiss das nicht! Galgen oder Richtschwert sind uns sicher, wenn sie uns fangen. Hätte nichts dagegen, es mal anders zu versuchen. Ehrbare Kaper wären wir dann in Diensten des Herzogs von Mecklenburg. Hört sich das nicht gut an? Von einem Tag auf den anderen sind wir ehrliche Leute geworden. So schnell geht das! Wir können weiter kapern und rauben. Mit Brief und Siegel sogar! Und brauchen uns nicht mal umzugewöhnen, Klaus.‹ Der Zwerg schüttelte sich vor Lachen und wiegte dabei seinen großen Kopf hin und her.

›Verdammt, Kleiner! Ist das eine Welt!‹, schrie Störtebeker. ›Freie Raubgesellen und Fürstendiener tun beide dasselbe, und doch ist es nicht dasselbe!‹

›Den Unterschied macht, wer's tut – der Herr oder der Knecht. Merkst du das erst jetzt?‹, spottete der Zwerg. ›So war's doch schon immer, und so wird's auch wohl bleiben, denk ich. Das Recht schläft nun mal am liebsten beim Unrecht.‹

›Ich würd's ändern, wenn ich Herr wär!‹ Der Zwerg kicherte. ›Nimm dir nicht zu viel vor, Klaus Störtebeker. Darüber sollte einer erst reden, wenn er Herr ist, und wenn's so weit ist, hat er seine guten Vorsätze meist vergessen. Tun wir lieber eins nach dem anderen. Zum Herrn gehört das Geld – je mehr Geld, desto mehr Macht. Also müssen wir zuerst für das Geld sorgen! Was diese Kaperbriefe angeht …‹

›Kaperbriefe!‹, unterbrach Störtebeker ihn ärgerlich. ›Darauf spuck ich! Sind wir denn nicht immer ohne gut zurechtgekommen? Und immer glücklich dabei gefahren?‹

›Das schon. Aber mit Kaperbrief läuft es noch besser für uns. Sieh's mal von der richtigen Seite an, Klaus: Zu diesen Mecklenburger Kaperbriefen gehören die Häfen Rostock und Wismar. So kriegen wir endlich mal Heimathäfen, in denen wir im Winter Sturm und Eisgang behaglich abwettern und unser Schiff in Stand setzen können. *Brauchen uns nicht mehr in entlegene Winkel zu verkriechen wie die räudigen Köter. Und jetzt kommt noch das Wichtigste: Wo lässt sich das Beutegut wohl leichter in Silber ummünzen als in den Hafenstädten? Da drängen sich doch die Krämer! Und ich sag dir, Klaus, die lecken sich nun schon alle Finger nach den guten Geschäften, die sie mit uns machen wollen.‹*

›Ich merk schon, Kleiner, du drehst und wendest die Dinge so lange, bis sie auch mir schmecken. Also gut! Versuchen wir's mal als ehrbare Kaper mit Brief und Siegel. Werden ja sehen, wie sich der Fürstendienst anlässt.‹

›Nur ein schnelleres Schiff fehlt uns noch. Damit könnten wir doppelt so viel Beute machen‹, maulte der Zwerg.

›Glaubst du vielleicht, mir gefällt diese lahme alte Balje? Wer keinen Wein hat, muss wohl oder übel Wasser saufen. Da sollte schon ein verdammt glücklicher Zufall nachhelfen, anders kommen wir schwerlich zu einem guten Seerenner. Der läuft uns davon, wenn wir ihn jagen.‹

Der kleine Magister ließ den Gürtel des Riesen los. Hätte Störtebeker ihn nicht mit raschem Griff eingefangen, wäre er wohl über das schräge Deck in den Baltic geschlittert und manches in dieser Geschichte hätte eine andere Wendung genommen.

›Halt, mein Kleiner! Ich brauch dich noch.‹

›Hab Dank dafür‹, krächzte der Zwerg erschrocken. ›Um den Körper wär's nicht schad gewesen – aber um den Kopf! Was unser neues Schiff angeht … Gib mir Bescheid, wenn das richtige in Sicht ist, dann wird mir schon die List einfallen, wie wir's kriegen. Nur gut, dass die Gaben unterschiedlich verteilt sind. Mein Kopf und deine Muskeln geben ein feines Gespann ab.‹

›Will es zugeben – deine Schlauheit ist mir die halbe Mannschaft wert‹, sagte Klaus Störtebeker gutmütig und legte seinem Ratgeber den Arm um die mageren Schultern. ›Werde nur aufpassen müssen, dass ich dich nicht verliere.‹

Fast zur selben Zeit bekamen die beiden Schiffe einander in Sicht.

›Segel etwas in Luv voraus!‹, sang der Ausguck aus dem Krähennest der SCHWALBE VON RIBNITZ *nach unten aus.*

›Lass es nicht aus den Augen!‹, schrie Jerk Fretwurst nach oben.

›Segel achteraus! Steht eben leewärts!‹, meldete der Ausguck des schwarzen Holks an Deck.

Kein anderer Ruf brachte Seeräuber schneller auf die Beine. Im Nu drängte sich ein waffenstarrender Haufe vor dem Achterkastell zusammen. Segel in Sicht! Das verhieß Beute!

›Segel kommt rasch auf!‹, sang der Ausguck nach unten.

Störtebeker und der Magister starrten lange Zeit achteraus. Nur der Namenlose am Ruder hielt die Augen nach vorn. Unter tief ziehenden Wolken jagten sich die weißen Wellenkämme. Ein Segel tanzte darauf, und es näherte sich so schnell, wie sie es noch nie erlebt hatten. Dabei hatten sie viele Segel näher kommen sehen, seit sie die Baltische See kreuzten.

›Den Seerenner schau dir an, Kleiner! Fliegt übers Wasser, als ob er Flügel hätte!‹, brüllte Störtebeker und schlug vor Begeisterung mit der Faust auf das Schanzkleid. Dann packte er den Magister Wigbold bei den Schultern, schüttelte ihn wie einen leeren Sack. ›Da segelt unser neues Schiff! Das müssen wir kriegen, hörst du! Jetzt mach dein Versprechen wahr und brüte mir eine List aus. Aber rasch, sonst läuft es uns auf Nimmerwiedersehn davon!‹

Der Zwerg warf nur noch einen kurzen Blick auf das fremde Schiff, schaute dann zum Himmel hinauf und auch auf das brettsteife Segel. ›Der harte Wind kommt uns fein zupass. Damit könnt's gehen‹, murmelte er.

›Beeil dich, Kleiner!‹, drängte Störtebeker.

›Nur einen Augenblick zum Nachdenken gib mir noch, Klaus. Dann sollst du haben, was du brauchst.‹ Der Zwerg senkte den Kopf und schloss die Augen.

Auch auf der SCHWALBE VON RIBNITZ hatten sie das fremde Segel nicht aus den Augen gelassen.

›Ein schwarzer Holk ist es. Sind kümmerliche Segler, diese schweren Holks‹, brummte Jerk Fretwurst vor sich hin. Seine Augen leisteten noch weit mehr als die gichtgeplagten Knochen. ›Er zeigt keine Flagge. Siehst du eine, Klas?‹

›Ich seh auch keine, Schiffer‹, bestätigte der Maat.

›Keine Flagge … Gefällt mir nicht‹, knurrte der Alte und befahl den Männern am Ruderholz: ›Haltet mehr nach Luv rüber! Wir wollen lieber den besseren Wind nehmen.‹

›Bist du so weit?‹, fragte Störtebeker, der seine Ungeduld nicht mehr bezwingen konnte.

›Wir können es schaffen, Klaus‹, antwortete der Zwerg triumphierend. ›Hör gut zu: Jagen können wir den nicht. Er ist uns über, was das Segeln angeht. Das weißt du so gut wie ich. Also muss es andersherum laufen – wir müssen ihn dazu bringen, dass er freiwillig zu uns längsseits kommt ...‹

›Freiwillig zur Schlachtbank? Das glaubst du doch selber nicht!‹

›Er darf eben nicht ahnen, dass wir ihn kapern wollen.‹ Der Zwerg begann eifrig auf den Riesen einzureden. Seine List schien ungewöhnlicher Art zu sein. Störtebeker schüttelte mehrmals heftig den Kopf, bevor er dann Zustimmung nickte.

›Ich will's wagen, Kleiner. Wer zu viel bedenkt, kommt nie zur Tat.‹ Dem Namenlosen befahl er: ›Sorg dafür, dass sofort der lübische Doppeladler gesetzt wird!‹

Vom Achterkastell herab musterte er gleich darauf seinen buntscheckigen Haufen. An die siebzig Männer standen bereit, mit Enterbeilen, Piken und Schwertern bewaffnet; Vogelfreie waren es, Geächtete und Landflüchtige, Freiwillige und Gepresste, aber Männer, die bereit waren, für Klaus Störtebeker den Teufel aus der Hölle zu holen.

›Hört, was ich euch zu sagen habe, ihr Satansbraten‹, begann ihr Hauptmann seine Rede und der Haufe johlte ihm zu, als hätte der Teufel selber ihnen ein Schmeichelwort zugerufen. ›Ruhe an Deck! Sperrt lieber die Ohren gut auf! Muss es kurz machen. Das Segel da achteraus seht ihr selber und auch, dass es zu einem verdammt feinen Renner gehört, der viel besser zu uns passt.‹ Er schob den Magister Wigbold nach vorn, legte ihm die Hand auf die Schulter. ›Der hier hat einen feinen Plan ausgeheckt, wie wir dem Fremden beikommen können. Dazu müssen wir einen braven lübischen Holk spielen, der in Seenot gerät. Sollte euch sonderbar vorkommen, was ich nun sage: Haltet euer Maul! Zimmermann! Du machst dich mit deinen Leuten über unseren Mast her. Säg ihn zu drei Vierteln durch, von Luv nach Lee hin ... ja, durchsägen hab ich gesagt, verdammt! Hast schon richtig gehört, Mann! Der Wind muss ihn brechen, sobald ihn die Luvwanten nicht mehr stützen. Fang an! Und beeil dich! Dann brauch ich noch vier Kerle, die sich bei den Luvwanten ducken sollen, jeder ein Messer zwischen den Zähnen und bereit, die Wanten zu kappen, wenn ich das Zeichen gebe. Alle anderen Gesellen bergen sich hinter dem Leeschanzkleid, klar zum Entersprung. Haltet eure Köpfe nach unten und lasst euch nicht blicken! Nur so viel Schiffsvolk darf sich zeigen, wie einem harmlosen Krämerholk zukommt, soll die List gelingen. An die Arbeit!‹

›Was geschieht mit dem fremden Schiffsvolk?‹, fragte einer, den sie an Bord den Pfeifer nannten. Ein mordgieriger Geselle war's, der mit Handbeil und Messer zugleich focht und dabei vor sich hin pfiff.

›Brauchen wir Leute?‹, fragte Störtebeker seinen Ratgeber.

Der Zwerg schüttelte den Kopf. ›Sind unnötige Zeugen, Klaus.‹

›Dann schlagt die Mannschaft und schont das Schiff!‹, sagte der Riese.

Der Pfeifer prüfte die Messerschneide mit dem Daumen und pfiff vor sich hin.

›Die Kogge steuert zu Luv!‹, meldete der Ausguck im Krähennest.

›Zu Luv?‹, Störtebeker schaute selber achteraus. ›Verdammt! Da kann ich sie nicht brauchen!‹, fluchte er.

›Warte die Zeit ab, Klaus, dann wird sie schon wieder auf unsere Leeseite zurückkommen. Nun hängt alles davon ab, dass ihr Schiffer ein ehrenhafter Seefahrer ist – zu seinem eignen Schaden …‹ Der teuflische Magister rieb sich die Hände.

›Der fremde Holk hat den lübischen Doppeladler gesetzt‹, sang der Mann im Krähennest der SCHWALBE VON RIBNITZ aus.

›Ich seh's auch. Aber warum zeigt er jetzt erst seine Flagge, frag ich mich. Das gefällt mir nicht. Nein, gefällt mir ganz und gar nicht!‹, brummte der alte Jerk Fretwurst misstrauisch.

›Nanu, Schiffer, Ihr meint doch wohl nicht im Ernst, dass uns der lahme Holzschuh da vorn gefährlich werden könnte. Den segeln wir doch in Grund und Boden, wenn's drauf ankommt. Man kann auch zu vorsichtig sein …‹

Der Maat brach unversehens ab und starrte mit offenem Mund auf den schwarzen Holk.

›Teufel! Was ist denn da los? Der Mast! Sein Mast ist über die

Seite gegangen! Schiff in Not! Wir müssen helfen, Schiffer!‹, schrie er mit überschnappender Stimme.

Dem Alten stand noch das helle Misstrauen im Gesicht. ›Dabei könnten wir leicht selber in Not kommen, mein Junge, und was noch schlimmer war – in Teufels Küche! Sind unsichere Zeiten, weiß Gott. Wär nicht das erste Mal, dass ...‹

›Schiffer!‹, unterbrach ihn der Maat heftig. ›Ihr wollt doch hoffentlich nicht Eure Pflicht als Seefahrer und Christenmensch verletzen? Dagegen müsste ich mich verwahren!‹

Der Alte sah den Jungen hilflos an und rang mit sich selber um den richtigen Entschluss. Dann nickte er, und dieses Nicken fiel ihm nicht leicht. ›Ruder in Lee!‹, befahl er und der Wache an Deck: ›Fiert auf die Schot!‹

Der schwarze Holk war nun genau das, wofür man ihn halten sollte: ein hilfloses, mastloses Wrack, das von den Wellen herumgestoßen wurde. Mast und Tauwerk trieben an seiner Leeseite im Wasser. Um die Täuschung vollkommen zu machen, ließ Störtebeker ein paar Leute aufgeregt an Deck hin und her rennen, und einige mussten sich über das Schanzkleid beugen, so als wollten sie den Wirrwarr außenbords klarieren. Die übrige Mannschaft durfte sich nicht sehen lassen. Erst wenn die Kogge auf Enternähe heran war und die Eisenhaken festsaßen, war sie an der Reihe.

Sobald der Zwerg sah, dass ihr Opfer nach Lee zurückschwenkte, um ihnen zu Hilfe zu kommen, jubelte er: ›Sie tut's, Klaus! Wahrhaftig, sie tut, was wir wollen!‹

Störtebeker nahm mit kalten Augen an seinem Opfer Maß. ›Gut, Kleiner. Nun muss sie nur noch nahe genug ranscheren, dass unsere Enterhaken fassen.‹

›Und wenn nicht, helfen wir nach‹, sagte der Zwerg.

Die SCHWALBE VON RIBNITZ schob sich spitz von achtern an das vermeintliche Wrack heran. Auf dem Achterkastell des schwarzen Holks führten drei Männer ein höllisches Stück auf. Klaus Störtebeker stand hoch aufgerichtet am Heckschanzkleid, tat, als winkte er hilflos die Retter heran. Magister Wigbold trieb es noch ärger, warf die Hände in die Luft und kreischte gottsjämmerlich: ›Helft uns! Um des Himmels Lohn – helft uns!‹ Nur der Namenlose rührte sich nicht, stand starr wie ein Fels und wog die Schlingen einer

Wurfleine in der Hand. Er sollte den ersten Enterhaken werfen und der musste fassen, sonst konnte der Plan nicht gelingen. Nun bog Störtebeker die Hände zum Trichter: ›Nehmt uns in Schlepp, ich bitt Euch! Kommt näher heran, dass wir die Leine werfen können!‹

Nicht einmal die fahrenden Schausteller auf den Märkten hätten dies Theater des Satans besser aufführen können.

War's ein Wunder, dass der junge Maat der SCHWALBE von so viel Jammer angerührt wurde! Zum ersten Mal in seiner Seefahrerzeit erlebte er ein Schiff in Not. Darum wohl nahm er einen Befehl vorweg, der eigentlich seinem Schiffer Jerk Fretwurst zugekommen wäre.

›Das Ruder in Luv! Schert näher ran!‹, schrie er den Rudersleuten zu. Die Kogge luvte gehorsam an; der Abstand zwischen den beiden Schiffen verringerte sich rasch …

›Ruder in Lee! Haltet ab! Um unserer aller Seelen willen – haltet ab! Sonst sind wir verloren! Ein Seeräuber ist es! Ich seh Gewappnete!‹, brüllte Jerk Fretwurst in höchster Not. Aber seine Warnung kam um zwei Dutzend Menschenleben zu spät.

Dann geschah vieles zur gleichen Zeit oder so schnell aufeinander, dass ein Erzähler mit Worten nicht folgen kann.

Zuerst schleuderte der Namenlose seinen Enterhaken zielsicher über das andere Schanzkleid. Dann holten er und Störtebeker mit ihren Riesenkräften die Leine hart durch. Der Haken krallte sich ins Holz. Der Abstand zwischen beiden Schiffen wurde noch geringer. Mehr eiserne Haken flogen durch die Luft, fanden ihr Ziel. Und so wurde die schnelle SCHWALBE VON RIBNITZ an ein Wrack gefesselt, dem sie Hilfe bringen wollte.

Klaus Störtebeker tat den ersten Sprung, das Langschwert in der Hand, und nach ihm sprang der Namenlose mit der furchtbaren Eisenstange. Beide allein hätten die SCHWALBE leicht erobern können. Sie brauchten die Hilfe der Raubgesellen nicht, die nach ihnen auf das fremde Deck quollen. Magister Wigbold blieb auf dem schwarzen Holk zurück. Er hatte seinen Teil getan und der Kampf war nicht seine Sache.

Es war kein Kampf, nur ein Totschlagen. Siebzig Gewappnete gegen armselige zwei Dutzend, die sich noch nicht mal wehren konnten. Nicht allein für Jerk Fretwurst – für alle an Bord wurde es die letzte Fahrt. Nur dem jungen Maat gelang unverletzt ein Sprung in die See. Aber nie kam eine Kunde, dass er festes Land erreichte. So entging keiner dem Gemetzel.

Zuallererst rissen die Räuber die Luken auf, und als sie das vortreffliche Danziger Bier entdeckten, war der Jubel groß.

Doch Klaus Störtebeker hielt den Daumen aufs Spundloch.

›Hände weg vom Bier!‹, brüllte er seine Leute an. ›Den leichten Sieg können wir versaufen, wenn der Anker gefallen ist. Zuerst brauch ich alle Hände für die Schiffe. Wollen zusehen, dass wir bald wieder in Fahrt kommen. – Maat! Du steigst mit dem halben Schiffsvolk auf den Holk über!‹, befahl er dem Namenlosen.

›Lass die lange Tross klarlegen! Wir nehmen euch in Schlepp, bis der Mast wieder steht. – Zimmermann! Nimm dir so viel Männer, wie du brauchst, und richte den Mast wieder auf, den du absägtest. – Und ihr anderen macht mir hier klar Deck. Wascht zuerst das Blut von den Planken. Ich will ein sauberes Schiff!‹

Störtebekers Befehle wurden ohne Widerspruch ausgeführt. Ohne strenge Zucht an Bord auch kein lohnender Seeraub! Das hatte er seinen rauen Gesellen so ins Fell gegerbt, dass sie sich daran hielten. Und sie fuhren gut dabei.

Die Sonne stand noch auf ihrer Mittagshöhe, als der Schleppzug in Fahrt kam. An einer dicken Tross zog die Kogge den schwarzen Holk hinter sich her, der ohne Mast wie ein leeres Fass in der hohen See taumelte. Bald fielen sie nach Südwest ab, segelten an der langen Düneninsel entlang, die man Hiddensee nannte. Als sie deren Südspitze querab peilten, stand auf dem schwarzen Holk der Mast wieder aufrecht. Die Schlepptross wurde geworfen; er konnte sich nun selber den Wind fangen.

›Steckt ein Reff ins Segel!‹, befahl Störtebeker der Wache, und zu dem Pfeifer, der den Namenlosen als Maat auf dem neuen Schiff vertrat, sagte er: ›Wir laufen dem Holk davon. Pass auf, dass der Abstand nicht größer wird.‹

Als dann die Dämmerung einsetzte und das Tagesblau mit dem Abendsilber vertauschte, wurde es Zeit, einen Ankerplatz zu suchen. Zu leicht verlor man den schwarzen Holk in der Dunkelheit aus den Augen.

›Weiß gar nicht, warum ich die alte Balje immer noch mitschleppe‹, murrte Störtebeker. ›Hätten sie anbohren und versenken sollen. Wir brauchen sie nicht mehr.‹

›Das sag nicht, Klaus. In Rostock wird sich leicht noch ein Krämer finden, der ihn uns für gutes Geld abnimmt.‹ Magister Wigbold ließ so schnell nichts aus den Fingern, was sich noch in Silber umwandeln ließ.

›Ich weiß einen guten Ankerplatz‹, meldete sich der Pfeifer. ›Bei Swante Wustrow gibt es ein Schlupfloch, das die See mit dem Bodden verbindet. Wir müssen kurz davor sein. Dort können wir unter Landschutz ankern.‹

›Kennst du dich genau aus, Pfeifer?‹

›Tat mal auf ’ner Wismarer Kogge Dienst, und mit der bin ich viel in dieser Gegend rumgekommen. Die Durchfahrt finde ich leicht, denn nahbei steht ein Holzkreuz auf der Düne. Denke, das wird noch da sein.‹

›Gut. Dann lots uns rein‹, entschied Störtebeker.

So kam es, dass die SCHWALBE VON RIBNITZ in ihrem heimatlichen Bodden Anker warf und doch nicht zu Koggen-Monk, ihrem Besitzer, zurückkehrte.

Als die Anker Grund gefasst hatten und die Schiffe versorgt waren, gab Störtebeker das Danziger Bier aus der Last frei. Bald kreisten die Becher, und je öfter sie wieder gefüllt wurden, desto lauter tönten die wilden Seeräuberlieder durch die Nacht. […] ›Das war ein billiger Kauf und ein guter dazu. Darauf trink ich – und auf dein Wohl, Kleiner!‹, sagte Störtebeker lachend.

›Sogar das gute Danziger Bier für die Siegesfeier hat man gleich mitgeliefert‹, gab der Magister kichernd Bescheid. ›Das richtige Schiff haben wir jetzt, um die Herden der Kauffahrer zu scheren. Nun fehlt uns nur noch ein passender Name dafür, Klaus.‹

Störtebeker besann sich nicht lange. ›SEEWOLF soll unser neues Schiff heißen! Die braven Hansen sollen wissen, wer ihnen die Zähne in den Nacken schlägt!‹

Sie zechten bis spät in die Nacht hinein, und es war erstaunlich, was der Riese Störtebeker in sich hineinschütten konnte, ohne von Verstand zu kommen. Auf dem Mitteldeck wurden die grölenden Stimmen zuerst leiser, um dann ganz zu verstummen.

Die Raubgesellen fielen um, wo sie gerade saßen, und schliefen ihren Rausch aus. […]

Willi Bredel: Gefangen im Eis vor Stockholm

Willi Bredel (1901–1964) war einer der sozialistischen Vorzeigedichter der DDR. 1950 erschien sein Roman *Die Vitalienbrüder*. Für den in Hamburg geborenen Bredel, der sich bereits mit 18 Jahren der KPD angeschlossen hatte, wegen seiner politischen Überzeugung unter den Nationalsozialisten im Konzentrationslager saß und schließlich emigrieren musste, ist Klaus Störtebeker ein *»kühner Rebell«*, ein *»Feind aller Patrizier, Rächer aller gemeuchelten und unterdrückten Freunde, der Zunftbürger wie der Bauern«.* Er lebte auch nicht als Außenseiter, *»sondern in jeder Hinsicht geachtet und vom Volk bewundert«.* In den Vitalienbrüdern sieht Bredel die Vorläufer einer revolutionären Bewegung, die ein gutes Jahrhundert später den Bauernkrieg auslösen sollte. Klaus Störtebeker, der edle, der auch Barmherzigkeit gegenüber seinen Gegnern kannte, wurde so für die revolutionäre Tradition der DDR gerettet. Nicht aber deshalb fand Bredels Roman viele, vor allem junge Leser, sondern weil er flott geschrieben und nur mäßig mit Ideologie befrachtet ist. Die Szene, die den Kampf der Vitalienbrüder gegen die Dänen 1392 vor Stockholm schildert, gehört zu den spannendsten des Buches.

»Die Dänen waren so unvorbereitet nicht, wie die Vitalier angenommen. Sie hatten nicht nur landseits einen eisernen Ring um die Stadt gelegt, sie hatten auch mit ihrer Flotte die Mündung des Mälarsees blockiert und jeden Schiffsverkehr unterbunden.

Mit ungestümem Angriff wurde der Ring der dänischen Schiffe gesprengt, und während die Piratenschiffe mit den dänischen Kriegskoggen auf dem Salzsee kämpften, brachte Henning Manteuffel ungehindert die Frachtschiffe in den Hafen. Die Verteidiger Stockholms jubelten über diese Heldentat. Zwei Jahre hatten sie bereits einer ungeheuren Übermacht standgehalten, jetzt kamen Hilfe, Lebensmittel und Waffen. Sie fassten neuen Mut und reizten hohnlachend die Dänen, sie möchten ihre Angriffe wiederholen oder sollten doch abziehen; sie – mit der Hanse und den Vitaliern verbündet – würden sich nie ergeben.

Alle Schiffe bis auf eines lagen im Hafen von Stockholm. Inzwischen hatten aber die Dänen ihre Fahrzeuge wieder gesammelt und Verstärkung herangezogen; sie blockierten erneut den Hafen und versuchten, die Piratenschiffe am Auslaufen zu hindern.

Störtebeker drang im Rat der Schiffshauptleute auf schnelle Entscheidung. Vor Einbruch des Winters müsse, so meinte er, die Blockade gesprengt werden. Andernfalls heiße es, hier überwintern und den Dänen die Herrschaft auf der See überlassen. Die adligen Schiffsführer konnten nicht einig werden. [...] Störtebeker drohte, auf eigene Faust durchzubrechen, um das freie Meer zu gewinnen. Magister Wigbold wies auf die Unmöglichkeit eines solchen Beginnens hin. Die Dänen hätten ihre gesamte Flotte auf dem Salzsee. Jede Einzelaktion sei von vornherein zum Scheitern verurteilt. Störtebeker dachte an Schonen und an Wulflams. Mit jedem Tage wurde er ungeduldiger und unverträglicher.

Überraschend kam eisige Kälte. Schnell gefror der Mälarsee und der Salzsee. Nur das offene Meer, auf dem die dänische Flotte sich befand, war noch eisfrei. Da versuchten die Dänen, in kühnem Handstreich sich der festgefrorenen Schiffe der Piraten zu bemächtigen, um sie in Brand zu setzen. Dank der Wachsamkeit der Mannschaft des SEETIGERS wurde dieser Angriff abgeschlagen.

Störtebeker fluchte über die Unentschlossenheit und Untätigkeit der anderen Schiffshauptleute. In Zusammenarbeit mit Michael Gödeke und Magister Wigbold hatte er von den Schiffsleuten rings um ihre drei Schiffe, die am weitesten draußen in der Mälarseemündung lagen, aus Baumstämmen eine hohe Palisade errichten lassen, um wenigstens vor überraschenden Handstreichen gesichert zu sein. In besonders kalten Nächten hatte er diese Holzpalisade mit Wasser übergießen lassen. Es gefror, und dadurch war dies Hindernis noch unüberwindlicher geworden.

Klaus Störtebeker war auf eine Kriegslist gekommen. Im Dunkel der Nacht mussten seine Gesellen vor der Palisade das Eis aufbrechen. Sollten die Dänen einen Angriff wagen und Leitern und Rammböcke aufstellen, würden sie im Eis versinken. Bei dieser Arbeit kam Störtebeker ein Einfall. Er ließ längliche, völlig wasserdichte Holzkästen zimmern, in deren Deckel ein kleines Loch gebohrt wurde. In diese Holzkästen ließ er Pulver schütten, das für die DUMCÖNE bestimmt war. Eine Lunte kam hinein, die oben durch *das Loch im Deckel herausragte. An die einem Angriff am meisten ausgesetzten Stellen wurden Löcher ins Eis geschlagen, gerade so groß, dass diese Pulverkästen darin Platz fanden.*

Auf den anderen Schiffen höhnte man über alle diese fieberhaften Vorbereitungen und über den Wall vor den Piratenschiffen. ›Was sie für eine Angst haben‹, rief Henning Manteuffel. ›Und ich dachte, Piraten wüssten gar nicht, was Angst heißt.‹

Störtebeker ließ ihm sagen, er habe den Wismarern in seinem Beisein sein Wort gegeben, doch dieses Wort verpflichte ihn nicht dauernd zur Waffenbrüderschaft; er, Klaus Störtebeker, Schiffshauptmann des SEETIGER, *werde sich Henning Manteuffels Hohn merken.*

Fortan äußerte weder Henning Manteuffel noch sonst einer der adligen Schiffsführer ein vorwitziges Wort über einen der drei plebejischen Piraten.

Wie Klaus Störtebeker vorausgesehen, versuchten die Dänen im Glauben an ihre Überlegenheit einen Angriff auf die im Eise festliegenden Vitalierschiffe. Ihre eigene Flotte lag im offenen Meere, und ihre Kriegsknechte rückten in breiter Front über das Eis vor gegen die Palisade. Sie hatten zahlreiche Leitern bei sich, um sie übersteigen zu können. Klaus Störtebeker befahl seinen Leuten, auf die Schiffe zu gehen und jeden Dänen, der über die Palisade zu steigen versuche, abzuschießen. Gelänge dem Feinde dennoch die Überwindung dieses Hindernisses, so sollten die Schiffe verteidigt werden. Zu diesem Zweck hatte jeder Schiffsmann Handbeil oder Morgenstern griffbereit hinter sich liegen. Einige wenige Gesellen lagen bei der Palisade, um im rechten Augenblick die kleinen Pulverkästchen anzuzünden.

Mit wildem Kriegsgeschrei stürmten die Dänen vor. Die adligen Schiffsführer unternahmen nichts, den besonders bedrohten Piratenschiffen draußen in der Mälarseemündung Hilfe zu schicken; sie hielten ihre Leute auf ihren Schiffen und warteten den Verlauf des Kampfes ab, den die drei vorgelagerten Schiffe zu bestehen hatten. Störtebeker, Gödeke und Wigbold sahen sich allein der gesamten dänischen Flotte gegenüber. Sie verzagten trotzdem nicht, sondern erwarteten entschlossen den anrückenden Feind.

Als die Dänen keine fünfzig Schritt mehr von der Palisade entfernt waren, gab Störtebeker seinen Gesellen unten auf dem Eise ein Zeichen. Diese setzten die Zündschnüre in Brand und liefen übers Eis auf ihre Schiffe, um hier am Kampf teilzunehmen.

Die Dänenschiffe auf dem oberen Meere schossen auf die Palisadenburg, richteten aber keinen großen Schaden an. Die ersten dänischen Kriegsleute waren an der Palisade angelangt. Sie legten die mitgebrachten Leitern an, doch als immer mehr Kriegsknechte heranstürmten, das Hindernis zu nehmen, brach die allnächtlich aufgebrochene dünne Eisschicht, und viele versanken in den Fluten. Dies richtete nicht geringe Verwirrung an. An anderen Stellen indessen waren die Angreifer glücklicher und die ersten erschienen am Rand der Palisade. Ein Hagel von Armbrustgeschossen schlug ihnen entgegen. Die ersten Toten stürzten von den Leitern herab. Dennoch wurden die Versuche fortgesetzt. Da erfolgten in schneller Reihenfolge fünf dumpfe Stöße, in die sich Schreckensschreie mengten. An fünf Stellen brach das Eis, wie von unsichtbarer Zauberhand aufgerissen. Unbeschreibliche Verwirrung entstand unter den Angreifern, und in panischem Schrecken flohen sie, Leitern und Waffen zurücklassend, über das Eis zurück.

Die Gesellen Klaus Störtebekers und alle Vitalier stimmten ein brüllendes Siegesgeheul an, und die DUMCÖNE *feuerte einige Kugeln hinter den Fliehenden her.*

Die Dänen dachten nicht an eine Wiederholung des Angriffs; sie setzten Segel auf und fuhren davon. Auf dem Eise gab's eine große Siegesfeier. Ein Ochse wurde am Spieß gebraten, viele Fässer Wein und Bier wurden von Deck gerollt. Jeder Vitalier war zu Gast geladen. Und nun kamen auch die adligen Hauptleute und ihre Knechte. Niemand wurde abgewiesen.«

Kuba: Störtebeker

Die Idee des »Gleichteilens« faszinierte nicht nur die, die nichts hatten oder das wenige, was sie besaßen, noch abgeben mussten, sondern auch Schriftsteller und Opernkomponisten, allen voran natürlich die sozialistischen bzw. kommunistischen Autoren, die in der Seeräubergesellschaft ihre politischen Utopien verwirklicht sahen. Willi Bredel schrieb einen erfolgreichen Roman. Ein anderer DDR-Staatsdichter, Kurth Barthel oder Kuba, wie er sich nannte, schuf sogar ein Weihespiel mit dem Titel *Störtebeker*, das erstmals 1959 auf Rügen aufgeführt wurde (und als Freilichtspiel heute noch erfolgreich ist). Störtebeker wird in dieser »*dramatischen Ballade*« zum Kämpfer für die Armen und gegen die »*Konzentration des Reichtums in den Händen einer kleinen Klasse*«. Was Barthel aus dem Seeräuber gemacht hatte, fasste die *Zeit* treffend in der Überschrift »*Störtebeker, Held der SED*« zusammen. Denn Kuba stellte überdeutliche Bezüge zur Gegenwart her. Und wer am Schluss die Botschaft immer noch nicht verstanden hatte, den klärte der Epilog mit dem Chor aller Schauspieler auf:

>*Störtebeker, Störtebeker,*
>*reise ut Quartier.*
>*Likedeeler, Likedeeler,*
>*das seid heute Ihr.*
>*Der Junker und der Pfeffersack*
>*tun Euch nicht weh:*
>*Denn Euer ist die Erde,*
>*der Himmel und die See.*
>
>*Störtebeker, Göstemichel,*
>*hiev den Anker, ho!*
>*Likedeeler, Likedeeler*
>*machen's heute so:*
>
>*Die Früchte der Erde*
>*dem Knecht und der Magd.*

Dem Hirten die Herde,
dem Jäger die Jagd.
Dem Fischer den Fischfang,
Matrosen, ohe!
Denn Euer ist die Erde,
der Himmel und die See.

Störtebeker – Göstemichel –
Wigbold, wat liggt an?
Likedeeler – Likedeeler:
Frieden, das liegt an!
Der Frieden liegt an –
Sozialismus voraus –
Die Arbeiter
Herren im eigenen Haus.

Die Früchte der Erde
dem Knecht und der Magd.
Dem Hirten die Herde,
dem Jäger die Jagd.
Dem Fischer den Fischfang,
Matrosen, ohe!
Denn Euer ist die Erde,
der Himmel und die See.

Und die Leinenballen –
Schuh mit feinen Schnallen –
und die Federbettlein –
und die Silberkettlein –
Samt und seidne Sachen,
und zum Klüten machen
auch das fein weiße Mehl.
Und auch Fingerringlein –
und auch Zuckerkringlein –
und für alle lütten –
und für alle lütten –
Und für alle lütten Leute
Like deel!«

Theodor Fontane:
Die Likedeeler in Ostfriesland

Dass kommunistische Autoren in Störtebeker einen frühen Kommunisten sahen, ist nicht verwunderlich, dass es aber auch ein »bürgerlicher« Schriftsteller wie Theodor Fontane tat, überrascht. Fontane, 1819 in Neuruppin in der Mark Brandenburg geboren, begeisterte sich schon als kleiner Junge für den Seeräuber. 1827 war die Familie nach Swinemünde übergesiedelt, und dort fanden sich fast überall Plätze, die mit Störtebeker in Verbindung gebracht wurden. In seiner 1894 erschienenen Autobiografie *Meine Kinderjahre* schildert Fontane seine Erlebnisse auf den Spuren der Piraten:

»Das Kampieren im Freien war jedes Mal ein unendlicher Genuss für mich. Wir hatten verschiedene Lagerstellen; eine war in den tiefen Sandgruben am Kirchhof, eine zweite zwischen den Dünen und eine dritte, mehr landeinwärts, in den Moorgründen, die sich mit ihren hundert Torfpyramiden und ebenso vielen dunklen Wasserlachen von den Ausläufern der Stadt her bis nach Corswandt und Kamminke zogen. Aber mehr noch liebten wir eine Waldstelle, nahe bei Heringsdorf, die ›Störtebekers Kul‹ hieß. Dies war ein tiefes Loch, richtiger ein mächtiger Erdtrichter, drin der Seeräuber Störtebeker, der zu Anfang des 15. Jahrhunderts die Nord- und Ostsee beherrschte, mit seinen Leuten gelagert haben sollte. Gerade so wie wir jetzt. Das gab mir ein ungeheures Hochgefühl, Störtebeker und ich. Was musste ich für ein Kerl sein! Störtebeker war schließlich in Hamburg hingerichtet worden, und zwar als Letzter seiner Bande. Das war mir nun freilich ein sehr unangenehmer Gedanke. Weil es mir aber, alles in allem, doch auch wieder wenig wahrscheinlich war, dass ich der Hamburger Gerichtsbarkeit ausgeliefert werden würde, so sog ich mir aus dem Vergleich mit Störtebeker unentwegt allerhand süße Schauer.

Die ›Kule‹ war sehr tief und bis zu halber Höhe mit Laub vom vorigen und vorvorigen Jahre überdeckt. Da lag ich nun an der tiefsten Stelle, die wundervollen Buchen über mir, und hörte, wenn

ich mich bewegte, das Rascheln des trockenen Laubes, und drau-
ßen rauschte das Meer. Es war zauberhaft. Nur meine Truppe ver-
dross mich beständig, denn jeder Einzelne, mit seiner höchst zwei-
felhaften Räuberanlage, stellte mir die gewöhnlichste Prosa des
Lebens wieder vor Augen. Mein jüngerer Bruder, gutmütig wie er
war, nahm immer eine Bierkruke mit aufgelöstem und furchtbar
schäumenden Lakritzensaft mit, was meine ›Störtebekerschen‹,
die sich davon einschenken ließen, ›Met‹ nannten. Zugleich waren
meines Bruders Taschen mit einer Unmenge von wurmstichigem
Johannisbrot gefüllt, um das man sich mit einer allerdings hal-
ben Räuberenergie balgte. Mir widerstand das alles, und ich trank
Quellwasser, das ich mit der flachen Hand schöpfte.«

Diese frühe Faszination ließ Fontane nicht mehr los. 1878 begann er, Material für eine Störtebeker-Novelle zu sammeln.
Erste Entwürfe entstanden vier Jahre später. 1895 schließlich
setzte die intensive Arbeit an dem Roman ein. »*Ich will einen*
neuen Roman schreiben (ob er fertig wird, ist gleichgültig)«, berichtete er im März seinem Freund Hans Hertz, »*einen ganz fa-*
mosen Roman, der von allem abweicht, was ich bisher geschrieben
habe, indem er eine Aussöhnung sein soll zwischen meinem ältes-
ten und romantischsten Balladenstil und meiner modernsten und
realistischsten Romanschreiberei. Er heißt ›Die Likedeeler‹ (Like-
dealer, Gleichteiler, damalige – denn er spielt anno 1400 – Kom-
munisten).«

Fontane sah also auch frühe Kommunisten in den Seeräubern
um Störtebeker. Das wird noch durch einen Brief bestätigt, den
er am selben Tag an Friedrich Holtze schrieb: »*Der Stoff in seiner*
mittelalterlichen Seeromantik und seiner sozialdemokratischen
Modernität – ›alles schon da gewesen‹ – reizt mich ungeheuer.
Schilderungen, die den Anfang und den Ausgang der Tragödie be-
deuten, hoffe ich mir in Emden und in Hamburg verschaffen zu
können; in Emden, wo sich Aufzeichnungen über den damaligen
friesischen Häuptling von Marienhafe namens Tem Broke usw.
befinden, und in Hamburg, wo 1402 oder 1403 die ganze Likedee-
lergruppe enthauptet wurde, Störtebeker, was er sich in Tapferkeit
ausbedungen, zuletzt.«

Fontane stellte sorgfältige Nachforschungen an; er studierte die alten Chroniken und die spärlich vorhandenen Quellen; er reiste in einzelne Städte und verglich Landkarten miteinander, um den alten Küstenverlauf herauszufinden. Was ihn vor allem interessierte, war die Zeit vor dem Ende der Seeräuber in der Nordsee, also die Jahre zwischen 1398 und 1400.

Aber für Fontane war eine genaue Datierung unerheblich. Selbstverständlich hatte für ihn Störtebeker die kurze Vitalienbrüder-Tradition in Ostfriesland begründet. Und so sollte auch sein Roman über die »Likedeeler« beginnen – mit der Ankunft von Störtebeker, Godeke Michels und Magister Wigbold im ostfriesischen Marienhafe. Welch großes literarisches Denkmal dieser Roman für die Vitalienbrüder geworden wäre, macht schon der (fragmentarische und noch skizzenhafte) Anfang deutlich, der in mehreren, nicht endgültig bearbeiteten Versionen erhalten ist und erstmals 1938 veröffentlicht wurde. Wir haben einige Passagen aus den Versionen eins und zwei ausgewählt. Fontane konnte sein letztes Werk nicht mehr vollenden. Er starb am 20. September 1898.

»An einem der letzten Septembertage 1399 fuhr von Juist her eine Flotte von fünf Schiffen in die Ems ein und nahm ihre Fahrt südlich, anscheinend auf die Stadt Emden zu. Aber ehe sie halb bis an Emden heran war, bog sie links in einen abzweigenden toten Arm, der die Ley hieß, und fuhr auf eine am Ausgang dieses toten Arms gelegene Besiedelung zu, aus deren Mitte eine Klosteranlage und ein hoher Etagenturm hervorragten. Das vorderste Schiff war etwas größer als die vier folgenden und zeigte nicht bloß die mecklenburgische Flagge, sondern auch ein Flaggentuch, das andeutete, dass das vorderste Schiff das Admiralschiff war.

Auf dem Kajütendach war eine Gestalt sichtbar von mittlerer Größe, breit, ruhigen Ausdrucks. Zwei Personen von ähnlicher Kleidung standen am Ufer und grüßten zu ihm herüber. Er stieg herab und ging ans Ufer. Als er auf das Brett trat, schloss sich ihm aus der Menge der Mannschaften ein Knabe an und folgte ihm. Es schien sein Diener. Er blieb auch an Land in kurzer Entfernung von seinem Herrn.

Am Ufer gab er den beiden die Hand, ging durch die spalier-

bildende Menge und grüßte. Der Weg lief neben der Längsseite der Kirchhofsmauer und bog dann rechts ein, wo er sich, ansteigend, neben der einen Seitenmauer fortsetzte. Vom Kirchhof aus, auf dessen Grabsteinen Frauen in friesischer Tracht standen, folgte man ihm; die Frauen hoben ihre Kinder in die Höh und wiesen auf ihn.

›Kuck, Martin, dat is he. De in de Mitt, dat is he.‹

›De Röwer. ‹

›Ja. Awers he röwert nich arme Lud, uns deiht he nix. Bloß de, de riek sin und to veel hebben. Uns gibt he wat.‹

Der, dem diese Worte galten, hatte jetzt des Älteren Arm genommen und sagte: ›Du musst ihn bei guter Laune getroffen haben. Es dauerte ja keine Stunde, da war das Zeichen oben auf dem Turm.‹

›Er hatte ja deinen Brief schon und sich alles überlegt. Und als Wigbold ihm die Namen der Schiffe nannte und hinzusetzte, wie der alte Homer sagt, und ihm zwei griechische Zeilen sagte, da ging ein Lächeln über sein Gesicht, und wir hatten gewonnen.‹

›Ein Seeräuber und ein Grieche, da kann man freilich lachen.‹

›Die Griechen‹, *sagte der andere,* ›waren Seeräuber. Sie nannten das Kolonien. Das wollen wir auch. Und dies ist der richtige Platz dazu.‹

Bei diesen Worten waren sie neben der Kirchhofsseitenmauer lang bis an die Dorfstraße gekommen und, wieder rechts biegend, gingen sie auf ein Seitenportal der Kirche zu, wo sie schon des Priors und seiner Umgebung ansichtig wurden.

›Ihr seid willkommen.‹

›Ehrwürdiger Vater, eine Ehre, dass Ihr mich an dieser Stelle empfangt.‹

Die beiden Begleiter, auch die kirchlichen, nach Verbeugung vor dem Prior, blieben zurück; der Prior und sein Gast, dem nur der Knabe folgte, schritten durch das Querschiff bis vor den Altar, wo sich beide verneigten. Auch der Knabe machte die Verneigung mit. Dann traten sie vom Langschiff her in einen Kreuzgang hinaus, dessen Bogengänge mit wildem Wein überwachsen waren, während in den Gewölbekappen Engel schwebten. Alle beinah körperlos und von Flügeln getragen. Sie gingen ein Stück, bis die Biegung kam. Aber in diese Biegung traten sie nicht ein, sondern geradeaus auf einen schmalen flurartigen Gang zu, von dem aus man in die links daneben gelegenen Zimmer trat. Der Eingang war nur durch einen Teppich geschlossen. Als sie bis zu dieser Stelle waren, sprang der Knabe, wie wenn ihm der Dienst hier obläge, vor und schlug mit vieler Gewandtheit den Teppich zurück, während der Prior und sein Gast eintraten. Dann ließ er den Teppich sich wieder schließen und blieb in dem Flur zurück.

An dem Prior war dies alles nicht unbemerkt vorübergegangen; er gehörte zu denen, denen der Sinn offen war für Schönheit der Erscheinung und alles, was gefällt. Er lud seinen Gast zum Sitzen, die Fenster sahen auf den Kreuzgang hinaus, und ein Schenktisch stand neben ihnen mit Wein und Becher. Der Prior schenkte ein, trank vor und sagte nach außen weisend, wo der Knabe zurückgeblieben war:

›Ein schönes Kind, das Euch dient. Und so fremd von Erscheinung. Uns und unserer Nordlandssonne.‹

Der andere nickte.

›Überhaupt, ich darf Euch beglückwünschen. Ihr wisst Eure Leute zu wählen. Auch die beiden, die Ihr mir schicktet. Ist er ein Mönch gewesen? Ich weiß, Ihr habt alles an Bord. Natürlich auch Mönche. Wo wären die nicht. Ich sah nach der Tonsur. Aber die fehlte.‹

›Er war seinerzeit ein Magister artium liberalium der freien Künste. Aber die freien Künste waren ihm nicht frei genug. Ich habe schon gehört, dass er auch griechische Zitate gesprochen. Er ist eitel.‹

›Er darf es. Alle Diplomaten sind eitel, und er ist ein Diplomat. Ich war erstaunt, wie vorsichtig er war und wie gut er die Worte wählte.‹

›Er hat auch andere Stunden.‹

›Er wäre sonst nicht, was er ist. Ein jeder sei, wie er ist.‹

›Es freut mich, dass sein Wesen Euch gefiel. Aber der andere, von dem Ihr nichts sagt, geht ihm voraus. Er hielt sich zurück, weil er der Klügere ist; er fragt nur, er lässt andere sprechen, aber weil er beobachtet, weiß er Bescheid. Wer viel spricht, verliert den Blick.‹

Der Prior nickte. ›War er auch ein Magister? Oder sonst einer, den es nach Freiheit anwandelte. Vielleicht ein Prinz?‹

›Nicht ein Prinz. Aber doch etwas von einem Herrn und Herrscher. Als wir unter Wismarscher Flagge fuhren und den König

Albrecht, den die schwarze Margarethe gefangen gesetzt, befreien sollten, als wir noch, wie nun mal die Leute sprechen, ehrlich waren und ehrlichen Krieg führten, da, das sind nun gerade 20 Jahr, war Gödeke Michels der Führer, und alles, was damals geschah, geschah durch ihn. Ich war damals noch bei den Studenten in Prag. Und als ich's dann satt hatte, mit all der Weisheit und der Gelehrsamkeit und an Bord ging, so wie viele von uns taten, da trat er, als es ins dritte Jahr ging, an mich heran und sagte: ›Du sollst uns führen, du taugst besser dazu, nimm das Kommando.‹ Und ich nahm es. Besser, ich hätt es nicht genommen. Und seitdem ist der, der Herr war und befahl, ein Diener und ein Gehorchender geworden, und ein Wort der Auflehnung oder des Besserwissens ist nie über seine Lippe gekommen. So entsagen können und zu dienen, statt zu befehlen, das ist eine große Sache, und wer das kann, in dem ist etwas, was Respekt fordert. Aber verzeiht, ehrwürdiger Vater, ich bin nicht gekommen, um meinen Vorgänger im Kommando Gödeke Michels und meinen Magister der freien Künste zu loben und zu preisen. Ich suche hier Zuflucht. Dass ich sie finde, das hat mich das Wort meiner Boten und Euer Empfang belehrt, aber es bleibt noch vieles.‹

›Es bleibt noch vieles. Mehr als diese erste Stunde zu sagen erlaubt. Es ist ein eigen Land, dies ostfriesische. Krieg aller gegen alle. Euer Magister würde es uns in gutem Latein geben. Aber darüber zu sprechen, Euch zu raten und zu warnen, dazu bleibt noch manche Stunde. Zudem seid Ihr stark, und was nicht Einsicht und guter Wille tun, das tun die Furcht und die Berechnung und der Vorteil. Ich kenne diese Häuptlinge.‹

›Ihr meint Eures Landes Häuptlinge.‹

›Die mein' ich. Lasst sie gehn. Tut keinen Schritt. Wartet ab, bis sie den ersten Schritt tun; Ihr könnt es, denn Ihr seid stark. Sie brauchen Euch mehr, als Ihr sie braucht. Und der Boden, auf dem Ihr hier steht, das ist Boden der Kirche. Wie der Bischof, der mein Herr ist, sich zu der Euch gewährten Freistatt stellen wird, das steht dahin, aber ich weiß, er vertraut mir in weltlichen Dingen und lässt geschehen, was ich gut geheißen.‹

›Ist es angetan, mich ihm zu nähern?‹

›Ich möchte davon abmahnen. Es verwirrt und erschwert und beschwört Verantwortlichkeiten herauf, die der Bischof, ein fried-

1 Eichenholzschiff aus einem Grabhügel des 9. Jahrhunderts, gefunden in Oseberg (Norwegen).

Foto: Werner Forman (Quelle: akg-images)

2 Wikingerschiff, angelsächsische Buchmalerei, um 1025.

(Quelle: akg-images, und British Library, London)

3

LES NORMANDS

Pirates normands remontant la Loire

Les Normands brûlent
le monastère de Noirmoutiers

Mort de Robert-le-Fort
au combat de Brissarte

SIÈGE DE PARIS PAR LES NORMANDS (885)
Du haut d'une des tours qui protégeaient Paris, l'évêque Gozlin
et le comte Eudes défendent la ville contre les Normands.

Les Moines de St-Florent-le-Vieil
emportant les reliques de leur Saint Patron.

Les Pirates normands sillonnent les rivages de la Mé-
diterrannée, sous les yeux de Charlemagne et de sa cour.

3 Wikingerfeldzüge in
Frankreich und
Belagerung von Paris
im Jahre 885, Farb-
druck nach Darrigan,
um 1920.
(Quelle: akg-images)

4 Darstellung von
   Körperstrafen im
   späten Mittelalter.
   Holzschnitt um 1508.
   (Quelle: Asmus Bremers
   ordentliche und wahr-
   haffte Beschreibung ...,
   hrsg. von Jürgen Jensen,
   Neumünster 1976, S. 47)

5 Kogge auf dem
   Stralsunder Siegel
   von 1329.
   (Quelle: Herbert Ewe,
   Schiffe auf Siegeln,
   Rostock 1972, S. 198)

6

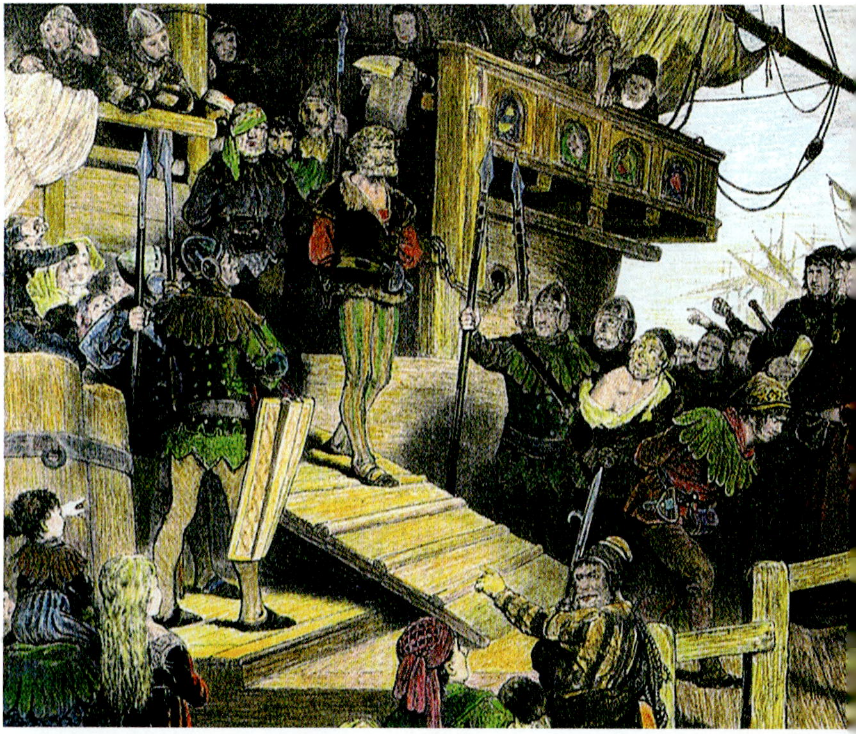

7

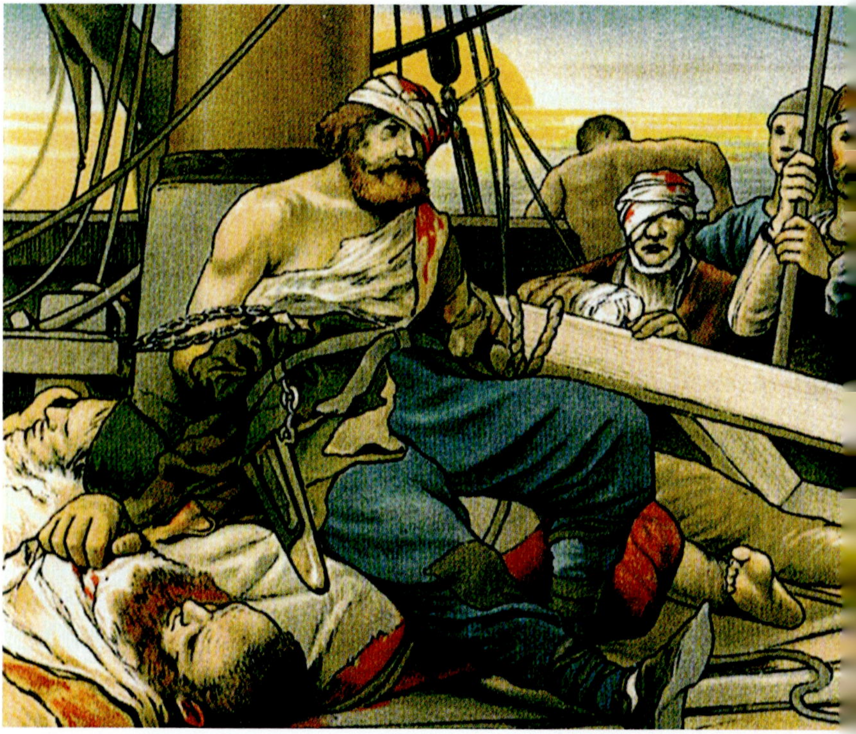

6 Der gefangene Störtebeker wird in Hamburg vom Schiff geführt. Holzschnitt von Carl Gehrts, 1877. *(Quelle: akg-images)*

7 Störtebeker und seine Vitalienbrüder werden gefesselt nach Hamburg gebracht, Lithografie aus dem 19. Jahrhundert. *(Quelle: Harm Bents/Bernd Flessner/Martin Stromann, Störtebeker. Dichtung und Wahrheit, Norden 2003, S. 86)*

8 Ausschnitt aus der Hamburger Elbkarte Melchior Lorichs mit der Richtstätte auf dem Grasbrook, um 1568. *(Quelle: Staatsarchiv Hamburg)*

Zum 500. Todestage des Seeräubers Hans Störtebeke[r]
gerichtet zu Hamburg im Jahre 1402.

Zu den vielen Sehenswürdigkeiten, welche die mächtige Seestadt Hamburg dem Fremden bietet, gehört auch das an schönen Kunstwerken und interessanten Altertümern reiche Hamburger Museum.

Störtebekers Hut.

Mit besonderem Stolze zeigt uns der Einheimische die in den beifolgenden Abbildungen wiedergegebenen Gegenstände. Knüpfen sich doch an sie die Erinnerungen an eine der Glanzperioden der alten Hansastadt und an den glorreichen Sieg der Hamburger über die berüchtigten „Vitalienbrüder", die unter Führung Klaus Störtebekers stürz[t] den Becher, d. h. über eine Reihe von Jahren der Schrecken der Nord- und Ostsee waren.

Als Ende des 14. Jahrhunderts die Königin Margarethe von Dänemark-Norwegen mit dem Schwedenkönig Albrecht im Kriege lag, veranlaßten die Verbündeten der Schweden, die Herzöge von Mecklenburg und die Hansastädte Rostock und Wismar, die unter Störtebekers Führung hausenden Seeräuber, den dänischen Handel zu vernichten und die schwedische Hauptstadt Stockholm mit Lebensmitteln zu versehen. Dieser Auftrag machte die Seeräuber groß und schaffte ihnen reiche Beute, so daß die stetig wachsende Schar der „Vitalienbrüder", wie sie sich nach den Viktualien nannten, die sie den Schweden zuführten, beim Friedensschlusse bereits eine gefährliche Macht war.

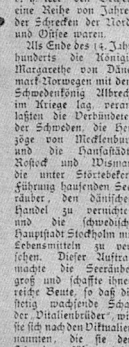

Störtebekers Becher.

Im Jahre 1398 glückte es den Hansen aber doch, sie aus der Ostsee zu vertreiben, und nun verlegte der kühne Störtebeker das Feld seiner räuberischen Thätigkeit nach die Nordsee, wo die Vitalienbrüder namentlich dem Hamburger

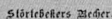

aber auch dem holländischen und vlämischen Handel bedeutenden Schaden zufügten.

Da endlich — es war im Jahre 1402 — sollte die Piraten, die in ihrem Uebermut schon einmal elbaufwärts

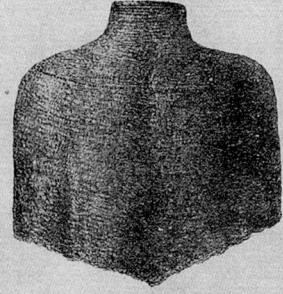

Störtebekers Kettenpanzer.

bis vor die Thore Hamburgs gedrungen waren, ihr Schicksal ereilen. Die Hamburger hatten in Simon von Utrecht einen Verbündeten, der dem verwegenen Störtebeker überlegen war. Unter seiner Führung überraschten sie die Seeräuber, die gerade ein Fahrzeug mit Wein erbeutet hatten. An der Mündung der Weser kam es zu einem erbitterten Kampf, der drei Tage und drei Nächte dauerte, bis das von Simon von Utrecht befehligte Admiralschiff „Die bunte Kuh von Flandern" mit ihren gewaltigen Hörnern das Vorder-Kastell des Störtebekerschen Fahrzeuges einrannte. Störtebeker begehrte die Sicherung Leibes und Lebens. Simon von Utrecht verlangte aber die unbedingte Unterwerfung unter die Entscheidung des Hamburger Gerichtshofes. Dieser machte kurzen Prozeß mit den Räubern. Nur eine Nacht verbrachten sie im Gefängnis. Schon am nächsten Tage wurde Störtebeker nebst Genossen auf dem Grasbrook bei Hamburg mit dem Richtschwert enthauptet. Die zum Tode Verurteilten

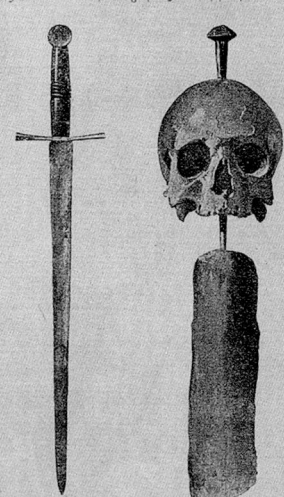

Schwert, mit dem Störtebeker hingerichtet wurde.

Störtebekers Schädel.

durften aber zu ihrem letzten Gange ihre anlegen. Auch ehrte der Rat sie dadurch Trommler und Pfeifer vorangehen ließ. —

Zu unseren Abbildungen bedarf es Klärungen.

Sehr interessant ist der Schild, den feinen Nachtgefechten benutzte. An d sich vorn eine Laterne, die den doppelte den Feind zu beleuchten und ihn gleichze Ein ähnliches Exemplar befindet sich Welfenmuseum.

Den eisernen Hut und die eise Pelerine, den Störtebeker immer zum G trug er im Augenblick seiner Uebergabe.

Sein Schädel ist nachträglich ausgeg Altertums-Museum einverleibt. Der ein Störtebekers, der sich nicht im Museum Becher. Er ist im Schifferarmenhause a bewahrt und trägt die folgende Inschrift

„Ich stürz' den Becher und die Ka
Und hab' dabei manch guten Hande
Auch hab' ich der Gesellen vil,
Die alle wollen, was ich will."

Diesen Becher pflegte der Piratenhä großer Trinker war, stets bei sich zu trage aus in Bergen in Norwegen geraubten Kir anfertigen lassen. Der Deckel wurde Hamburger Brande 1842 verloren, ist e ergänzt worden. Der Sage nach mußte ein jeder den Becher bei einem Zuge in einem Zuge leeren. Es war dies wohl Becher faßt ungefähr drei Liter. —

Simon von Utrecht, der sich dur Gefangennahme so große Verdienste erwor zum Ehrenbürgermeister von Hamburg e zeichnung, die nach ihm wie wieder verlieh

Nach seinem Tode wurde er in der alt beigesetzt. Eine reichverzierte Grabta Wappen und einer auf Störtebekers bezüglichen Inschrift schmückte seine Ruh wurde bei dem Hamburger Brande ge dem Museum einverleibt.

Die Inschrift lautet:

Im Jahre 1437 am St. Calix
starb der hochachtbare Herr Sin
dieser Stadt Bürgermeis

Hier siehst Du die Gebeine liege
mannes Simon, der die Seerä
beker und Götken Michels gefa

Möge die Nachwelt lernen, de
Thaten der Vorfahren zu folg
nicht die Ehre der Vaterst

Grabtafel Simons von Utrecht

---

9 Illustriertes Weltblatt zum (angeblich) 500. Todestag von Klaus Störtebeker 1902; die abgebildeten Gegenstände sollen Störtebeker gehört haben, was aber sehr unwahrscheinlich ist. *(Quelle: Museum für Hamburgische Geschicht[e]*

10 Störtebeker wird von
den Hamburgern be-
siegt, kolorierter Holz-
schnitt von Johannes
Gehrts, um 1880.
(Quelle: akg-images)

11 Medaille auf den Sieg
über Klaus Störtebeker,
Hamburg um 1696.
*(Quelle: Museum für
Hamburgische Geschichte)*

12

12 Verfestungsbuch der
Stadt Wismar mit
dem Namen
»Nicolao Storte-
beker« im Jahre
1380.
*(Quelle: Stadtarchiv
Wismar)*

13 Titelholzschnitt
des Liedblattdrucks
*Ein schön Lied, von
Störtzebecher und
Gödiche Michael …*,
1566.
*(Quelle: Matthias
Puhle, Die Vitalien-*

*brüder, Frankfurt am
Main/New York 1992,
S. 161)*

fertiger Hirt, seiner Natur nach gerne vermeidet. Er wird zufrieden sein, mir die Verantwortung zuschieben zu können, und ich nehme sie auf mich. Denn ich vertraue Euch. Auch seid Ihr mir ein Schutz und dient mir, ohne zu wissen und zu wollen.‹

›*Ich bin dazu bereit. Und ich darf sagen, die Likedeeler teilen auch darin gleich, dass sie Gutes mit Gutem erwidern.‹*

›*Ich werde Euern Schutz nicht anrufen. Es ist genug, dass Ihr da seid. Und nun, so's Euch beliebt, tretet heran, dass ich Euch den Fleck Erde zeige, den ich für Euch und Eure Leute bestimmt und der, so hoff ich, Eure Zustimmung findet.‹*

Er hatte sich bei diesen Worten aus seinem Sessel erhoben und trat an einen größeren, in der Mitte des Zimmers stehenden Tisch heran, auf dem Karten und Zeichnungen lagen, mehr bildliche Darstellungen als Karten, aber dazu bestimmt, als Karten zu dienen.

›*Ihr werdet Euch ohne Mühe zurechtfinden‹, fuhr er fort, ›Euer Seemannsauge ist daran gewöhnt, See und Land zu überschauen. Hier ist das Meer und hier die Ems. Und hier die Ley, weit ausbiegend ins Land bis auf Marienhafe zu, hier liegt das Dorf und hier die Priorei und hier das Bollwerk, dran Eure fünf Schiffe liegen. Das Ufer diesseits fällt steil ab, aber drüben ist es flach und steigt erst allmählich an, bis es diesen Höhenrücken erreicht, einen breiten Geeststreifen, der bis an das Auricher Moor läuft. Und dieser breite Geeststreifen mit seinem Abhang, der schräg bis an die Ley läuft, dieser Streifen, der drüben in Parallellinien mit Euren Schiffen läuft, sodass Ihr von der Höhe her Euer Schiffseigentum immer vor Augen und wie unter Obhut habt, dieser Geeststreifen sei Euer. Da lasst Euch nieder. Ich habe die Zusicherung Eurer Friedfertigkeit, und ich vertraue dieser Zusicherung, weil sie sich mit dem deckt, was Klugheit und Vorteil von Euch fordern.‹*

›*Und auf die Dörfler darf ich rechnen?‹*

›*Das wird Eure Sache sein und eine leichte Sache, wie ich gern hinzusetze. Die meisten sind arm, und wer arm ist, läuft dem zu, der gibt. Und es heißt, Ihr gäbet dem armen Volk. Das gilt hier wie überall.‹*

›*Und unsre Gegendienste gegen Euch, gegen die Kirche …‹*

›*Die lassen wir auf sich beruhen, die finden sich von selbst, so wir friedfertig beieinander sind.‹*

Der Gast erhob sich.

›Und so danke ich Euch denn. Es hat sich mir mehr und besser erfüllt, als ich zu hoffen wagte. Ich habe vor, gleich morgen mit der Übersiedelung von Bord an Land zu beginnen, und darf ich mich dabei Eures Rates und Eurer Hilfe versichert halten?‹

›Ihr seid meine Gäste. Eure Schiffshauptleute müssen sich drüben unterbringen, so gut es geht, wenn sie nicht vorziehen, auf den Schiffen zu bleiben; aber Ihr persönlich seid Gast in meiner Priorei. Drüben an der Uferseite der Kirche zieht sich ein schmaler Anbau hin, der wohl eigentlich bestimmt war, ein Kreuzgang zu werden wie die Stelle hier, wo wir sind. Aber irgendwas muss den Bau gestört haben. In dem Anbau sollt Ihr Wohnung nehmen, und meine Küche steht Euch offen. Dienerschaft habt Ihr und besser, als ich sie Euch bieten könnte.‹

Beide erhoben sich, und der Prior begleitete seinen Gast, der als Schiffshauptmann und dann wieder, um ihn zu unterscheiden, als Obersthauptmann angeredet worden war, bis an den Ausgang. Als er den Teppich zurückschlug und bis auf den schmalen Gang draußen folgte, sah er den Knaben, der im Kreuzgang zurückgeblieben und an einen Pfeiler gelehnt eingeschlafen war. Eine Ranke bewegte sich leise über ihm, und über die Blumenbeete fort flog ein Schmetterling.

Nun war Morgen.

Schon am Abend vorher hatte der ›Obersthauptmann‹ – ein Titel, den der Prior Ludger auf gut Glück und nach manchem Hin- und Herschwanken seinem Gast beigelegt hatte – der Einladung nachgegeben und in einem nach der Ley-Seite hin gelegenen Anbau der Priorei Wohnung genommen. Es waren zwei gewölbte Räume, schmucklos, aber mit einem prächtigen Ausblick auf den Flussarm und einen jenseits gelegenen Höhenzug, dessen Abhang hoch in Heidekraut stand. Über die Höhenlinie hinaus in zum Teil fantastischen Formen lagen Steine, sogenannte Findlinge, vielfach fantastisch übereinandergetürmt.

All dies zeigte sich zwischen den Masten der in der Ley liegenden Schiffe durch, in deren Reihenfolge sich seit ihrer Ankunft nichts geändert hatte. Vornean lag der ADMIRAL, woran sich der HAI und der BUTT und dann weiter rückwärts die SEESPINNE und die MAKRELE anschlossen. HAI, BUTT und SEESPINNE trugen ihr Namensbild am

Spiegel, während die MAKRELE *ihrem Namen dadurch gerecht wurde, dass die das Schiff umfassende Brüstung in blau und grünen Streifen leuchtete. [...] Er, dem dies alles unterstand und der musternd sein Auge darüber hingleiten ließ, hätte sich in dem Gedanken wiegen können, dass dies alles ihm unterstehe. Seine Gedanken gingen aber andere Wege, und während die Seinen in der Ley, die hier weit ins Land einschnitt, nur einen Schlupfwinkel sahen, und bei richtiger Zeit auch wieder ein Ausfalltor, richtete sich sein Auge auf das Ufer gegenüber, und er hing dem Wunsche nach, sesshaft zu werden, sich drüben eine Stätte zu bauen. Er hatte genug der Unruhe gehabt, und er sehnte sich nach Ruhe. Das Kriegshandwerk zur See, das sich Umherschlagen heute mit dem Meere und morgen mit der Welt, er war es müde. ›Gottes Freund und aller Welt Feind‹, das war einer ihrer Sprüche gewesen. Aller Welt Feind, das war richtig, aber Gottes Freund? Waren sie Gottes Freund gewesen? Alles Messestiften, es war nur Buße gewesen, nur Verlangen abzubüßen. Er sehnte sich nach Ruhe, nicht an den Schiffen hing sein Auge, sondern an der Höhe drüben, auf der er sich eine Stätte bauen wollte. Nicht ein Unterschlupf oder ein Ausfalltor sollte dieser stille Flussarm für ihn sein, eine Stätte des Friedens, er wollte sich hier sesshaft machen.*

Er trat in den Bogengang und sah auf den Kirchhof hinaus, auf dessen ansteigendem Schlängelweg er das Herankommen seiner zwei jüngeren Schiffshauptleute erwartete. Gödeke Michels und der Magister wussten schon seit dem Abende vorher, was er vorhatte, und hatten auch zugestimmt. Aber nicht lebendig genug. Gödeke Michels hatte schon den Eigensinn des Alters, und der Magister war ein Besserwisser, das schlug immer wieder durch, auch wenn sie nicht zu widersprechen wagten. Und so hatte der Obersthauptmann die beiden jüngeren Schiffshauptleute rufen lassen, den von der SEESPINNE *und den von der* MAKRELE.

Der von der MAKRELE *hieß Henneke Schack und war ein Mecklenburgischer von Adel, der als Student einen Ratsherrnsohn im Trunk und Streit erstochen hatte. Da war er unter die Likedeeler gegangen. Ein Zufall hatte ihn auf das Schiff geführt, das Wigbaldus kommandierte, sodass ein Rostocker Magister und ein Rostocker Student drei Jahre lang auf demselben Schiff gewesen waren, bis der Student, der sich auszeichnete, selber ein Schiff erhielt. Das* war die MAKRELE. Zwischen den beiden Gelehrten, dem Magister und dem Studenten, war immer Schrauberei. Der Magister war der Gelehrtere, aber der Student war ihm durch Mutterwitz überlegen. Er war auch Geschichtenerzähler und log und ließ sich nicht stören, wenn man ihn ertappte. So war es auch ungewiss, ob er den Ratsherrnsohn erstochen, und viele sagten, alles sei wegen Schulden gekommen.

Trut Mus war ein Jüte, in einem der früheren Kämpfe gefangen genommen, und weil er sich bis zum Letzten gewehrt hatte, hatte man ihm das Leben geschenkt, woraufhin er gleich bereit gewesen war, in den Dienst der Likedeeler zu treten. Es waren noch andere Dänen auf den verschiedenen Schiffen, und diese nannten ihn spottweise Rolf Krake, weil er hässlich war und ein Zwerg. Aber seine Tapferkeit verschaffte ihm Respekt, und Störtebeker, der ihm ganz vertraute, hatte ihm den Befehl über die SEESPINNE gegeben. Es gingen allerhand Sagen von ihm, Erlebnisse mit dem Klabautermann. Einige sagten, er sei ein Isländer, andere meinten, er sei auf einer Insel bei Sizilien einsam gefunden. Andere sagten, er sei ein verhexter Prinz. Allerhand Rätselhaftes, Fantastisches, Gespenstisches war um ihn her. Und es hieß auch, er wisse immer, wie's komme. Kam es schlecht, dann schwieg er, aber man sah es ihm an.

Gödeke Michels war der Älteste, der schon die ersten Fahrten mitgemacht hatte, als die Schiffe noch unter der Rostocker und Wismarer Flagge fuhren und nur darauf aus waren, Proviant nach Stockholm zu schaffen und den König Albrecht, der ein Mecklenburgischer Herzog war, zu befreien. Das war nun schon 11 Jahre her. Gödeke war schon über 50, kahl und mit langem grauen Spitzbart. Er hatte von der Pike an gedient und galt als der beste Seemann, denn er war Seemann von Jugend auf und war der wetterkundigste und wusste das Wetter auf Tage voraus. Er hatte kleine Ringe in den Ohrläppchen, und an den Ringen bemaß er das Wetter, ob sie sich leicht bewegten oder schwer. Wenn es einen Sturm gab, dann verdunkelte sich die Farbe. Er sah sehr streng aus und war es auch; er war aber milde, war immer gegen raschen Prozess und war der frömmste. In Stockholm hatte er eine Messe mitgestiftet. Wenn Störtebeker nicht da war, war der Befehl bei ihm.

Störtebeker und Henneke Schack waren die beiden Adligen unter den Schiffshauptleuten, aber unter den Steuerleuten und Matrosen und den anderen Schiffsmannschaften waren viele vom Adel aus Pommern, Mecklenburg, Holstein, auch aus der alten und neuen Mark. [...] Aber ihr Adel unterschied sie nicht. Die See, der Ton und die Teilungsform, in der sie lebten, sorgten für Gleichheit. Sie waren Likedeeler und teilten alles, auch die Ehre. Es gab wohl Befehl und Gehorsam, aber sonst keine Unterschiede. Detlev Knut hielt sich zu Wigbold und Henneke Schack, denn er war der Reimer der ganzen Sippschaft und hieß Detlev de Rhymer. [...] Es waren Leute von aller Welt Ecken und Enden, aus Polen und Wenden, viele von Rügen und Bornholm und die meisten von der Weser und Elbe, von Holland und eine ganze Zahl auch von England. Das waren die Ältesten und schon lange bei der Flotte, gleich von damals, wo sie die Hansischen zum Kriege gegen Dänemark und zum Schutze für Schweden gegen Dänemark geworben hatten, und von ihnen kam auch die Organisation. Es waren Wicliffanhänger, die den Bauernaufstand in England mitgemacht hatten, und die Lehre von der Teilung von Grund und Boden und von Hab und Gut und allem irdischen Besitz mitgebracht und eingeführt hatten, um derentwillen sie alle die ›Likedeeler‹ hießen. Sie hatten keines der Schiffe unter Kommando, aber sie waren die Steuerleute und Vollmatrosen und herrschten eigentlich. Was sie sagten, das galt, und nur selten, dass Störtebeker eisern durchgriff. Einen ließ er hängen, als er seinen Willen durchzusetzen und mit der Mannschaft zu meutern versuchte. Seitdem hatte er Ruhe vor ihnen, aber ihr Einfluss blieb, sie waren die Seele, die Wortführer, und sie predigten auch. Der Rostocker Student, der Gottesgelehrsamkeit studiert hatte, hatte sich ihnen ganz angeschlossen und wusste, was verwirrt in ihnen lag, in klare Worte zu bringen. Der war ihr Mann und auch der Mann der anderen. Er predigte. Er war auch der Dichter ihrer Lieder und hatte die Schreiberei. Auch Störtebeker zog ihn heran, wenn es Schreiberei gab, trotzdem er selber ein Studierter war und zu schreiben verstand und allerlei Sprachen konnte.«

Klabund: Störtebecker

Alfred Henschke, der sich als Dichter Klabund nannte, wurde nur knapp 38 Jahre alt. Er starb 1928 in Davos. Seit seinem 16. Lebensjahr litt er an Tuberkulose. Den Tod immer vor Augen, schrieb er wie ein Besessener und promovierte noch nebenbei. Sein Werk ist beeindruckend vielschichtig. Es reicht von der Lyrik über alle Formen der Prosa und des Dramas bis zur Nachdichtung und zu literaturgeschichtlichen Studien. In den ersten beiden Jahrzehnten des letzten Jahrhunderts gehörte er vor allem mit seinen Kabaretttexten und Chansons zu den populärsten deutschen Autoren. Dass er eine große Liebe zum Meer hatte, machte schon sein selbst erfundenes Pseudonym deutlich, das für ihn »*eine Kreuzung von Klabautermann und Vagabund*« darstellen sollte.

In der Tradition des Bänkelliedes steht auch die Erzählung *Störtebecker,* die jede historische Annäherung souverän ignoriert. Klabund hat zur reichen Störtebeker-Literatur sicher den originellsten Beitrag geleistet. Auf die Idee, dass Störtebeker der Sohn von Godeke Michels sein konnte, war vor ihm noch niemand gekommen.

Dagegen steht Klabund ganz in der Tradition, in dem gefürchteten Seeräuber einen sozialen Rebellen zu sehen, der gegen die »*lübischen und hanseatischen Lumpen*« kämpfte. Aber damit nicht genug: Auch die kirchlichen Repräsentanten der Inquisition mussten sich vor ihm fürchten. Klabunds Erzählung steckt voller Überraschungen und scheut auch nicht die großen Gefühle.

»*Marlen blähte der Wind den blau-weiß karierten Rock auf.*

Sie stand in einer Tornische der Nikolaikirche, dickbäckig und dickbäuchig, die grellroten Hände stemmte sie in die Seite und schrie.

Zwetschgen! Zwetschgen!

Ein Echo von den Häusern her höhnte:

Zwetschgen! Zwetschgen!

Der Wind fegte eine Staubwolke über den Nikolaimarkt. Erst schlich sie über den Boden wie eine Blindschleiche. Dann wuchsen ihr Flügel. Sie rauschte auf und schlug wie der Vogel Phönix mit riesigen Flügelschlägen gegen die bemalten Fenster der Nikolaikirche, dass sie in den rostigen Angeln knarrten und der rote Sankt Sebastian und der grüne Sankt Makarius ihre Farbe verloren und braun bestäubt wie schmutzige Bettelmönche oder Lebkuchenmänner im gläsernen Oval standen.

Der Himmel blinkte schwefelgelb wie ein Katzenauge bei Nacht.

Der erste Blitz zuckte seine silberne Geißel und peitschte die Wolken, dass sie brüllend auseinander stoben.

Marlen stand in der Nische und lachte. Der Regen sauste vor ihr nieder.

Immer schneller zuckten die Blitze. Sie legte die breite Hand auf ihren Bauch. Der Herzschlag des Kindes, den sie schon spürte, und Blitz und Donner: Das war ein Schlag, ein Klang, das ging im gleichen Takt.

Das wird ein wilder Junge werden, ein Blitzjunge, ein Donnerbursche.

Blitz und Donner knallten und zischten ineinander. Eine schlanke Feuersäule stieg auf. Der Blitz hatte in das Haus des Senators Stollenweber eingeschlagen. Fenster sprangen auf. Geschrei. Hilferufe. Lärm in allen Gassen und das Horn des Wächters vom Turm.

Marlen lachte.

Sie ballte die Faust.

Ihr Gesindel, ihr Lumpen, ihr Pack! Es hat bei euch eingeschlagen! Es war die strahlende Faust meines Sohnes, die auf euer morsches Gebälk niederfuhr! Er wird auf euch niederkommen wie Gottes Sohn. Er wird kein Jesus Christus sein, kein sanfter Engel, kein milder Prophet. Er wird das Licht der Liebe nicht eher entzünden, als bis er mit der Fackel des Hasses euch aus dem Bau geräuchert hat, den ihr aus unserm Schweiß, aus unserm Blut, aus unseren Leibern, aus unsrem Leben euch errichtet, und den unser Blut, unser Leben wieder niederringen muss. Ihr habt Gödeke an den Galgen gebracht, weil er den Menschen helfen wollte, zu Recht und Gerechtigkeit zu kommen. Aber der tote Gödeke wird in euern Häusern umgehen. Er wird bleich hinter eurem Stuhl stehn, wenn ihr tafelt, und er wird euch Vernichtung einschenken. Er wird euren Kindern in der Wiege die Seele vergiften mit Wolfsmilch und Rattenmilch. Eure Weiber werden mit bocksbeinigen und kalbs-köpfigen Missgeburten niederkommen, darum, dass ihr des Menschen Antlitz und Gestalt geschändet und habt aus Lämmern Wölfe und aus Eidechsen Drachen gemacht.

Ihr sollt an meinen Zwetschgen ersticken!

Der Regen sauste. Der Donner grollte nur noch wie ein ferner Hofhund. Zwetschgen! schrie Marlen, Zwetschgen!

Unbeweglich wie ein steinerner Nepomuk stand der Wächter am Galgen. Die Hellebarde stach mit dem Schaft in die feuchte Erde, mit der Spitze in den Himmel. Ein Stern tanzte darauf wie ein Elmslicht.

Gödeke schwankte im Nachtwind.

Er hing die dritte Nacht und hatte Leben und Sterben schon vergessen. Er war tot wie er einst lebendig gewesen war. Ein Rabe, der sein linkes Auge gefressen hatte, saß auf seinem kahlen Schädel. In der leeren Augenhöhle kroch ein brünstiger Glühwurm. Von Hamburg herüber schlug es zwölf Uhr. Von zwölf Kirchen hintereinander. Der Wächter zählte bis hundert, da war er im Stehen fest eingeschlafen.

Er schreckte auf.

Was war das für ein verdächtiges Geräusch? Er fällte die Hellebarde. Wer da?

Marlen legte ihm von hinten die Hände über die Augen. Rate, mit wem du zu tun hast! Der Wächter fluchte.

Mit des Teufels Großmutter wahrscheinlich. Verdammtes Weibsstück, lass los. Wer bist du? Deine Freundin, sagte Marlen. Und wenn du willst, deine Geliebte.

Sie riss ihn zu sich heran, dass die Hellebarde ins Gras fiel und er nach Atem schnaufte. Als er seine Arme frei spürte, suchte er nach ihren Brüsten. Er schälte sie aus dem groben Leinenhemd wie Früchte. Sie fielen neben der Hellebarde ins Gras, das noch feucht war vom Gewitter. –

Du bist schwanger, sagte der Soldat.

Sie lagen im Gras und sahen in den Himmel, wo die Sterne verschlafen blinzelten wie sie selbst.

Ja, sagte Marlen, ich bekomme ein Kind.

Von wem? fragte der Soldat.

Von meinem Mann, sagte Marlen.

Und wer ist dein Mann? fragte der Soldat.

Marlen zeigte mit spitzem Knöchel nach oben.

Der da!

Wer da? Ich sehe niemand da oben als Sterne. Also ist ein Stern dein Mann. Er glänzte wie ein Stern und zog seine Bahn wie die Sonne. Und wer ist es?

Marlen hob wieder den Finger.

Der, der da hängt.

Der Soldat richtete sich auf.

Der am Galgen, der ist dein Mann?

Ja, sagte Marlen, der Mann am Galgen ist mein Mann.

Der Soldat schüttelte den Kopf:

Da kannst du froh sein, dass du ihn los bist. Er war ein roher Patron, ein Räuber und Bandit. Er hat dich sicherlich jeden Tag geprügelt. Marlen dachte nach:

Ja, er hat mich wohl zuweilen geprügelt. Das war so seine Art. Aber er hat mich geliebt, und ich habe ihn geliebt.

Du verstehst zu lieben, sagte der Soldat. Und zu hassen, sagte Marlen. Sie schwiegen.

Dem Soldaten war, als wäre ein kühler Wind über ihn hinweggestrichen. Ihn fröstelte.

Der Mann am Galgen schwankte leise. Der Rabe hatte ihn verlassen. Nur der Glühwurm leuchtete noch.

Hier in der Nähe ist ein Friedhof, sagte Marlen. Der Soldat schwieg.

Gestern ist der Sohn des Tuchhändlers begraben worden. Das Grab ist noch nicht zugeschüttet.

Was soll das? fragte der Soldat. Marlen fuhr fort:

Gödeke soll das Begräbnis eines ehrlichen Christenmenschen erhalten. Denn er war ein Christ wie wenige.

Vielleicht, sagte der Soldat. Auch Räuber sind zuweilen umgängliche Menschen. Ich habe mal mit einem Karten gespielt und ihm all seinen Raub abgenommen. Hilf mir, sagte Marlen. Und sie hatte plötzlich Tränen in den Augen. Der Soldat drehte verlegen an einem Rockzipfel. Wie könnte ich dir helfen? Ich bin hilflos wie du. Marlen stand auf:

Wir graben den Sohn des Tuchherrn aus und hängen ihn an

die Stelle von Gödeke an den Galgen. Der Galgen ist hoch. Man kann von hier unten nicht unterscheiden, wer da oben im Winde hängt.

Und Gödeke graben wir ehrlich in die Erde an Stelle des Kaufmannssohnes. Der Soldat:

Ich verlier meinen Kopf, wenn es an den Tag kommt –

Die Nacht ist finster, es kommt nicht an den Tag.

Sie zog ihn zu sich heran. Da spürte er ihre Brüste.

Wie Katzen schlichen sie die hundert Schritte zum Friedhof.

Wie schwer die Toten wiegen! sagte der Soldat, als sie den Kaufmannssohn zum Galgen trugen. Nun: Es schadet nichts, wenn vom Patrizierpack einmal einer hängt. Ich wünschte noch manchen an den Galgen. Sind hochmütig wie der Kaiser. Unsereiner ist ja nur ein Stück Vieh für sie.

Sie setzten eine Leiter an.

Der Soldat löste Gödeke die Schlinge.

Er hielt sich die Nase zu.

Alle Wetter, dein Liebster duftet nicht schlecht.

Er ließ Gödeke die Leiter hinabgleiten.

Marlen nahm ihn zitternd in ihre Arme und küsste seinen stinkenden Mund.

Die Schlinge wehte leicht und lustig. Marlen sah empor.

Ach, sieh die lustige Schlinge! Wie hübsch sie sich ringelt! Wie eine Schlange. Sie sucht ein neues Opfer. Soldat, zeig mir doch einmal, wie man die Leute hängt. Möcht's gern wissen.

Der Soldat lachte.

So, mein Täubchen, hängt man die Leute, so, mein Täubchen.

Er legte sich die Schlinge kunstgerecht um den Hals.

Als er den Hals in der Schlinge hatte, stieß Marlen die Leiter um. Er zappelte noch ein wenig wie ein Frosch, zuckte ein paarmal und hing still.

Marlen sah zu ihm hinauf:

So soll es allen gehen, die Schergenknechte sind.

Ihre Brust ging schwer.

Gödeke!

Sie schleifte die Leiche zum Friedhof und begrub ihn. Den Kaufmannssohn zerrte sie bis übern Damm und warf ihn, mit einem Stein beschwert, in die Elbe.

Als um sechs Uhr früh die Ablösung der Galgenwache kam, sah sie zu ihrem Entsetzen den Wächter am Galgen hängen.

Von Gödeke ward keine Spur mehr gefunden.

Aber durch die Bürgerschaft Hamburgs ging ein Zittern.

Der Teufel ist mit den Rebellen im Bunde! wisperte der Erzpriester von Sankt Georgen und legte diese Worte seiner nächsten Sonntagspredigt zugrunde und malte ein Bild des Teufels, dass die christliche Gemeinde schaudernd in den Mittag auseinanderging und sie sich in der großen Sonne voreinander fürchteten.

Einige Tage darauf warf Marlen wie eine Hündin in einer Nische der Nikolaikirche einen Knaben, der später Störtebecker genannt wurde.

Vertrunken und versunken saß ein junger Gelehrter vor seinem Schoppen Wein. Zuweilen nahm er den Doktorhut herab und wischte sich den Schweiß von der Stirn.

Störtebecker trank ihm zu:

Euer Wohl!

Der Gelehrte sah ihn durch seine schwarze Hornbrille misstrauisch an und dankte mürrisch.

Woher des Weges? fuhr Störtebecker unbeirrt fort.

Der andere schwieg.

Er hob den Pokal ans Licht:

Wie klar dieser Wein! Wie golden! Flüssige Sonne. Wenn es einen Menschen gäbe, der so klar wäre wie dieser Wein. Aber vermanscht sind sie alle, unausgegoren, trübe, zu bitter oder zu süß. Essig oder Most. Euer Wohl! Ihr seid ein Kriegsmann?

Störtebecker:

Etwas Ähnliches, Herr. Ein Kämpfer. Und was bekämpft Ihr?

Die Dummheit, den Hochmut, die Niedertracht.

Des andern Augen hinter den Brillengläsern funkelten. Ihr seid mein Mann. Ich wüsste Euch einen würdigen Feind. Er dämpfte die Stimme: Ich komme aus Rom.

Störtebecker lauschte.

Dort herrscht die Trinität, die Ihr eben anführtet, unbeschränkt.

Störtebecker: Kommt mit zum Thing. Sprecht zu den Friesen! Ihr seid der Unsere!

Der Thing fand auf einer Lichtung bei Bremen statt. Der Fremde erhob seine Stimme und sprach.

Zwei Metzen namens Theodora und Varozzia regieren. Sie setzen Bischöfe ein und ab und erheben zum Papst, wen sie wollen. Pfründe, Dispense, Absolutionen, Urteile: Alles ist käuflich. Die Justiz ist eine Dirne geworden, der längst die Binde von den Augen fiel. Der Papst liest die heilige Messe, ohne zu kommunizieren, und ein siebenjähriges Kind, das mit dem Bischofshut wie mit einer Karnevalsmütze spielt, wurde zum Bischof geweiht. Wer weiß, wer der rechte Papst ist? Benedikt heißt der eine: der Gesegnete: Er ist mit der Franzosenkrankheit gesegnet. Innozenz, der Unschuldige, heißt der zweite. Er ist unschuldig wie eine Landsknechtshure. Damit sie ihr gottverfluchtes Leben leben können, pressen sie die Christgläubigen mit Abgaben und Steuern. Zieht nicht auch bei euch in den Katen und Dünen der Pfaff mit dem Klingelbeutel herum und fordert den Zehnten, indem er sich auf Gottes Wort und die Bibel beruft? Werft ihm die Bibel an den Kopf. Was braucht ihr die Bibel, wenn sie zulässt, dass solchen Ungeistes Kinder sich auf sie berufen? Als ihr die Bibel noch nicht hattet, Friesen, da tönte Gottes Wort euch milder und reiner im Sausen der Winde, im Sturm der See. Kein hässlicher Gott, der gewunden am Kreuze hing, mit verzerrten Gliedmaßen, drückte euch. Freia, die Göttin der Schönheit, kam auf einem Delfin über das Meer geschwommen und segnete euch! Wehr- und hilflos ließ sich der Christ ans Kreuz nageln, desgleichen verlangen die heuchlerischen Pfaffen von euch. Sie wollen euch ans Kreuz von tausend Verträgen und Edikten nageln, um euch besser und sicherer schröpfen zu können. […] Eure Weiber und Töchter werden sie im Beichtstuhl verderben mit römischem Laster und gallischer Sünde. Noch lebt Wodan, der Schlachtengott! Noch lebt Thor! Er schwingt den Streithammer und wird zerschmettern, die sich gegen ihn stellen. Nieder mit den Pfaffen! Nieder mit Rom! Wir wollen freie Friesen sein!

Frei ist der Mensch! Frei ist die See!

Die Gesichter der Friesen flackerten erregt wie rote Fackeln. Sie klirrten mit den Sensen, Messern, Keulen aneinander:

Frei ist der Mensch! Frei ist die See!

Der Doktor aber fuhr fort:

Nun aber haben die Pfaffen eine Einrichtung erfunden, die

würdig wäre der Erfindung des obersten, blutgierigsten Teufels. Die Inquisition! riefen einige.

Ja: es ist die Inquisition, das grauenvollste Marterinstrument, das eines Menschen Hirn ersonnen. Wer nicht ihres rechten Glaubens ist, wie sie ihn verstehen, den spannen sie auf die Folter, hacken ihm die Hände oder Füße ab, legen ihm Daumenschrauben an, reißen ihm die Zunge mit glühendem Eisen aus dem Maul, schneiden ihm lebendigen Leibes das Herz aus der Brust. Einem Ketzer darf man kein Almosen spenden. Das Haus, darin man ihn findet, muss niedergebrochen werden. [...] Die gegenseitige Spitzelei und Denunziation wird den Christen zur Pflicht gemacht. Warum denn dies alles, meine Brüder? Ich will es euch sagen: aus christlicher Nächstenliebe tun sie das alles ihren Mitmenschen und Mitkreaturen an.

Das Gebrüll der Friesen erschütterte die Luft. Sie schrien wie Tiere in der Brunft und röhrten wie Hirsche.

Der Papst, der solches zum Gesetz erhob, er ist der in der Offenbarung Johannis beschriebene Antichrist. Es sind Albigenser und Waldenser zu euch gekommen, sie haben euch berichtet, wie das Schwert der Pfaffen bei ihnen gehaust. Wahrlich: der Boden Frankreichs ist rot vom Blut der Gerechten. Kein Korn wird auf ihm mehr wachsen, nur Rade und Mohn. Es ist genug und übergenug des Mordens. Wir wollen der reißenden Wölfe Herr werden. Ich sage euch mit Paulus: Leget die Rüstung Gottes an, dass ihr an bösen Tagen Widerstand leisten und, in allem unbesiegt, das Feld behaupten möget.

In die Lichtung setzte plötzlich mit einem Galoppsprung der Bischof von Bremen, der sich auf der Jagd befand, bei ihm ein Knecht. Ehe er wusste, wie ihm geschah, war er von den Friesen eingeschlossen. Schweigend standen sie um ihn herum, die Äxte, Sensen, Messer funkelten in ihren Händen.

Herunter vom Pferd! schrie Störtebecker.

Der Bischof gehorchte.

Störtebecker gab dem Pferd einen Schlag mit der Hand. Es lief ein paar Schritte und begann ruhig zu äsen.

Ihr seid der Bischof Ortleb von Bremen? Ich bin's, der Bischof neigte das Haupt.

Ihr habt Euch als Inquisitor des Papstes in Rom bestellen lassen?

Der Bischof nickte schweigend mit dem Kopf. Durch die Friesen ging ein Murren.

Ihr lasst von den Bauern durch Eure Pfaffen den Zehnten eintreiben. Wer gab Euch ein Recht dazu?

Das Gesetz. Ich gab den Bauern das Land, sie haben mir dafür zu zahlen und zu steuern.

Ei, sieh da: Ihr gabt den Bauern das Land? Warum? Weil Ihr dazumal Kriegsknechte brauchtet. Habt Ihr auch das Land gesehen, das Ihr den Bauern gabt? Sand, öder Sand, war das Land, auf dem nur die Stranddistel wucherte. Die See kam alle Augenblicke und schluckte ein, was monatelange Arbeit dem Boden abgerungen. Jahrzehntelang haben die Friesen geschuftet und gewerkt, haben Dünen gebaut und Straßen gebaut, von denen auch Ihr Nutzen habt. Und nun, da die Arbeit ihre Früchte zu tragen beginnt: nun seid Ihr plötzlich zur Stelle, neidisch und hoffärtig, und wollt ernten, wo sie gesät haben.

Der Bischof schwieg.

Nie werdet Ihr von uns auch nur einen Pfennig erhalten. Die Friesen schrien: Nie! nie! nie!

Der Bischof erhob seine Stimme. Er sprach sehr leise, aber er knirschte mit den Zähnen.

Ich werde die Reichsexekution gegen euch beantragen.

Die Woge ging hoch. Störtebecker hatte Mühe, sie zu besänftigen.

Herr Bischof: Ist es wahr, was uns berichtet wurde: dass Ihr unserem Bruder Hinrichsen das Bußhemd angezogen, dass Ihr ihn mit dem Strauchbesen habt geißeln lassen, dass Ihr ihn bei lebendigem Leibe habt die Gedärme aus dem Leibe wringen und winden lassen – als einen Ketzer und widerspenstigen Rebellen?

Der Bischof war leichenblass geworden. Er schwieg.

Es ist wahr, schrie Störtebecker, denn – und seine Stimme schlug über, und Tränen traten ihm in die Augen – ich habe es mit eigenen Augen ansehen müssen. Ihr seid des gleichen Schicksals tausend- und abertausendmal schuldig.

Schuldig, schuldig, schuldig, gab das Echo der Friesen.

Der Bischof fiel winselnd in die Knie. Er jaulte wie ein junger Hund.

Schont meines Lebens!

Ihr werdet uns sogleich einen Ablass erteilen von 365 Tagen und Ablass von allem, was wir Euch noch antun werden. Segne uns mit dem kirchlichen Segen, oder wir tun dir das an, was du so vielen angetan.

Der Inquisitor wimmerte. Er breitete die dürren Arme:

Ich segne euch!

Tritt an diesen Stein. Es ist der Opferstein Wodans, bete zu Wodan! Du bist ein Fries aus dem Geschlecht der Stadinger! Du hast deinen friesischen Gott verraten um den römischen Gott. Knie nieder. Bete zu Wodan!

Der Bischof blieb stehen. Er rührte sich nicht.

Da sprangen von hinten einige und stießen ihn, dass er mit dem Kopf auf den Stein schlug. Andere schichteten aus Reisig und kleinen Holzstämmen einen Scheiterhaufen. Sie banden den Ohnmächtigen an einen jungen Birkenstamm, die Arme gebreitet, dass er stand wie der Gekreuzigte. Dann zündeten sie die Flamme an. Es war Dämmerung geworden. Die Flamme schlug in die Nacht.

Sie standen, Hand in Hand verschlungen, im Kreis um den Scheiterhaufen und sangen:

Flamme empor!
Frei ist der Friese geboren!
Mensch ist zum Menschen erkoren.
Sünder in Sünde verloren,
Segne uns, Thor!

Sie lagen in der Heide.

Hummeln und Wespen brummten um die violetten Blüten des Heidekrautes. [...] Ohne dass die andern es bemerkten, war Anke wie eine braune Eidechse zu Störtebecker auf den Hügel geschlichen. Er riss sie an ihren Zöpfen zu sich heran. Sie lagen stumm. Die Sonne brannte. Die Hummeln und Bienen sangen.

Hier unten liegt ein Toter, sagte Anke, und wir lieben uns.

Ja, sagte Störtebecker, darauf kommt es an: auf das Sein.

Sein oder Nichtsein, das ist mir gleich, wenn ich nur mit dir bin, wenn du bist, und wenn ich mit dir nicht bin, wenn du nicht bist.

Sie schwiegen und versanken im Heidekraut. Störtebecker spielte mit einem Zweig.

Die Leute machen Besen aus diesen Zweigen und Ästen. Ich werde mir einen sauberen Besen in dieser Heide schneiden und das feiste Gesindel in Hamburg aus den Toren herauspeitschen.

Anke glühte:

Ja, das wirst du tun! Peitsche sie! Peitsche sie! Du musst sie nackt aus der Stadt herauspeitschen: Die zarten Herrchen und die feinen Fräulein, die so viel Kinder vor der Zeit aus ihrem Leibe trieben, dass sie keine Brüste mehr haben, nur Lappen, und die wie Säue alle vierzehn Tage bluten. Komm, ich helfe dir den Besen schneiden!

Sie strich sich das Haar aus der Stirn und warf die Zöpfe über die Schulter. Dann sprang sie auf.

Die Sonne schwebte dicht über dem Horizont.

Der Heidenebel stieg, und sie sah wie eine rote Laterne aus. [...]

Die Lichter von Lüneburg glänzten durch die Nacht.

Ich freue mich, mal wieder ein Wasser zu sehen und wenn's auch die Ilmenau ist, grinste Töllessen.

Wie ist das mit dem Lüneburger Silberschatz, Klaus? Anke hängte sich an ihn wie ein Schwertgehenk. Sind auch Ketten darunter, um den Hals zu tragen? Störtebecker brummte:

Halt dein Maul. Du bist schön genug, so wie du bist. Ja: es sind auch Ketten unter dem Silberschatz. Und wir tun gut, uns vorzusehn, dass man uns nicht darein schlägt, in diese Ketten, die wir zerbrechen wollen.

Brandes fluchte: Ich habe einen gottverdammten Hunger.

Störtebecker: Wart bis Lüneburg. Kannst dich an Lüneburger Brinken satt fressen.

Waldemar ließ sich mit kleinem Gefolge in mehreren Handschlitten über das Eis fahren. Die Ostwinde pfiffen. Sein rissiges Gesicht lief blau an.

Er schrie schon von weitem:

Wo ist der Hauptmann?

Störtebecker trat an die Reling des eingefrorenen Schiffes. Was wünscht Ihr, Herr? Seid Ihr's Herr? Der Hauptmann?

Ich bin's.

Waldemar sprang aus dem Schlitten und schnaufte aufgeregt.

Er warf die Arme nach oben wie eine Eidergans vorm Aufstieg die Flügel.

Ich biete Euch ein Bündnis, Herr, gegen die lübischen und hanseatischen Lumpen. Eine Konföderation haben sie gegen mich geschlossen. Sollte man's glauben. Und das heilige Köln, sancta Colonia, muss natürlich auch dabei sein. Sanctae Romanae ecclesiae fidelis filia. Ich habe meinen Schreiber und Notar mitgebracht. Gehen wir an die Festsetzung der Statuten: Punkt eins, zwei, drei.

Ein klapperndes Männchen kroch aus dem zweiten Schlitten.

Störtebecker lachte:

Wer seid Ihr denn, Herr? Verzeiht meine neugierige Frage.

Waldemars blaues Gesicht wandelte sich stolz wieder ins Rosige. Er nahm seine Pelzkappe ab, unter der sein Kopf trotz der grimmigen Kälte schwitzte. Er schwieg, aber unvermutet schrie er plötzlich:

Waldemar! Ich bin König Waldemar!

Matrosen ließen ein Fallreep vom Reling.

Er kroch mühselig daran empor wie ein dicker Käfer. Der Notar hinter ihm: eine zierliche Spinne.

Kaum oben angelangt, schrie der König grob: Was soll nun werden? He? Ihr seid mit Euren Schiffen und Euren Gedanken eingefroren? Störtebecker wies ihm den Weg in die geheizte Kajüte:

Trinkt erst mal einen heißen Grog, Herr. Werden uns schon einigen, Herr. Weil wir nämlich müssen, Herr.

Mit Eurer Königlichen Majestät Autorität ist das so eine Sache. Wollen uns nichts vormachen. Auf den Straßen von Kopenhagen laufen die Kinder Euch nach: verzeiht: wie einem Jahrmarktsgaukler.

Der dicke König sah sich hilflos um. Er fiel wie eine Qualle, die zur Ebbe auf Strand geriet, in sich zusammen.

Wer ist daran schuld? Ganz plötzlich schoss er wieder diese Worte heraus, wie Bolzen von der Armbrust. Ich will Euch sagen: Der Papist. Der Bischof von Roskilde. Predigt im Dom wider mich, der ich ein christlicher Fürst bin, dass es eine Schande ist. Beuge ich das Recht – wie er? Martere ich Menschen – wie die Inquisition? Tue ich Unrecht? Hure ich? Ich fresse und saufe gern. Ist das unchristlich?

Er hob sein Glas und goss es hinunter.
Störtebecker winkte.
Man trug zum Essen auf.
Kiebitzeier, gebratene Enten. Einen Schweinskopf in Himbeer-
sauce. Dem König lief das Fett zu den Mundwinkeln heraus.
Der kleine Schreiber krähte fröhlich.

Störtebecker geleitete den König an das Fallreep, der sich vor Auf-
regung in den Seilen verhaspelte.
Auf dem Eise angekommen, schrie er noch nach oben, die Hän-
de hohl an den Mund gelegt: Nichts für ungut!
Die Schlitten glitten über die Watten. Schnee fiel.
In einer Schneewolke war der König verschwunden.
Störtebecker wandte sich.
Er ging in seine Kajüte.
Sein gefurchtes Gesicht fiel schwer auf die Tischkante.
Anke fand ihn so.
Klaus?
Er antwortete nicht.
Leise verließ sie ihn wieder.

Der weiße Pilger sprach:
Kennt Ihr den Edelmann Rosenkreuz?
Störtebecker machte eine abwehrende Handbewegung.
Ich kenne keinen Edelmann Rosenkreuz. Möchte ihn auch nicht
kennen lernen. Hab keine Sehnsucht nach Edelleuten. Wird wohl
ein Jud sein, der Edelmann.
Der Pilger sprach leise und vorsichtig wie zu sich selbst, als wolle
er sich selber besänftigen: Was habt Ihr gegen die Edelleute und
gegen die Juden?
Die Edelleute sind Straßenräuber und Raubritter. Sie fallen Euch
draußen vor den Toren an, wenn Ihr kein Schwert habt, Euch ihrer
zu wehren. Und die Juden betrügen und berauben Euch, wenn Ihr
in den Städten seid, kein Geld mehr habt, eine goldene Kette oder
ein samtenes gesticktes Wams versetzen müsst. Der Pilger sprach
leise:
Überlegt, ob das nicht Eure Schuld ist, wenn man Euch überfällt
und betrügt. Wozu geht Ihr vor die Stadt mit Edelsteinen im Beu-

*tel und ein Schwert an der Seite? Warum besitzt Ihr eine goldene
Kette, wenn Ihr sie nicht entbehren könnt? Man besitzt nur das,
was man entbehren kann. Man lebt nur im Angesicht des Todes.*

Herrgott, schrie Störtebecker, gibt es keine Gerechtigkeit!

*Doch, sänftigte der weiße Pilger, doch, und sein blaues Auge
strahlte: aber es ist nicht Eure Gerechtigkeit. Seht nur auf Euch
und tut nur das Eure. Was die andern tun, was kümmert's Euch?
Habt Ihr ein Recht, von irgendjemand etwas zu fordern: im Guten
oder Bösen?*

Ich will den Menschen helfen!

*Helfen! Helfen! Der weiße Pilger warf das Wort wie ein Echo
zurück. Das Wort ist sehr groß, das du sprichst. Vielleicht kannst
du ihnen gar nicht helfen. Vielleicht ist die Kunst, die du gelernt,
von der Art wie die Kunst des Drachentötens, die jemand vier Jahre
lernte. Und als er ausgelernt hatte, da fand er keine Gelegenheit,
sie anzuwenden. Denn es gab keine Drachen. Und in seiner Wut,
dass es keine Drachen gab, begann er Menschen zu töten. Vielleicht
seid Ihr von dieser Art?*

Störtebecker stöhnte.

*Ja, ich bin ausgezogen, den Drachen zu töten. Aber er hat mich
angeblasen mit Feuer und Schwefel, dass ich schier betäubt wurde.*

Und Ihr habt Menschen getötet?

Sie haben den Drachen geschützt.

*Und was habt Ihr gewonnen? Hass, Hass, Hass – gegen sie – und
gegen mich.*

Störtebecker verbarg seinen buschigen Kopf in zuckende Hände.

Vom Hass bis zur Liebe ist der Weg nicht weit.

*Der Pilger strich Störtebecker ganz leise über den Hinterkopf.
Dem war, als ob ein Vogelflügel ihn berühre.*

Als er aufsah, war der weiße Pilger verschwunden.

*Er saß in seiner Kammer am offenen Fenster und sah einem Kra-
nichzug nach, der über der Stadt strich.*

*Da hörte er dumpfe Schritte die Treppe herauftappen, die vor
seiner Tür Halt machten. Blitzschnell drehte er sich herum, zog
sein Dolchmesser und stellte sich hinter die Tür, die nach innen
aufging.*

Er lachte und warf sein Messer zu Boden.

Töllessen – Bruder – wie hast du mich ausfindig gemacht?

*Töllessen standen die Tränen in den Augen wie einem dreizehn-
jährigen Mädchen, das nach langer Trennung die Mutter wieder-
sieht.*

Störtebecker schüttelte ihn wie ein Bündel Kleider.

*Komm, wir gehen in die Schenkstube. Eine Flasche Malvasier
soll uns nicht zu schlecht sein für dieses Wiedersehen.*

Töllessen schüttelte den Kopf.

*Lass, Kapitän. Ich habe mit dir zu sprechen. Ernsthaft zu spre-
chen.*

*Störtebecker warf sich auf seine Matratze. Töllessen stand jetzt
am Fenster. Die Kraniche waren nur wie Punkte noch zu sehen.*

Störtebecker:

Sprich, Hans.

*Klaus, Töllessen würgte, Klaus, du darfst uns nicht verlassen. Er
fiel vor ihm in die Knie.*

*Die Schweißhunde sind uns auf den Fersen. Ihr Gebell tönt im-
mer rauer. Und das Triumphgeschrei der Jäger schallt zu uns: Sie
haben keinen Führer mehr. Störtebecker ist geflohen. Er hat sie im
Stich gelassen.*

Störtebecker schloss die Augen.

Er sprach ganz leise. Es klang, wie eine Hummel summt:

*Hans, du weißt, weshalb ich von euch ging. Die Schlacht gegen
die Seehunde kann ich nicht vergessen. Ich habe ehrlich gekämpft:
Mann gegen Mann: ich habe niemand den Dolch in den Nacken
gestoßen, der mir nicht das Gleiche getan hätte, wenn ich nicht
flinker war als er. Aber jene Schlacht, jenes Schlachten wehrloser
Tiere: ich kann es nicht vergessen, Hans!*

*Wir hatten acht Wochen kein Gefecht gehabt, Klaus: da kam es
über uns. Ich begreife es heute nicht mehr. Mir selbst möchte ich ins
Gesicht speien dafür. Glaub mir, Klaus. Verzeih uns! Verzeih mir!
Die Mannschaft lässt dich um Vergebung bitten. Wir sind verloren,
wenn du uns nicht hilfst. Brandes ist verwirrt und weiß nicht, was
er tun soll. Er kreuzt unruhig mit einer Galeone und sechs Karavellen vor Jütland. Wir haben an der Galeone eine neue Galeonsfigur
angebracht, Klaus. Der Widderkopf ist uns in einem Gefecht mit
den Dänen abgeschossen worden.*

Der Widder abgeschossen? Ein böses Zeichen.

Störtebecker hielt noch immer die Augen geschlossen.

Claudius hat eine neue Galeonsfigur geschnitzt: aus einem Stück Fockenmast von einer dänischen Brigg: deinen Kopf, Klaus. Du bist immer bei uns gewesen, Klaus.

Wenn ihr meinen Kopf habt, was braucht ihr da den ganzen Leib? Lasst's euch genügen an dem, was ihr habt.

Klaus: Es geht ein Gerücht –

Es gehen viele Gerüchte –

Du habest dich zu unsern Feinden geschlagen.

Er schwieg und sah durch die Wimpern wie durch einen Schleier zu Störtebecker.

Störtebecker öffnete die Augen weit.

Er setzte sich auf den Bettrand und lachte.

Eine sonderbare Methode habt ihr, meine Kameradschaft wiederzugewinnen.

Töllessen:

Ich will dir den Grund des Gerüchtes sagen:

Sita, die Tochter des Senators Stollenweber, unseres erbittertsten Feindes –

Was ist mit ihr?

Sie ist auf dem Orlogschiff der Hamburger Flotte, die gegen uns ausgeschickt ist. Ja, man sagt, sie, das Weib, führe den Oberbefehl über die Flotte der Hansa. Es ist ein albernes, ein kindisches Gerücht, aber ich erzähle es dir, Klaus, weil es dich interessieren könnte –

Töllessen lauerte.

Störtebecker war mit einem Schritt neben ihm am Fenster. Der Kranichzug war verschwunden. Die Dämmerung stieg wie Nebel aus den Straßen. Er dachte laut: Sie sucht mich.

Sie soll mich nicht umsonst suchen. Dann zu Töllessen:

Ich bin der eure, Hans. Topp. Führe mich zu den Meinen.

Töllessen glänzte speckig vor Freude.

Ein Boot wartet an der Außenelbe. Komm, Kapitän.

Die Brigg drehte bei.

Mit singenden Segeln schoss die feindliche Fregatte auf das Admiralsschiff der Likedeeler zu und rammte es seitwärts.

119

Enterhaken krallten sich wie Geier ins Strauchwerk der Taue.

Kleine Schiffsbrücken sprangen wie böse Hunde von einem zum andern Schiff und bissen sich in den hölzernen Bohlen fest.

Einen Morgenstern in der zarten Faust, sprang Sita als Erste auf das Admiralsschiff. Aus dem eisernen Helm rann das blonde Haar in Strähnen und Strömen.

Die Brust tanzte unter dem Panzer.

Am Mastbaum stand Störtebecker, den Degen in der rechten, die rote Fahne in der linken Hand.

Vom Hals tropfte über das schwarze Halstuch Blut.

Sita schrie:

Likedeeler! Likedeeler! Ihr Gleichmacher! Der Tod wird euch alle gleichmachen! Und wird es gleich machen! Ihr Stromer! Vom Strom des Lebens rettungslos in das wüste Meer getrieben! Ihr Stürmer! Mit denen der Sturm spielt! Mors wird euch Mores lehren! Du wirst nicht mehr den Becher stürzen, Becherstürzer, Störtebecker, und das Blut deiner Feinde saufen, du Blutsäufer! Wo ist dein riesiger goldener Pokal? Ich will dein Blut auffangen und in der Marienkirche in Hamburg zum entsetzlichen Gedächtnis aufstellen, dass Zehntausende das Kreuz davor schlagen, wenn der Teufel es wieder zum Wallen bringt.

Dröhnend lachte Störtebecker:

Mädchen, Mädchen! Jungfrau oder Hure: wer du seist: Dieses Blut ist unsterblich! Ewig wird es in den Venen der Menschheit rasen. Es ist das Blut, das Luzifer den Engeln abzapfte, ehe er sich von ihnen wandte. Und solch ein Engel scheinst auch du zu sein, du Blasse, Bleichsüchtige! Es ist das Blut des Gottestrotzes, es rann in Prometheus' Adern, als er den Göttern das Feuer stahl, um es den Menschen zu bringen. Es ist das Blut, mit dem meine rote Fahne getränkt ist: denn diese Fahne habe ich getränkt mit dem Blut meiner Brüder, die gefallen sind, damit auferstehe eine ehrliche, kühne, wahre Menschheit.

Ich komme als Hüterin des heiligen weißen Grals –

Der Gral: Das ist der Goldschatz der reichen Hamburger, erpresst aus dem Blut der dienenden Sklaven und Knechte. Ihr schreit Gral und Gott: und meint Gold und Prozente.

Da hob sie die Keule und schlug sie ihm auf die Stirn, dass er zusammenklappte.

Aber im Fallen noch stieß er ihr den Degen von unten in die Brust.

Sie sanken wie in einer Umarmung zusammen.

Ihr Helm kollerte über das Deck. Blond rann ihr Haar in sein schwarzes. Und beider Blut floss ineinander.

Als Störtebecker erwachte, schrie er:

Wo ist das Mädchen?

Er konnte seine Augen nur halb öffnen, so waren sie von Schweiß und Blut verklebt.

Klaus Toelen, der Wundarzt, saß bei ihm.

Ihr habt ihr nur zwischen zwei Rippen zart die Lunge gekitzelt. Sie lebt. Sie liegt in der Kajüte nebenan. Anke Hansen ist bei ihr.

Störtebecker schloss die Augen. Das Schiff ging auf und nieder.

Und ihm schien, als schritte auf den Wogen des Meeres jenes Mädchen in einem weißen Hemd, in der Linken eine weiße Fahne, in der Rechten eine Lilie. Die Augen noch geschlossen, verzog er grinsend das Gesicht.

Der Teufel. Der Gott. Was für alberne Gesichter zaubert mir das Fieber. Jenes Mädchen schlägt mir mit einem sauberen handfesten Morgenstern fast den Schädel ein, und ich sehe auf einmal eine Blume in ihrer Hand. Vielleicht habe ich ihr gar nicht mit meinem Degen eins ausgewischt, sondern mit einem Fliegenwedel eine spanische Fliege von ihrer zarten Brust verscheucht. Hat man ihr das Panzerhemd abgenommen? Ich habe Sehnsucht, diese Brust, die mein Degen gespalten, mit meiner Hand wieder zusammen-zufügen.

Klaus Toelen lächelte.

Es fehlte noch, dass Ihr Euch in die Amazone vergafftet.

Bockemühl trat durch die Kabinentür.

Ich bin dafür, sie an ihren blonden Strähnen am Mastbaum aufzuhängen. Weib hin, Weib her, sie ist unser Feind.

Toelen zupfte an seinem gelben Spitzbart.

Wir haben ein gutes Pfand an ihr. Sie ist die Tochter des Senators Stollenweber in Hamburg. Hamburg wird einige Tonnen Dukaten springen lassen, wenn wir sie ihm heil wieder zuschicken.

Bockemühl brummte:

Damit uns nach fünf Wochen wieder eine Laus im Pelz sitzt?

Sie ist ein verdammtes Weibsstück. Ich habe allen Respekt vor ihr, und gerade darum will ich sie aufhängen. Irgendeine gleichgültige Hure könnte man laufen lassen.

Störtebecker versuchte, die Augen ganz aufzureißen. Er hatte eine Binde um den Schädel und um den Hals.

Er erhob sich. Toelen stützte ihn.

Er stapfte einige Schritte. Strauchelte und fiel an die Tür.

Griff wie Simson nach links und nach rechts an die Pfosten.

Und stampfte und schwankte bis in die Nebenkajüte.

Anke saß am Fußende und spielte mit Sitas Füßen.

Sie küsste ihre Zehen, einen nach dem andern.

Sie gab ihnen Namen: nannte die große Zehe Grete, die kleine Anna und so fort und sagte:

Ich liebe Grete, ich liebe Anna, ich liebe alle, alle.

Ich liebe die große Zehe, ich liebe die kleine Zehe. Ich liebe alle Zehen.

Ich liebe Klaus Toelen. Ich liebe Bockemühl. Ich liebe Störtebecker –

Störtebecker stand im Türrahmen.

Das Schiff schwankte.

Er hielt sich links und rechts am Holz fest.

Anke Hansen schwieg.

Sie ließ die Füße Sitas fahren.

Sita schlief.

Ruhig atmeten unter dem groben Leinwandhemd, das man ihr angezogen hatte, ihre kleinen Brüste.

Störtebecker ging ein paar Schritte vorwärts.

Geh, er versuchte seiner rauen Stimme einen zarten Klang zu geben, geh, Anke, lass mich allein mit dem Mädchen.

Er setzte sich auf die Pritsche und betrachtete die Schlafende.

Er saß eine Stunde unbeweglich.

Da erwachte Sita, sah ihn groß an, schloss die Augen und schlief weiter. Er räusperte sich. Sie erwachte.

Warum lasst Ihr mich nicht schlafen! Es ist mein einziges Gut. Ich kann mir vorstellen, dass ich im Sterben liege. Warum tötet Ihr mich nicht?

Störtebecker schwieg. Dann:

Bockemühl schlug vor, Euch aufzuhängen.

Sita sah ihn fragend an:

Und –? Warum tut Ihr es nicht?

Störtebecker hielt ihren Blick.

Vielleicht könntet Ihr mir noch einige Dienste erweisen?

Sita lächelte:

Ich? Dienste? Wodurch? Wenn Ihr mich freiließet, wäre es mein Erstes, eine neue Flotte gegen Euch auszurüsten, denn ich würde es nicht ertragen, dass mein erster Anschlag misslang. Ihr werdet Euch wundern, wenn ich Euch ganz ruhig sage, dass ich Euch hasse. Weil Ihr die Stärke seid und ich die Schwäche. Weil Ihr ein Mann seid und ich ein Weib. Ja: Darum hasse ich Euch und bin bestrebt, Euch zu vernichten.

Störtebecker:

Ihr sprecht wie ein Professor der Beredsamkeit oder Moralwissenschaft. All das ist müßig: Ihr seid in meiner Gewalt, und ich tue mit Euch, was ich will.

Zweifellos. Es wäre töricht, wenn Ihr das nicht tätet.

Störtebecker zupfte sich an seinen über der Stirn zusammengewachsenen Augenbrauen.

Wie viel Lösegeld, glaubt Ihr, würde Euer Vater zahlen, wenn ich Euch ihm heimschickte?

Blut schoss in ihre blasse Stirne.

Ich weigere mich, einem solchen schimpflichen Handel als Objekt zu dienen. Er kann mit dem Gold, das Ihr verlangen würdet, eine ganze Flotte gegen Euch rüsten. Was tut's, wenn ich draufgehe? Ich habe mich in St. Nicolai dem Dienst Gottes gewidmet. Und weil Ihr der Teufel in eigener Person seid, kämpfe ich gegen Euch: mit den reinsten Waffen und dem reinsten Herzen.

Dem reinsten Herzen?

Störtebecker lachte.

Ist Euch noch nie ein Gelüst nach einem Manne gekommen? He? Zum Beispiel jetzt nach mir? Ich kann nicht leugnen, dass die zarte Brust, die unter dem rauen Hemd so sanft sich bewegt, mich reizt, sie zu packen und die Narbe zu küssen, die ich ihr schlug.

Sita schwieg.

Sie schlug das Kreuz über ihrer Brust.

Nun – nun –

Er grinste.

Auch wir haben unser Kreuz zu tragen. Aber wir sind keine Christen. Nein. Denn wir wollen das Kreuz, das Ihr und Euresgleichen uns auferlegt, von uns werfen und in der Johannisnacht unseres Gottes verbrennen. Ja, schrie er, und seine Stimme schlug über, ich glaube nicht an Euren schamlosen, duldenden, kriechenden Christengott: ich glaube an den heidnischen Donnergott Perkun, der seine Feinde mit seinem silbernen Blitzschwert zerschmettert. Ich glaube an Wodan. Und, schrie er, ich glaube an die Walküren. Liegt nicht leibhaftig hier eine vor mir? Wehrt Euch, so viel Ihr wollt: Ihr seid eines Blutes mit mir, seitdem auf dem Deck des Schlachtschiffes unser Blut ineinanderfloss. Vereinigt Euch mit mir, so werde ich unüberwindlich sein und auf dem St. Nikolaiturm in Hamburg wird die rote Fahne wehen. Wir werden den Gekreuzigten von seinem Kreuz reißen, mit seinem Kreuz Feuer machen, in dem Weihwasser unsere blutbefleckten Hände reinigen und an seinem Altar dem einzigen Gott opfern, dem es wert ist, ein Opfer zu bringen: dem lebendigen Leben.

Er stand mit gebogenen Knien in der Kajüte.

Das Schiff schwankte.

Die Binde um seine Stirn rötete sich mit frischem Blut.

Sita hatte sich halb aufgerichtet; sie stützte sich mit der Rechten und warf die Linke gegen ihn wie einen Pfeil: Apage, Satanas! Ihm wurde rot vor den Augen. Schwindel packte ihn. Er fiel vor ihr zusammen.

Sie setzten Störtebecker in einen eisernen Käfig und fuhren ihn im Triumph durch die Stadt. Er saß darin wie ein Adler in der Gefangenschaft, stolz und schweigsam.

Die Kinder in den Straßen warfen Pferdedreck nach ihm, der ihm im Barte hängen blieb.

Die Frauen spien ihm ins Gesicht.

Du Mörder unserer Männer! Unseres Glückes!

Du Bastard eines Stinktieres und einer Hyäne! Wo ist jetzt dein Hochmut? He?

Man wird dir die Gedärme aus dem Leibe wringen und dich daran aufhängen.

Mit der Zange wird man dir das Herz aus dem Bauch zwacken und es in dein Maul hängen.

Der Käfig wurde acht Tage am Pranger der St. Nikolaikirche aufgehängt.

Es regnete unaufhörlich.

Die vom Kampf ramponierten Kleider und Stiefel wurden ihm vom Leibe geschwemmt.

Schon am fünften Tage stand er nackt im Käfig.

Seine breite braune Brust atmete dem Himmel entgegen.

In einer Nacht begann der Regen nachzulassen.

Plötzlich setzte er ganz aus.

Es war eine undurchdringliche Finsternis.

Plötzlich erklang eine Stimme:

Störtebecker!

Störtebecker lauschte.

Störtebecker!

Die Stimme klang wie im Gebet. Störtebecker gab Antwort: Wer ruft mich?

Fragt mich nicht nach dem Wer. Wer ist wer? Was ist was? Das Dunkel ruft Euch. Die Nacht. Ich liebe Euch.

Wer liebt mich? Ich werde nur gehasst.

Ein Mensch liebt Euch. Wenn nur ein Mensch Euch liebt: so seid Ihr gerettet. –

Niemand vermag mich zu retten.

Doch: Ihr selbst.

Wodurch?

Durch den Glauben.

An wen?

An mich!

Wer bist du?

Die Liebe.

Die Liebe ist ein abstractum.

Ich bin ein Mensch, der liebt.

Ihr täuscht Euch, Ihr habt Mitleid mit mir, weil ich hier hänge in Sturm und Regen.

Ich habe kein Mitleid mit Euch. Ich kann nicht mit Euch leiden, weil Ihr nicht leidet.

Woher wisst Ihr das?

Ich fühle es.

So müsst Ihr lieben: in der Tat.

Ja: in der Tat will ich Euch lieben. Ich will Euch befreien.

Ihr könnt mich aus dem Käfig befreien, vielleicht, wenn Ihr Leiter, Feile und Hammer habt. Aus dem Käfig meines Hirns und meines Willens befreit mich kein Mensch –

Kein Gott?

Kein Gott und kein Teufel. –

Man setzte eine Leiter an den Stein des Turms. Jemand kletterte empor.

Feilen. Sägen. Leises Hämmern.

Das Gitter brach.

Sita stand im Käfig.

Sie riss sich den Mantel und das Hemd vom Leibe und warf sich nackt dem Nackten an die Brust.

Sie sprachen kein Wort mehr.

Sie standen tief umschlungen, bis der Morgen graute.

Da löste sich Sita aus seinen Armen.

Du folgst mir nicht? Ein Boot liegt an der nächsten Twiete.

Ich habe Kleider und – –

Störtebecker schüttelte den Kopf:

Was soll's? Die Brüder sind mir erschlagen. Mein Herz schlägt nur langsam noch. Ich bin müde. Zur neuen Tat nicht mehr fähig. Es werden andere kommen, die rote Fahne aus dem Staub zu holen, in den wir Ahnungslosen selbst sie getreten.

Sie stieg die Leiter hinunter. Warf Leiter, Feile, Hammer ins Wasser.

Noch einmal wandte sie den Kopf. Um seine Stirne spielten schon die ersten Strahlen der aufsteigenden Sonne wie silberne Wellen.

Die Aufregung in der Bürgerschaft war groß, als man entdeckte, dass der Käfig Störtebeckers durchgefeilt war. Noch größer aber die Verwunderung, dass Störtebecker nicht geflohen war.

Der Henker warf ihm das rote Hemd der Mörder und Verbrecher über. Die Hände auf dem Rücken gefesselt, schritt er inmitten der Wache, die mit ihren Spießen das Volk abwehrte, ihn zu lynchen. Er schritt aufrecht und fest zum Richtplatz, obgleich er zehn Tage keinerlei Speise zu sich genommen.

Der Richtplatz war von einer schwarzen wimmelnden und murmelnden Menge erfüllt. Als er das Gerüst betrat, lastete plötzlich *ein Schweigen über dem Platz. Man sah, wie er den Geistlichen zurückwies und einsam in seinem roten Hemd, über das sein roter Bart herniederwallte, im Morgenrot stand.*

Er hob die Hand. Und augenblicklich trat Ruhe ein.

Ihr Menschen, er sprach langsam, ich habe euch geliebt. Ich habe euch befreien wollen von den Götzen. Vergebt mir! Denn nichts wollt ich für mich selber. Auch jetzt bitte ich nur für meine gefangenen Kameraden. Ich will, nach der Hinrichtung, an ihnen vorbeischreiten und so weit ich komme, die sollen frei und ihrer Bande ledig sein.

Die Richter sahen einander an. Hohnlachend gab der Oberrichter Bescheid: So soll es sein! Dein letzter Wunsch sei erfüllt! –

Der Henker hieb ihm den Kopf herunter, der in den Sand rollte.

Und ohne Kopf, aufrecht, schwer stampfte Störtebecker an dreizehn seiner Kameraden vorüber. Dann fiel er der Länge lang steif um.

Ein Aufschrei zerriss die bleierne Stille, die auf dem Platz lastete.

Auf dem Balkon des Senators Stollenweber war Sita ohnmächtig zusammengebrochen.

Auf der Hallig Süderoog, auf dem höchsten Hügel oben, stand Anke, den Knaben an der Hand.

Die Wellen peitschten den Strand, und Spritzer zischten wie Schlangen bis in den Vorgarten des Hauses, über die Hecke aus blühendem Bocksdorn, wo sie wie Tautropfen an den Aurikeln und Stachelbeersträuchern hängen blieben.

Der Kastanienbaum wiegte sich wie ein ungelenker Tänzer im Sturm. Tag für Tag hielt Anke Hansen Ausschau nach Süden und nach Norden, nach Osten und nach Westen.

Sie sprach kein Wort, auch der Knabe schwieg, die linke Hand im Nackenfell seines Lieblingsziegenbockes verkrampft.

Sie hisste am Mastbaum vorm Hause die kleine Fahne, die er am Tage ihrer Hochzeit getragen hatte.

Sie nahm ihr rotes Kopftuch und winkte über die See. Und nur die untergehende Sonne winkte zurück.

Eines Nachts fuhr sie aus dem Schlaf.

Sie hörte Geschrei, Gesang, Zinnkrüge, die aneinanderklirrten, als tränken Zecher sich zu.

Sie sprang nackt, wie sie war, aus dem Bett, aus dem Haus.

Das Meer lag still und blinzelte wie ein großes Auge.

Sie sah zum Mond empor.

Sie nahm ihre beiden Brüste in die Hände und bot sie ihm. Dann sank sie in den gelben Sand, und er neigte sich über sie wie ein Liebhaber, und seine Liebe war so glänzend und gewaltig, dass sie die Augen schließen musste, er blendete sie, er hielt sie stark in den strahlenden Armen.

Seit dieser Nacht hielt sie keine Ausschau mehr.

Sie wusste, dass er zu den Gestirnen eingegangen sei.

Eines Abends fragte der Knabe: Wo ist der Vater?

Sie zeigte zum Mond:

Siehst du den Mann dort im Mond? Er ist's. Der Vater ist mit seinem Schiff auf den Wolken zum Mond gesegelt. Er sieht und weiß immer, was wir hier auf Erden tun und denken. Es wird der Tag kommen, da wird er uns Töllessen oder Bockemühl mit einem Boot schicken, uns an den goldenen Strand zu holen. Du, Pidder, werde wie er: Die rote Fahne ist einmal entfaltet worden, in den Städten und auf dem Meere. Sie wird nicht mehr verschwinden. Frei soll die See sein, frei die Erde, frei der Mensch. Er hat ihnen den Weg gezeigt, und sie werden ihn nicht mehr verlieren. Einst wird auf den Türmen und Kirchen und Lagerhäusern, auf den Galeonen und Karavellen der Patrizier von Hamburg und Lübeck die rote Fahne wehen: in den Ledersesseln im Ratssaale werden Schreiner, Schlosser, Metzger, Bäcker und Schiffsknechte sitzen. Nach Jahrhunderten der Unterdrückung und Rechtlosigkeit wird ihnen ihr Recht geworden sein. Und dort, wo über dem Sessel des Bürgermeisters an der Wand das Bild des Kaisers hing, Karl IV., dem sie fronten: wird das Bild Störtebeckers hängen, deines Vaters, den sie einen Räuber schalten, weil er sich sein Recht und Gut nahm, das sie und ihre Ahnen ihm und seinesgleichen gestohlen.

Der Knabe nickte ernsthaft. Tränen standen in seinen blauen Augen.

Er hob die Hand:

Frei ist die See, frei ist die Erde, frei ist der Mensch!«

Hans Leip: Godeke Michels und das Ende der Vitalienbrüder

Magister Wigbold (oder Wikbold), der mit Godeke Michels kämpfte und schließlich auch zum Richtblock gehen musste, hat Hans Leip zur Titelfigur und zum Ich-Erzähler seines berühmtesten Romans gemacht, *Godekes Knecht*, der 1925 erstmals erschien. Leip, 1893 in Hamburg geboren und 1983 im schweizerischen Fruthwilen gestorben, ließ sich von der Vorstellung faszinieren, dass ein Magister, der für ihn sogar in Oxford studiert hatte, zu einem führenden Seeräuber aufgestiegen war. Aus diesem Blickwinkel, dem des gelehrten Beobachters, wollte er die Geschichte der Vitalienbrüder erzählen. Die zeitgenössische Literaturkritik sah in seinem Buch einen bedeutenden historischen Roman und zugleich eine Analyse der politischen Situation in der Weimarer Republik. »*Bald erkennt man mit Wehmut und Schmerz*«, notierten *Velhagen und Klasings Monatshefte*, »*aber auch mit aufwachsendem Stolze, dass dieser deutsche Mensch von heute ist, dieser Magister Wikbold, der in seinen Wünschen und Wähnen kein genügendes Ziel findet.*« Und Thomas Mann formulierte es noch deutlicher: »*Dies Buch entstand nach dem Ersten Weltkrieg, aufflackernd aus dem matten Geiste der deutschen Revolution, ein kaum zu zügelnder Ausbruch.*« Der Bestseller von damals ist heute so gut wie fast alles von Hans Leip (mit Ausnahme von *Lili Marleen* natürlich) vergessen – zu Unrecht, wie Wilhelm Kühlmann zum 100. Geburtstag des Autors in der *Frankfurter Allgemeinen Zeitung* meinte: »*Über der Fülle der Werke, die auch biografische Erzählungen, dramatische Versuche und Gedichte einschlossen, wurde manchmal vergessen, dass Leip zumindest mit einem Roman nationalliterarischen Rang erreicht. In* Godekes Knecht, *erster Teil einer weit ausgreifenden Prosatrilogie, verwirklichte er, was Fontane einst als Projekt liegenließ.*« Das ist sicherlich zu hoch gegriffen, denn Leips wortgewaltiges Zeitengemälde ist in seiner archaisierenden Ausprägung keineswegs mit den Werken von Feuchtwanger, Musil, Döblin oder Thomas Mann zu vergleichen. Aber

Leip, von dem auch die Seeräuber-Chronik *Bordbuch des Satans* (1959) stammt, erweist sich als glänzender Kenner der Vitalienbrüder und als einfühlsamer Gestalter eines historisch nicht leicht zu fassenden Stoffes.

Aus dem Roman haben wir das letzte Kapitel ausgewählt, die Gefangennahme und Hinrichtung Godeke Michels, erzählt von seinem Knecht Magister Wikbold:

»Auf der ganzen Fahrt bis in die Nordsee war es mir, als sei es an der Zeit, heimzufahren in einen blühenden Apfelgarten. [...]

Als wir aber in Marienhave anlangten, da war es Herbst geworden, und Haus und Hof zerstoben. Die Werftleute zeigten sich hochmütig. Die Friesen wiesen uns offen die Zähne, es war klar, wer ihnen die Lippen hochgezogen hatte. Auch die Holländer hatten sich mit den Hansen vertragen. Godeke tat, als lege er auf nichts mehr Wert, als habe er bessere Dinge hinter der Hand. Da krochen sie uns leise wieder nach. Aber nur eine Nacht schliefen wir in den hohlen Steinsälen, zwischen den Säulen aus absonderlichen Köpfen und Tieren. Die Weiber hatten sich aufgemacht und waren hinter die Mauern gezogen nach Hamburg, Bremen und Köln. Wie ein Spuk hing Störtebekers Wappen überall. Wir lichteten den Anker und nahmen Kurs auf Helgoland.

Zu Helgoland führten Hönris und Weddemunkel das große Wort und empfingen uns mit selbstgerechter Miene, als wir so arm und zerbrochen daherschwalkten. Godeke duckte sie rasch zusammen. Er legte ihnen dar, dass ihre letzte Stunde wohl geschlagen habe. Sie hatten auf der Hansetrift geweidet, dass es nur so eine Art hatte, und wo Hönris hinhieb, blieb keine Planke weiß. [...] Der Stedinger hatte sich gleich an uns gehängt. Sie hatten ihn weidlich gefoppt, als wir weg waren. Nun kam auf dem Oberland noch einmal alles zusammen, was von der Schalme Brüder übrig war, und es war erbärmlich genug. Da erhob der Stedinger seine grelle Stimme und schrie Wehe über uns alle, aber besonders nahm er die Hönrisbrüder vor und nannte sie Diebe, Räuber und Mörder und die rechten Vorläufer des Antichrists. Unsere Hälse, schrie er, trügen schon die Merkstriche wie Bäume, die gefällt werden sollten.

Godeke brüllte gewaltig dazwischen, als sie anfingen zu murren. Denn er durchschaute in seiner kindlichen Güte nicht, dass der

Antichrist auf ihn gemünzt war. Die Hönrisbrüder aber fingen sich den Stedinger in der Nacht bei der Witwe Greschen und schlugen ihn auf ein Kreuz, sie sagten, er habe es ihnen selbst geraten, und sie warfen es in die See. Als ich voll böser Ahnung am Morgen nach ihm fragte, war es schon geschehen, und er war mit der Ebbe ins Meer getrieben. Ein unentrinnbares Grauen erfasste mich. Räume und Gestirne wiesen ohne Gnade auf der Schalme Unheil.

Ich machte mich eilends zurück, ein Boot zu bemannen, um auf die Suche zu gehen. Auf dem Klippendamm stand die alte Greschen. Sie hatte ein Abnehmespiel Fäden zwischen den Fingern, zog es hin und her und murmelte gegen unsere Schiffe. Aus der Kapelle klagte die Totenmesse im Wind herunter. Rasch sah ich mich nach ein paar Leuten um. Da seilte die Vorpostenschnigge, die bei Neuwerk gelegen hatte, eilends herein, und ich wusste wohl, was es bedeuten konnte. Sie legte bei der SUNTE MAREIKEN *an. Schon stieg die blaue Flagge auf, die mich hinüberrief.*

Die Hamburger waren mit ablaufendem Wasser die Elbe heruntergesegelt, sie seien schon an Cuxhaven vorbei.

Der Pfeifer erscholl. Die Anführer trampelten herauf, Hönris, Weddemunkel und Gröning, der die beste der Kaperkoggen führen sollte. Die anderen beiden Schiffe hatten sich am Abend vorher zwei Bremer Kaufleute abgeholt; denn Hönris hatte sie ihnen verkauft, und Godeke ließ es geschehen, weil wir doch zu wenig Leute hatten, sie zu bemannen. Nun war es zu spät, sie als Besänftigungsmittel gegen die Hamburger zu gebrauchen. Der liebe Hönris und Weddemunkel luxten diesen Morgen aber anders auf uns, besannen sich auch auf mich und versuchten einen freundlichen Blick [...]. Godeke Michels [...] schrie aus seinem roten Bart, sie hätten für ihre Handlungen einzustehen, und obgleich sie der Schalme Wort gebrochen hätten, so stehe er dennoch ein für der Schalme Taten. Es bliebe nur das eine oder das andere. Die Engländer im Rücken oder die Hansen vor der Brust. Aber er würde lieber in seinen eigenen Hals kriechen, als den Engländern den Triumph über die Vitalier zu gönnen, und selbst wenn der Durchbruch gelinge, verzichte er für seinen Teil auf die Westfahrt mit denen, die ihn einmal im Stiche gelassen hätten.

Sie wurden erst kleinlaut, dann frech. Godeke wies sie höhnisch darauf hin, der Augenblick sei da, wo die letzten Vitalier mutig dem

Tode ins Antlitz zu blicken hätten. Seine Beordnungen erschollen hart und klar. Die Vorbereitungen konnten nur kurz sein. Eine kleine halbe Stunde, dann würde das Zeichen zur Abfahrt ertönen.

Da stand wohl mein Herz vor ihm auf und neigte sich seiner gerafften Gewalt. Doch mein Verstand war voll Spott, dass er sich so großspurig mache. Unsere Kraft war für diesen Herbst dahin, unsere Schiffe schlecht, der Schalme Sinn zerfahren und verdorben. [...] Einen Winterschlaf lang, dann würde sich unsere Stärke wieder sammeln, wir würden die alten Flaggen in Herrlichkeit entfalten und ohne Blutvergießen als friedliche Kauffahrer und gleichsam als Gelehrte, mehr als reisende Pilger, ja als Genießer zum Ziel gelangen. Es ist die Zeit angebrochen, hob ich meine Stimme unter der Decke aus Zedernholz, die Zeit, da die Sprache der Waffen niedergelegt wird und da allein der Spruch des Friedens auf alle Flaggen zu schreiben ist. Wenn auch die Völker noch wenig Ahnung davon spürten, so wollten wir es in alle Winde rufen, es sei der große Frieden angebrochen. Und wenn es nicht anders sein könnte, so sollten wir bereit sein, Zeugnis abzulegen vor aller Welt, wir, der Schalme Brüder, als die Erzvertreter und rechten Kronzeugen des wahrhaften Meerfriedens, entgegentrotzend den letzten Zuckungen und Aufwallungen der alten Menschentorheit. Wir sollten nicht zaudern noch zagen, die letzte Reinheit und Läuterung zu erstreben und ihre unverbrüchliche Strenge, ihre fröhliche Weisheit und Güte auch auf die Küsten auszugießen und selbst mit dem Tode dafür einzustehen. Nur so sei das neue Land mit Recht zu gewinnen und damit die rechte Freistatt für die Seele und der rechte Frieden in Ewigkeit.

Sie lachten mir hinein. Da schrie ich um die Gnade des Märtyrertums zu Gott vor allen Schalmen. Und es kam ein Grausen über sie, die in dem kleinen Raume standen. Aber Godeke hielt sich fern wie auf einem brummenden Berge. Wie meines Traumes Gestalt war er da, als setze er ein Horn an, in alle Lande zu blasen, so stand er hoch über mir. Ich aber schrie zu ihm hinauf, und mein Schrei flog höher als sein Haupt und heller als sein Hornstoß und über die Hulk und über das Meer in die Himmelswölbung. Da sah ich meinen Schrei hin und her mähen wie eine Segelrute in der Not des Sturms und sah die Sonne wie ein Haupt voll blonden Haares und sah sie herabfallen auf mich, und sie füllte mich an.

Godeke aber stieg nahe zu meinen Ohren und flüsterte wie ein Satan, ich solle ihm die Feuerbücher geben, so wollten sie den Hansen schon heimleuchten. Aber ich rang die Hände vor ihm und flehte ihn an, aufzuhören und die neue Zeit zu beginnen. Doch er fluchte über meine Lappigkeit und wurde dumpf wie ein lagerndes Wetter und rief den Geist seines Vaters an, der auf den Wassern zu Rungholt irre und nicht ruhen würde, bis die See auch den Knaben heimgeholt habe, der wie ein Wunder bei der Springflut gerettet war, als die Stadt verschlungen wurde mit Mann und Maus. Und er tat einen Fluch gegen die Küsten, die ihn das Unrecht hatten spüren lassen von Jugend auf, bis er als ein Verächter aufs Meer gelaufen sei. Und er tat einen Fluch gegen Störtebekers Geist, der uns das Likedeelergesetz mit Blut und Lachen eingebrannt, und er tat einen Fluch auf mich, der ich den Gedanken des Meerfriedens dazugeheckt hatte.

Hönris, Weddemunkel und Gröning standen einfältig dabei. Er schickte sie hinaus. Stürzte selber davon. Die Befehle brüllten über die Decks. Die Schiffe machten sich bereit.

Danach saßen wir beide allein, Godeke und ich, in seiner Kajüte am Kugeltisch. Kull brachte einen Napf voll Suppe, dazu zwei Löffel, und wir aßen zusammen aus demselben Napf, wie wir es lange nicht getan hatten. Wir hörten draußen die Schiffsglocke läuten und hörten, wie Kull das Essen aussang, als sei es in der guten alten Zeit. Aber es donnerte über Deck nicht mehr wie sonst unter den hundert Füßen; es schlürfte nur sachte, und die Back war keine zwei Dutzend mehr groß. Wir hatten abgelehnt, viel Leute von den anderen Schiffen zu übernehmen, auch hatten sie selber wenig genug. Als ich nun Godeke so vor mir sitzen sah und er den Löffel über seinen roten Bart langsam in den Mund führte, da sah ich, dass er ein alter Mann geworden war. Darüber war mir weher als je in der Welt zuvor. Mein Blick irrte über die kahlen Wände und die zerrissenen Vorhänge am Alkoven. Die Fenster waren zerschlagen. Ich sah durch die offene Tür bis zum Vordeck über unser Schiff, das einst so stolz gewesen war. Von den rissigen Planken stiegen unheimliche Schatten auf, manch verseufzte Klage, manches letzte Stöhnen drängte sich durch den Gang an unseren Tisch, als wolle es mitessen. Es begann sich zu formen, über mich zu neigen, der Raum war so angefüllt, dass kein Platz mehr blieb. Wie eine einzige, ungeheure Forderung drängte es sich um unsere Schüssel: Dein ist auch mein! Ich duckte mich voll Grauen. Godeke saß so stumm. Unsere Löffel tauchten gleichmäßig in den Suppenspiegel, als solle es eine Ewigkeit dauern. Da sah ich auf einmal eine dritte Hand zwischen unseren beiden Händen und einen dritten Löffel sich mit unseren Löffeln senken und heben. Die Hand war sehr klein und weiß und hatte einen Tintenfleck an der Spitze des Zeigefingers. Trotzdem mir der Schluck im Halse stecken blieb, befiel mich doch eine kindliche Angst, dass es nicht reichen würde.

Es ist unser Totenmahl! dachte ich auf einmal in entsetzlicher Klarheit. Ich schrie auf, zu Godeke hinüber. Aber er schien es nicht zu hören. Gleichmäßig führte er den Löffel zum Munde, ein wenig nachdenklich und müde.

Ich konnte nicht mehr essen. Mein Kopf fiel mir vornüber, ich wusste mir nicht zu helfen. Nach einer Weile legte sich eine große Hand auf meinen Nacken und mühte sich, sanft zu sein, und war dennoch sehr schwer, und Godeke sagte mit langsamer Stimme: Friede auf der See!

Ich raffte mich zusammen und übernahm die Herausgabe der Pulverbeutel, die, nachdem sie an Deck getrocknet waren, längst wieder unter Godekes Kajüte verpackt lagen. Als ich die kleine Luke im Fußboden schloss und den verwaschenen Teppich darüberschob, kam mir für Augenblicke der Gedanke, wie unbedacht es eigentlich war, die Krautkammer genau unter unsere Losamente zu legen. Wir hatten allezeit auf dem schlummernden Verderben gewohnt. Ich blickte auf die rote Lampe, die wieder hergerichtet war, und erschrak, sie hing genau über der Pulverluke. Doch auf einmal war mir sehr tröstlich zumute. Der letzte Weg, dachte ich. Ich öffnete die Luke wieder, hob einen der Lederbeutel heraus, es lagen noch genug da unten, schnürte ihn auf und schüttete ihn frei über die andern. Als ich den leeren Beutel gerade hinabwarf, sah Kull in die Tür.

Sie sind in Sicht! stotterte er und verschwand wieder.

Ich schob den Teppich wieder hin und tat durch die Fensterlücken noch einen Blick auf das entschwindende Helgoland. Da lag es so rot in der See, ein düsterer Block. Die Düne streckte sich dünn daneben. Als sei sie das Kometenschwert, das nun herabgefallen war.

Dann stieg ich bereitet übers Deck und auf das Vorkastell. Wir hatten guten Wind. Die Bugwelle zischte ungeduldig zu mir auf. Geduld! Geduld! sagte ich.

Fern vor Scharhörnsriff bewegte sich die Kette der Hanseflotte. Ich zählte zehn große Schiffe.

Ich sah mich um. Godeke stand am Steuer, so mächtig und aufgerichtet wie sonst. Unsere drei Schiffe folgten uns in der Querreihe. Unsere paar Mann verteilten sich an die Kanonen und an die Segel. Die Enterbrücken waren nicht wieder instand gesetzt, aber Godeke hatte oft genug bewiesen, dass er auch ohne diese auskam. Kull schien am ungerührtesten, er schleppte einen Eimer Wasser in den Gang; er schien den Nerv zu haben, jetzt noch die Kajüte schwabbern zu wollen, sie vielleicht gar zu putzen für die Unterhaltung mit Admiral Schoke. Er war doch ein Kerl, der Kull, und womöglich klüger als wir alle.

Da sah ich Godeke an, und so fern er stand, sein Blick drehte mich zurück, dass ich wieder nach vorn sah. Da schwang es wie Flügel aus mir auf, die mich bis an Gottes Angesicht hoben, und ich bat ihn, uns gnädig zu sein und uns aufzunehmen vom Grunde des Meeres zu seiner Herrlichkeit. Ich hatte keine Waffe zu mir gesteckt, sondern stand frei am Bug.

Da wuchsen sie deutlicher hervor, die prallen Hanseschiffe, vollgeseilt und blank. Was sollten unsere armen Kraken da wohl ausrichten. Jedoch Godeke hielt die Richtung unentwegt.

Hinter mir erdröhnte das Deck vom Richten der Kanonen, vom letzten Kugelschleppen, Panzerklirren und Befehl. Ich sah auf meinen Ring. Er lief schwarz an vor meinen Augen und zersprang wie ein Glas. Da beugte ich mich still über ihn, küsste ihn, zog ihn vom Finger und warf ihn ins Meer.

Nun waren wir auf hundert Faden heran. Totenstille herrschte jetzt bei uns und bei den Hansen. Ihre blutroten Flaggen mit den weißen Türmen beulten sich auf, die Kastelle waren voller Mannschaft, ihre Schleudermaschinen waren gespannt. Ich sah, wie die Büchsenrohre drüben sich leise verschoben. Jäh brach der Qualm aus den Schlünden, der Donner erscholl unter der Sonne, gewaltig fegte es über unser Deck, doch ging es zu hoch und in die Segel. Wir standen unverletzt. Unser Kurs ging geradeswegs weiter. Ich zerpresste meine Brust. Nun kommt der Godekeschwung! Doch ich wollte nicht aufjauchzen in der alten Lust des Bösen. Durch den Qualm erkannte ich das Führerschiff der Hanse, die BUNTE KUH. Mein Grimm schrie ihr entgegen. Sie war es, durch die Störtebeker hatte daran glauben müssen. Wir hielten auf sie zu. Friede! Friede! schrie mein Herz. Aber meine Fäuste ballten sich: ›Ran! Hoi! Ran!‹ Den Godekeschwung! – Ich sah ihre Segelmanöver, sie waren in Verwirrung. Unser gefürchteter Ruf flog uns voraus. Jetzt! Jetzt musste das Steuer herum! Aber unser Bug schwankte um keinen Strich, unentwegt hielten wir geradeaus, wir glitten vorbei, lautlos, auf dreißig Faden.

Ich drehte mich um. Die Mannschaft sah untätig hinauf zu Godeke. Er stand starr am Ruder. Es war, als lächle er mir zu. Kein Schuss war von uns gefallen.

Da fühlte ich seine Bestätigung in mir. Er hatte die Gewalt abgelegt und war ohne Gegenwehr durch die Hansen gefahren, ohne ihres Blutes schuldig zu werden.

Aber Hönris und Weddemunkel, auch Gröning, der die neue Kogge führte, ballerten über Deck, was aus den Haken und Röhren heraus wollte. Mit Tollkühnheit und Geschrei fielen sie die Hansen an. Aber Weddemunkels Schiff wurde gerammt, kapseiste und war dahin. Hönris hielt sich lange, sie warfen Enterdraggen von drei Seiten in die Takelung, zerrissen ihm die Segel und zogen ihn hin und her. Gröning hatte Glück und gewann eine hansische Kogge. Sie waren aber bald um ihn herum, und Dampf und Gebrüll verhüllten den Ablauf, der kommen würde, wie es nicht anders zu erwarten war. Ich stand so ruhig und sah es an, als betrachtete ich eine Erinnerung, die längst blass und schmerzlos geworden war. Die BUNTE KUH hatte gewendet und folgte uns, die wir dahinglitten wie ein totes Klabauterschiff. Sie stierte uns eine Zeitlang an wie ein neues Scheunentor, sie mochten eine Falle fürchten. Plötzlich aber brasste sie auf und rammte los wie eine richtige dumme Kuh und stieß die Hörner in unser Heck, sodass die SUNTE MAREIKEN zitternd aufstöhnte. Einige hansische Eisenkerle sprangen dreist vom Bug herunter. Die Hörner kamen aber gleich wieder frei, und zwei der Schlupwächter hingen oben an unserer Heckreling und sahen mehr furchtsam als kühn auf Godeke, der noch immer am Steuer stand und sie nicht beachtete. Aber als sei ihm der Platz nun entweiht, legte er seine Arme um den Steuerbalken und zerbrach ihn.

Dann winkte er mir zu, der ich auf dem Vorkastell stand, donnerte unsere Mannschaft an, es solle keiner das Mittelschiff verlassen, und stieg die Heckleiter herunter, in der großen Entfernung Auge in Auge mit mir, der ich zugleich Schritt für Schritt vom Vorkastell herabstieg. Er wartete beim Eingang zu unseren alten Räumen, bis ich das Mitteldeck überschritten hatte. Dann ging er mir voran in seine Kajüte.

Einige Pulsschläge lang trat ich noch in meine Kammer, grüßte die Wände mit den Schiffszeichnungen und den Kartenentwürfen, grüßte den kahlen Tisch und das leere Bett, ging an meine Seekiste und entnahm ihr nichts als ein schmales Leinenbündel, das noch unbenutzt dalag seit dem Morgen, da Hilgesill es mir geschenkt hatte. Danach ging ich zu Godeke hinein. Er stand mitten im Raum. Sein Haupt ragte bis an die kleine ewige Lampe. Er griff hinauf, riss sie von der Zederndecke und trat damit zum Alkoven.

Ich sah durch das Fenster die BUNTE KUH *wieder näher kommen. Sie überholte uns steuerbord. Wir hatten unsere alte Besegelung nicht mehr, sonst hatte sie wohl lange schnaufen sollen.*

Godeke beleuchtete den kleinen Schrein aus Marienglas und nahm ihn von der Wand, setzte ihn auf den Kugeltisch. Er gab mir die Lampe, zerdrückte die Scheiben des heiligen Gehäuses mit den Daumen und griff nach der unheimlichen Zunge. Aber sie zerfiel in seiner Hand. Eine kleine Wolke rötlichen Staubes erhob sich und erfüllte den Raum mit Moderduft.

Über uns erkrachte die Enterung, das Geschrei der Anstürmenden erhob sich, bei uns blieb es still.

Godeke gab mir die Rechte, und wir sahen einander an und nannten jeder des anderen Namen. Dann stieß er den Teppich mit dem Fuß zurück und zog mit der Linken die Luke auf. Ich warf die Lampe hinein. Ohne Bangen sah ich auf den Gang, der sich mit Getöse füllte.

Da bemerkte ich mit eisigem Schauder, dass die Lampe verzischt war. Zugleich erwachte die Todesfurcht in mir.

Die Tür zerspellte, Kull flog herein, wimmernd fiel er vor unsere Füße. Er wolle nicht sterben! Er habe Wasser in die Luke gegossen.

Godeke riss ihn empor, und, als sei es so bestimmt, flog die Bolzkugel, die Godeke galt, in Kulls Nacken, sodass er tot aus seines Herrn Faust fiel.

Frei und unverletzt standen wir da.

Der Admiral Schoke trat mit blankem Schwert herein und schrie: Ergebt euch!

Godeke schwieg.

Ich trat vor und sagte: Wir sind ohne Waffen.

Hansische Söldner füllten die Stube, scheu auf Godeke starrend. Ich richtete mich nach ihm, er stieß keinen Fluch aus, seine Faust schlug nicht in die schleichenden Mäuler. Schoke redete strotzend vor Gewichtigkeit zu uns, wir sollten uns nicht fürchten, sondern wie anständige Gefangene behandelt werden. Die Soldaten nahmen alles, was nicht niet- und nagelfest war, dazu Kulls Leiche, und verließen den Raum. Schoke blieb noch und tat sehr höflich, bat uns, ihm es nicht nachzutragen, er walte im Auftrage des Hamburger Rates. Die Vitalier hätten den angebotenen Meerfrieden nicht gehalten. Er war sehr aufgeräumt, der behäbige Schoke, so leicht mochte er es sich wirklich nicht erträumt haben, uns zu greifen. Da Godeke aber schwieg, so redete ich. Wir hätten andere Dinge zu tun gehabt, als die Wohlfahrt jeder kleinen Hanseschute zu bemuttern. Wir hätten der Hanse große Dinge zu bieten.

Admiral Schoke sah mich wohlwollend an, als sage ich ihm nichts Neues, und er zuckte die Achseln, meinte aber, er halte entgegen der Ansicht Hoyers derlei fantastische Fahrten im Ozean für zeitraubend. Aber wenn der Rat es für gut befände, würde er ohne Murren jedes Schiff selbst durchs Dunkelmeer führen.

Godeke lachte auf.

Schoke sah ihn fragend an. Aber Godeke saß wieder stumm versunken da.

Der Admiral reckte sich, sah von einem zum andern, drückte das Kinn zurück und schritt beleidigt hinaus.

Die Wachen klirrten im Gang und auf der Galerie.

Wir waren allein, Godeke und ich.

Nach einer Weile gähnte Godeke. Dann sagte er: Es ist unser Schicksal zu leben!

Ruhig betrachtete er den Blutfleck am Boden. Das Rot passte sich seltsam dem Teppichmuster an. […]

Ich sah durchs Fenster, an den Knechten vorbei, wie sie Hönris im Schlepp hatten. Unsere beiden anderen Schiffe sah ich nicht. So waren sie alle dahingegangen, in der See zerspellt, auf dem Grunde des Meeres verschwemmt, verbrannt oder verschollen. Wir waren die letzten Vitalier, und wir waren gefangen. Ich sah durch alle Geschehnisse und ungehobenen Schleier den Saturn im Osten lauern. Es fror mich ein wenig. Ich strich über mein dünnes Haar. Meine Haut fühlte sich wie Asche an. Die Zeichen der Gestirne ordneten sich mir. Ich verbarg sie meinem Blick nicht mehr. [...] Die Zeit war um. Der Bogen neigte sich. Noch eine kleine Spanne, dann war der Kreis geschlossen. [...]

Von leisen Schritten wachte ich auf. Ich tastete jäh mit meinem Kopf in die Dunkelheit. Godeke war noch da. Geduld, Geduld! flüsterte er.

Die Tür erknarrte. Alles, was je in mir gelebt, verhielt sich in Spannung und löste sich mit der aufbrechenden Helle. Ein schwarzer Mönch neigte sich aus dem Himmel. Ich erkannte den Dominikaner. Sein Kruzifix stand vor meinem Blick. Ich sah alle Mühlen am Küstenrande stillstehen, wartend auf unseren letzten Seufzer. Der harte Mund über mir sprach einen Bußpsalm. Ich lächelte zu ihm auf. Seine Stimme war voll Triumph des Gerechten, dennoch konnte ich ihm nicht böse sein. Tibi soli peccavi. Vor dir habe ich gesündigt und Böses vor dir getan! Besprenge mich mit Ysop, und ich werde rein. Ach, deine Wonne lass mich bald vernehmen, auf dass frohlocke mein zerschlagenes Gebein.

Knechte langten in unseren Kerker und halfen uns aufstehen. Im Torbogen brannte die Sonne. Ich reckte mich ihr zu aus meiner armen Hülle. Ich hörte das Summen der Menschheit unter ihrem heiligen Schein. Godeke stand nun neben mir, übermächtig und ungebeugt. Sein Gesicht leuchtete unter der Kruste des Elends. Er war ein Mensch aus sich selber gewesen, ohne Herrn, als Gott allein.

Wir stiegen auf den Wall, der das Land vom Wasser scheidet. Da war mir, als sänken alle Stufen hinter mir ins Nichts und als wanderte ich auf schöner Ebene hinein in das Allerletzte, das meine Sehnsucht gewesen war und weder Name noch Ziel, noch Genügen gefunden hatte, sosehr ich danach umhergepilgert war von Liebe zu Liebe.

Schön war die Erde, der Sommer nicht zu Ende, der Abend noch nicht da.

Trommler und Pfeifer schritten uns voran. Mir war so heiter zu Sinn. Schlecht und elend humpelte ich neben Godeke einher, doch fühlte ich keinen Schmerz. Ich fühlte mich stolz neben seinem Stolz, abgefallen war von mir, was mich unruhig und giervoll gemacht hatte mein Leben lang. Er, der neben mir ging, hatte über mir gestanden, ich hatte ihn über mich gestellt, und er war mein Stachel und mein höchster Stern gewesen. Nun berührte sein Bogen schon den Weltrand. So sollte auch meiner sich neigen; denn da er sank, musste auch ich sinken. […]

Wir schritten durch die Menge des Volkes. Die große Stadt hob sich mit Türmen und Mauern festlich zu unserer Rechten. Kinder sahen staunend zu uns auf, ihre Augen waren süß wie Blumen. Ich trug ein Bräutigamshemd, wie zur Hochzeit ging mein Herz, die Sonne rann aus voller Schale.

Nun öffnete sich eine Brücke. Die Musikanten schwenkten ab. Der Strom blitzte auf. Im Hafen erkannte ich unsere Hulk, und sie stand ohne Wimpel, als würde sie für uns gerüstet für eine neue, unerhörte Fahrt. Nie war die Erde so schön wie am Rande des Lebens. Ich sah die Schwalben, blitzend von Sonne, sah die fernen Berge der Heide, sah die Bälle Löwenzahn abwehen im sanften Wind, sah alle Segel auf dem Strom, die Gesichter der Menschen, ihre Geschäfte, die Fäden des Lebens, den Lauf der Zeiten. […] Eine Erle hing voll gelber Blätter. Die dünne, klare Luft floss so leicht durch alle Adern. Eine späte Hummel läutete von welkenden Gärten. Sie flog auf die ragenden Pfähle zu, die wie ein Gitter am Wasser standen, darauf staken die toten Köpfe der Vitalier. Aber sie waren nicht schrecklich, so frei waren sie in den hohen Himmel gesetzt, hoch in den Wind, über dem lebendigen Wasser.

Wir kamen auf den Fleck, wo sich der Rat versammelt hatte. In einem offenen Sarge lag der Bürgermeister Hoyer, den wir erschlagen hatten. Über seinem Tode fassten sie ihre Anklage gegen uns alle zusammen. Der Henkersfron entblößte sein Schwert, schwang es dreimal und schrie das dreifache Zeter über uns und der Schalme Brüder. So wenige es noch geblieben waren und zerschunden und gebunden bei uns im Kreise hielten.

Da erkannte ich auch Knoker, den Abdecker, der auf seinem Spaten lehnte. Er musterte unsere Anzahl und rechnete zufrieden die Schillinge aus, die wir ihm einbringen würden. In der grünen

Erde würden wir liegen, wie Hilgesill es sich gewünscht hatte. Still!
Still! Unsere Köpfe würden hoch am Winde segeln.

Mir tat es nur weh, dass der junge Neffe Hoyers der Vorspre-
cher gegen uns sein musste, er, der mein Schüler gewesen war und
mir geglaubt hatte bei meiner Gesandtschaft. Einen Augenblick
schwankte mein Sinn wie in bitterer Schuld. Dann streckte er
sich neu. Hier war nichts mehr zu wägen. Alle Waage war von uns
fortgeworfen. Wir standen allein, ohne Recht oder Unrecht, wie
Gott.

Die Meisterknechte banden ihre Zaddelärmel einander auf dem
Buckel zusammen, um ungehindert über uns herfallen zu können.
Eine letzte törichte Spannung befiel mich, ob Godeke nicht jetzt
doch noch die höchste Gewalt an sich reißen werde, mit Glorie sie
alle hinzufegen auf ihre erbärmlichen Gesichter. Aber unbeweglich
stand er da, die Hände auf den Rücken gelegt, als denke er nach
über des nächsten Sommers Fülle.

Es erklang das Murmeln der Menge und verklang im Raunen
des Windes und des Wassers. Ich sah den jungen Ratsherrn an, er
war so gut anzusehen. Er hatte sein Leben noch vor sich.

Zwei Knechte begannen den Schalmen, wo es Not tat, die Na-
ckenhaare zu scheren.

Kersten Miles, der auf einem Stuhl im Gras saß, erhob sich.
Gesund und grimmig blickte er aus seiner vergänglichen Zeit auf
uns herab. Er rief dem Vogte zu, der Vogt rief es dem Fron zu. Der
Fron schritt gemessen, das bloße Schwert geschultert, einen sanften
Grashügel hinan. Die Meisterknechte zogen die Köpfe ein, erschiel-
ten den Wink und stürzten auf Godeke zu. Aber sie stockten vor
seinem Blick.

Unangetastet, aufrecht und fest schritt er allein zu dem Fron
hinauf.

Ich humpelte dicht hinterdrein. Jedoch die Knechte rissen mich
zurück, ich wehrte mich mit Schultern, Knien und Zähnen, ich
stolperte. Da hörte ich den scharfen Schnittschlag des Eisens, und
Godeke lag da. Sein roter Bart rollte im Gras.

Godeke ist tot! brüllte es in mir. [...] Ich sah alles deutlich,
Störtebekers morschen Schopf auf dem Pfahl, die gelben Felder des
Knechtswamses, den Rostfleck auf dem Schwerte, die Küchenschel-
le im Gras, daran ein Blutstropfen hing, hörte überdeutlich alle

Worte, alle Schritte, alle Atemzüge und das rinnende Blut im Gras. Frei richtete ich mich auf, keinerlei Gewalt war mehr über mir, ich warf den Kopf hoch, mein Mund schrie lachend gegen die Sonne.

Da duckten sie mich nieder.

Lasst nur! sagte ich und neigte mich in Frieden. Ich sah die Schuhe des Henkers sich strecken und nach einwärts drehen.

Jetzt musste das Schwert hoch im Himmel stehn, nur einen winzigen Aufenthalt nimmt es dort vorm Niedersausen. Aber in dieser kleinen Spanne sah ich alle Schönheit von Himmel, Land und Meer in eins aufrauschen und in mich münden, entzündet schon an meiner armen Herzkerze. Glühend war ich erfüllt, eine unerschaffene Sonne war ich, aufzischend brach ich empor, heller und heller, stand zuhöchst und zersprang.«

Das Erbe Störtebekers

Seeräuber entern ein Handelsschiff. Chromlithografie von L. M. Roth. Illustration zu Gustav Falkes Erzählungsband *Der Kampf mit den Seeräubern*, Reutlingen o. J.

Otto Beneke: Wahrhaftige Historia, wie Klaus Kniphoff, der große Seeräuber, von den Hamburgern überwältigt und gerichtet worden ist

König Christian II. von Dänemark und Norwegen ließ 1520 nach seiner Krönung zum König von Schweden das sogenannte Stockholmer Blutbad anrichten, bei dem zahlreiche seiner politischen Gegner umgebracht wurden. Die schreckliche Tat führte dazu, dass sich Schweden offen gegen das dänische Unionskönigtum auflehnte.

Nachdem Christian II. auch in Norwegen und Dänemark seinen Rückhalt verloren hatte, floh er 1523 mit seiner Flotte in die Niederlande. Lübeck, dessen Bedeutung als mächtige Hansestadt schon im Schwinden begriffen war, gewann mit seinen Schiffen noch einmal an Einfluss im Ostseeraum. Herzog Friedrich von Schleswig-Holstein wurde mit lübischem Zutun zum König von Dänemark erhoben. Das mit Danzig verbündete Lübeck hatte es in der Ostsee bald wieder mit der Seeräuberei zu tun. Christian II. verteilte von der niederländischen Zuflucht aus Kaperbriefe und verschaffte den merkwürdigsten Existenzen, wie dem ehemaligen Kanonikus Lambert Andersen und den Schreibern Hans Bayreut und Hans Pedersen, ein Auskommen als Seeräuber. Hier wie unter anderen Königen oder Bündnissen war die Seeräuberei nur eine sanktionierte Fortsetzung der Politik mit anderen Mitteln. Der dänische Seelöwe Sören Norby schickte von Wisborg aus seine Kaperschiffe gegen die Hanse. Er meinte, es sei ihm *»für seine Gesundheit notwendig, in den Kramkisten der Lübecker zu wühlen und an ihren Gewürzballen zu riechen«.*

Aus einer angesehenen Kopenhagener Bürgerfamilie stammte Klaus Kniphoff, Stiefsohn des Bürgermeisters von Malmö, Jürgen Kock. Im Auftrag des exilierten Königs Christian machte er zusammen mit Lambert Andersen die Nordsee unsicher. Im März 1525 wollte er Bergen einnehmen. Im Oktober desselben Jahres rüstete er eine Flotte, um seine unvollendeten Pläne vom März zu verwirklichen. Wiederum wurde er dabei großzügig von hohen Herren unterstützt: vom Grafen Ezard von Ostfriesland und vom Junker Balthasar von Esens und Wittmund. Da wurde dem Hamburger Rat die Nachricht überbracht, Kniphoffs Schiffe lägen in der Osterems, östlich von Borkum. Sogleich stach eine gut ausgerüstete Flotte in See. Der hier abgedruckte Text geht auf eine niederdeutsche Chronik zurück, die Otto Beneke für seine *Hamburger Geschichten und Sagen* (Berlin 1888) benutzte. Diesem Buch entnehmen wir den Bericht über das Leben und Ende des Seeräubers Klaus Kniphoff.

»Wie der vertriebene König Christian sich zu helfen sucht

Im Jahre 1523 musste König Christian II. von Dänemark und Norwegen sein Land verlassen. Er war zuvor ein gewaltiger Fürst gewesen, aber wie er Gott nicht fürchtete und dessen Gebote nicht hielt, so achtete er auch der Menschen Recht und Gesetz gering, verfuhr wie ein Tyrann nicht nur gegen seine Untertanen, sondern auch gegen seine Nachbarn und vor allem gegen die Hansestädte, die er bitterlich hasste. Er plagte sie, wie er nur konnte, ihre Macht verkleinerte er, ihre Privilegien verletzte er, und ihre Schiffe und Güter ließ er kapern, wo sich nur irgendein Scheingrund dafür finden ließ. Und ein altes Weib war es, die ihn so übel beriet, Frau Sibreth Willems, die Mutter der schönen Düvcke, seiner Geliebten. Als die Hansen nun lange vergeblich nach Erhaltung des Friedens getrachtet, aber keine Sühne gerechter Beschwerden erhalten hatten, rüsteten sie sich zum Krieg gegen den König; und zu derselben Zeit standen auch Adel und Geistlichkeit in Dänemark gegen ihn auf, und da er mit wenigen Getreuen sich weder im Lande behaupten noch die Hansen abwehren konnte, so musste er heimlich entweichen. Er floh also mit seiner Gemahlin Isabella oder Elisabeth von Österreich, seinen Kindern und vielen Schätzen und Kleinodien nach Zeeland und Flandern und an den Hof der Frau Margaretha von Österreich, der Regentin der Niederlande.

In den folgenden Jahren suchte er sowohl beim Kaiser Karl V. als auch in England, Brandenburg und fast bei allen Fürsten Europas Hilfe zu bekommen, um sein Reich wieder zu erobern. Denn nach seiner Flucht war sein Oheim, der Herzog Friedrich von Schleswig und Holstein, zum König erkoren, und die Hansestädte hatten ihm ihren Beistand gern zugesagt. Aber Christian fand wenig Teilnah-

me, geringen Trost und nirgends Hilfe. Er musste also auf eigene Faust sein Heil versuchen. In der Ostsee vertrat Sören oder Severin Norby seine Sache, indem er von der Insel Gotland aus die Kaperei, sonderlich gegen die Hansen, in Christians Namen trieb. Es wurde den tapferen Lübeckern schwer, ihn zuletzt von Gotland zu verjagen, aber sein verderbliches Handwerk setzte er dennoch fort.

Nun war es im Februar 1525, als der König gedachte, eine Flotte auszurüsten, die sich mit Sören Norby vereinigen sollte, um dann, mit doppelter Macht sowohl die Hansen zu demütigen als auch Norwegen zu erobern. Zu dieser Unternehmung fand er leider bei denen zu Zeeland und Flandern mehr tätige Hilfe, als sie verantworten konnten. Denn sie waren alte Freunde der Hansen, und diese hatten sich's von so frommen guten Leuten nimmer versehen, dass sie ihnen ein so arges Spiel bereiten helfen würden. Aber es wurde später erwiesen, wie viel Vorschub sie diesem bösen Handel geleistet. Die Ausrüstung der Schiffe und der Bemannung geschah zu Vere in Zeeland, wo öffentlich freilich von einem ehrlichen Kriegszuge und nicht von beabsichtigter Piraterie geredet wurde.

Wie König Christian den Klaus Kniphoff als Hauptmann bestallt

Des Geschwaders Hauptschiff war ein gewaltiger Viermaster, die GALLION, wie man die größten Kriegsschiffe der Spanischen Silberflotte zu nennen pflegte, und dann auch alle ähnlich gebauten Schiffe, etwa von der Mächtigkeit eines heutigen Fregatt- oder Linienschiffes. Zwei minder große Schiffe hießen DER BARTUM und DER FLIEGENDE GEIST, ein viertes, eine kleine Yacht, hieß DER WEISSE SCHWAN. Zum Oberanführer dieses Geschwaders ernannte König Christian den Klaus Kniphoff. In der Bestallung bevollmächtigte er ihn: nach Bedürfnis ehrliche Landsknechte anzuwerben, Kapitäne, Schiffer und andere erforderliche Offiziere zu ernennen und alle Schiffe, Schlösser, Städte und Lande, die ihm Gott als gute Prisen verleihen werde, wohl zu verwalten oder von tauglichen Personen regieren zu lassen.

Demgemäß ließ Kniphoff die Werbetrommel rühren und bekam bald eine Menge kriegskundiger und seegewohnter Leute; ein Volkslied spricht von 1000 Mann, deren Zweifel über die versprochenen Geldzahlungen Kniphoff durch Hinweisung auf die reiche

14 Seeräuber entern ein
Handelsschiff. Chromlitho-
grafie von L. M. Roth.
Illustration zu Gustav
Falkes Erzählungsband
*Der Kampf mit den
Seeräubern,* Reutlingen o. J.

15 Gefangennahme und Hinrichtung von Seeräubern,
koloriertes Flugblatt von 1573.
(Quelle: Zentralbibliothek Zürich, Slg. Wick)

16 Koloriertes Flugblatt von 1573, das zur Hinrichtung des Seeräubers Hans von Enckhusen und seiner Mannen in Hamburg erschien.
(Quelle: Zentralbibliothek Zürich, Slg. Wick)

17 Holzfiguren der Hamburger Sklavenkasse, 18. Jahrhundert.
(Quelle: Museum für Hamburgische Geschichte)

18 Feldzug von Franzosen und Genuesen gegen die nordafrikanischen Piraten, niederländische Buchmalerei, um 1475.
(Quelle: akg-images, und British Library, London)

19 Folter durch Berberpiraten und Korsaren, Kupferstich von Pierre Dan, 1637.
(Quelle: akg-images, und British Library, London)

20 Gedenkmünze auf den zwischen Hamburg und Algier im Jahre 1751 abgeschlossenen Friedensvertrag.
(Quelle: Museum für Hamburgische Geschichte)

21 Passverordnung des Hamburger Rats nach dem Friedensvertrag mit Algier, der gegen jährlich zu zahlenden Tribut u. a. Schutz vor algerischen Seeräubern gewährleisten sollte, 1751.
(Quelle: Museum für Hamburgische Geschichte)

HAMBVRGENS. PAX
CVM ALGERIIS
1751.

PROCEDIT MITIOR

P. H. G.

Formular
des
Reverses für die Rheder.

Wir unterschriebene Rheder des Schiffes N. N.
worauf wir unter dem heutigen dato, einen
Hamburgischen See-Paß, zur sicheren Fahrt
en die Algierer, erhalten haben, erklären und verpflich-
uns hiedurch aufs kräfftigste, ein ieder für sich, sowol,
besagtes Schiff N. N. uns und den übrigen, in dem
rgebenen Rheder-Briefe, benannten Hamburgischen
gesessenen allein zugehöre, mithin kein Fremder, weder
ecte, noch indirecte, einigen Antheil daran habe; als
h insonderheit, daß wir den erwehnten uns ertheileten
r-Paß weder ausleihen, vermiethen, verkauffen, ver-
nden, noch zu anderen fremden, oder einheimischen Schif-
unter irgend einem Vorwande, gebrauchen; vielmehr,
z wir der, sothaner Algierischen See-Päße halber, un-
m 15 Septernb. 1751. von E. Hochedlen und Hochweisen
athe publicirten Verordnung, in allen Puncten gebüh-
nd nachleben wollen. Zur Versicherung dessen, wir ein
er für sich, unsere Personen und Güter hiemit verpflich-
, und uns einer prompten Execution unterwerffen. So
hr uns GOtt helffe und sein heiliges Wort!

Verordnung,
die
Algierischen See-Päße
betreffend.

Auf Befehl
Eines Hochedlen Raths
der Stadt Hamburg
publiciret d. 15 Sept. 1751.

Gedruckt bey Conrad König, E. Hochedlen und Hochweisen Raths Buchdr.

22 Christliche Sklaven in einer
Barbareskenstadt.
*(Quelle: Hartmut Roder (Hrsg.),
Piraten. Die Herren der Sieben
Meere, Bremen 2000, S. 50)*

Kriegsbeute zu heben verstand. Abenteurer und Glücksritter aller Art fanden sich zu ihm, darunter Edelleute. [...] Als die Ausrüstung vollendet war, ging das Geschwader in der Fastenzeit des Jahres 1525 unter Segel und kreuzte vorerst in den Gewässern bei der Insel Vlieland.

Klaus Kniphoff war ein Jüngling von 25 Jahren, groß und schön, ritterlichen Ansehens, kräftigen gewandten Körpers und ungewöhnlich begabten Geistes; sonst hätte auch wohl König Christian dem noch so jungen Manne schwerlich ein so wichtiges Kommando, ein so unbegrenztes Vertrauen verliehen. Er war in Kopenhagen geboren und guter Leute Kind; sein Stiefvater, Jürgen Kock, genannt Mynter, ein Bürgermeister zu Malmö, hatte ihn gut erzogen, und selbst ein ihm feindliches Volkslied lobt Kniphoffs edle Sitte und feine Art. Sein rasches Aufsteigen im Kriegsdienst hatte aber seinen Ehrgeiz geweckt, der wurde sein Verderben; des Königs Auftrag, die Macht der Hansestädte zu vernichten und Norwegen zu erobern, [...] ließen ihn die Grenze zwischen dem ehrlichen Kriege und der Piraterie bald verkennen und überschreiten. Eine offene Kriegserklärung erachtete er den Hansen gegenüber für unnötig. [...] So kam es, dass der kühne Jüngling [...] zum Freibeuter hinabsank. Aber sicherlich nicht ohne die Mitschuld eines seiner Genossen, des Roten Klaus (auch Rode Klaus oder Klaus Rode genannte), eines kriegskundigen Abenteurers, der zu Kniphoffs Geschwader in den Vlieländischen Gewässern kam und sich bald so sehr des jungen Anführers Vertrauen zu erwerben verstand, dass er zunächst unter ihm befehligte. Von der Zeit an, als dieser Mensch, dessen tyrannische Bosheit und Grausamkeit die Volkslieder verwünschen, zu Kniphoff gekommen war, begannen auch dessen Frevel und Verbrechen, und füglich kann man den Roten Klaus seinen bösen Dämon, seinen Teufel nennen.

Von Kniphoffs räuberischen Seefahrten

Um diese Zeit wurden die Vlieländischen Gewässer unsicher. Kniphoff und seine Gesellen kreuzten umher und machten Jagd auf die hansischen Kauffahrer, die mit reicher Ladung völlig ungewarnt und deshalb wehrlos aus der Schede kamen oder dahin segelten. Diese Probestücke fielen erfolgreich aus und spornten die Beutelust des Geschwaders zu verdoppeltem Eifer; auch die Schiffe anderer

147

Nationen hielten sie an und plünderten sie aus. Die Beute suchten sie in den niederländischen Seestädten zu Geld zu machen, wobei sie anfangs willige Käufer genug fanden.

Als es nun allerorten ruchbar geworden, dass Kniphoff ein Seeräuber, dass sein Kriegsunternehmen nichts als ein gemeiner Piratenzug geworden sei, und als die beraubten hansischen Kaufleute bei ihrer Obrigkeit um Hilfe gebeten hatten, da beschickten die Städte den Hof zu Brüssel und führten Klage gegen Kniphoff.

So gern nun auch die Regentin Frau Margaretha ihren Verwandten, König Christian, schonen mochte, so konnte sie doch nicht umhin, die Sache zu untersuchen. Christian, um seinen Anteil an Kniphoffs Zügen befragt, stellte es durchaus in Abrede, ihn zur Seeräuberei bevollmächtigt zu haben, und gab als Zweck der ganzen Expedition wiederholt die Vereinigung dieses Geschwaders mit dem des Sören Norby an, welcher sich zu der Zeit in den Gewässern der Ostsee umhertrieb und dort den Hansen in aller Weise schadete. Demnach sandte die Regentin den Hansestädten ein besiegeltes Schreiben, worin sie dem Kniphoff keinen Schutz in ihren Landen zu geben versprach, ihn für einen Seeräuber erklärte und die Hansen ausdrücklich aufforderte, ihm und seinen Gesellen, wo sie derselben habhaft werden könnten, der Seeräuber Recht und Gericht widerfahren zu lassen. Den Niederländern aber wurde aller Verkehr mit Kniphoff verboten; auch die Herren von Amsterdam schickten ihm Botschaft, dass er ihre Gewässer schleunigst meiden müsse, da sie mit den Hansestädten im Frieden lebten und ferner in Freundschaft zu leben gedächten. Zugleich wurde es in ganz Holland scharf untersagt, Kniphoffs Beute, wo sie etwa zu Markte käme, zu kaufen.

Da nun die Freibeuter in den niederländischen Gewässern kein Heil mehr zu erwarten hatten, gingen sie in die offene Nordsee, wo sie fortfuhren, ohne Rücksicht und Schonung ihr Gewerbe zu treiben. [...] Danach landeten sie auf der kleinen norwegischen Insel Fleckeroe (bei Mandal) und an anderen Küstenorten dieses Reiches, wo sie nicht nur die hansischen Kaufmannsgüter raubten, sondern auch die friedlichen Landesbewohner überfielen und überall plünderten und schlimme Frevel übten gegen Geistliche, Bürger und Bauern.

Kühn gemacht durch das bisherige Glück, fasste Kniphoff nun

den Anschlag, nach dem Beispiel der Vitalianer die Stadt Bergen zu nehmen. Bergen, Norwegens reichste und mächtigste Stadt, worin damals 36 Kirchen, Klöster und Stiftungen bestanden, hatte in seinen Augen noch den Vorzug, dass hier die berühmte Faktorei der Hansestädte (das sogenannte Hansische Comtoir) blühte, in deren Gewölben er außer reichen Warenvorräten auch große Schätze baren Geldes zu finden hoffte. Er würde also durch einen siegreichen Angriff auf Bergen zwei Fliegen mit einer Klappe geschlagen haben, indem er sodann in den Besitz der Hauptstadt eines der abgefallenen Reiche seines Königs gekommen wäre und zugleich dessen Erzfeinden, den Hansen, einen schwer zu verwindenden Schaden beigebracht hätte.

Der Anschlag aber war zu verwegen und überstieg die Kräfte seines Geschwaders. Die Bergenschen Bürger und nicht minder die hansischen Kaufleute, kräftige, abgehärtete Männer, die eher von ihrem Leben als von ihrem Gute zu lassen entschlossen waren, rüsteten sich zeitig und setzten den anstürmenden Freibeutern einen so geordneten und wirksamen Widerstand entgegen, dass dem übermütigen Kniphoff nichts anderes übrig blieb, als vorläufig aufs offene Meer zurückzuweichen, wo er inzwischen seine Räubereien bis an Schottlands Küsten eifrig fortsetzte und große Beute machte. Die brauchbarsten Seeleute der genommenen Schiffe pflegte er durch Zwangsmittel zu nötigen, in seinem Dienste zu bleiben.

Der Hamburger Kreuzzug gegen Kniphoff

Dies böse Spiel verdross nun billig alle Städte des Hansebundes, dass sie darauf sannen, dem Dinge ein Ende zu geben. Und angesichts von Hamburgs Macht und Gelegenheit, wie auch seiner See- und Kriegsleute Tüchtigkeit, baten die Schwesterstädte unseren Rat, dass er die Sache in die Hand nehmen und Wandel schaffen möge. Die Lübecker hatten genug zu tun, sich des Sören Norby zu erwehren. […] Die Notwendigkeit, den eigenen Handel gegen die Freibeuter zu schützen, brachte die Hamburger dahin, eine Flotte von vier Kraffeln zu rüsten. Solch ein Kraffel war ein zweimastiges Seeschiff von mäßiger Größe, etwa wie eine Brigg oder ein Schoner, also jedenfalls viel kleiner als die GALLION Kniphoffs von der Mächtigkeit eines Linienschiffes.

Gegen Pfingsten war alles bereit, die Schiffe gerüstet, das See-

und Kriegsvolk geworben und gemustert. Simon Parseval wurde Admiral; er sowie Ditmar Koel, Klaus Hasse und Dirk von Minden befehligten jeder einen der vier Kraffel als Schiffspatron. [...] Darauf gingen diese Schiffe in See und kreuzten die lange Sommerszeit in den Gewässern der norwegischen Küste und suchten den sauberen Gast mit allem Fleiße, konnten ihn aber nicht finden und kehrten unverrichteter Sache gegen den Herbst auf die Elbe und an die Stadt zurück. [...] Kurz darauf erhielt der Rat die sichere Meldung, dass Klaus Kniphoff in der Osterems läge, in dem Fahrwasser zwischen den Watten östlich der Insel Borkum, unfern des Meerbusens Dollart bei Ostfriesland, in den die Ems sich ergießt. Obwohl es nun um die Zeit der herbstlichen Tagundnachtgleiche war, wo schwere Stürme in den nordischen Meeren zu toben pflegen, so beschloss der Rat dennoch, die Flotte sofort auslaufen zu lassen. Denn es galt, ein großes und gutes Werk zu verrichten und die Ehre der Stadt Hamburg vor aller Welt zu behaupten; darum ließ der Rat sogleich die Trommeln rühren, dass jeder eilends zu Schiffe stieg, und am 3. Oktober segelte die Flotte im Namen Gottes, der einen frischen, guten Ostwind dazu verlieh, seewärts dem Kampfe mit Stürmen und Feinden entgegen.

Wie die Hamburger Kniphoff fanden

Dass Klaus Kniphoff aber nach der Osterems gefahren war, das war so gekommen: Er hatte es sich in den Kopf gesetzt, ganz Norwegen einzunehmen; und eroberte er erst eine Stadt, so wäre dem Sieger genug Beute zugefallen, um Landsknechte in Menge anzuwerben, mit welchen Kriegsvölkern er dann nach und nach das ganze Land erobert hätte. Das wäre schon gegangen. Doch fehlte es ihm fürs Erste zur Einnehmung der einen Stadt sowohl an Lebensmitteln als an Mannschaft. Darum trachtete er nach der Osterems und den friesischen Küsten, wo er beides zu finden hoffte. Denn die Leute dort herum hielten es damals oft mit den Seeräubern, wie aus Störtebekers Geschichte erinnerlich ist.

Nun hatte er unter seinem Volk keinen andern Lotsen, der des Fahrwassers zu Osterems kundig gewesen wäre, als einen gefangenen Hamburger Steuermann, der musste sie dahin führen. Um seinen Hals zu retten, versprach der Hamburger, was von ihm gefordert wurde, sofern er selbst nur richtig Bescheid wüsste. Denn er

war ein Schalk und ließ die Schiffe nahe der Osterems auf den so-
genannten Hamburger Sand laufen. […] Er spielte gewagtes Spiel,
denn wenn Kniphoff geargwöhnt hätte, dass er die Schiffe vorsätz-
lich hätte auflaufen lassen, damit die Hamburger davon Nachricht
erhielten, um sie zu bestricken und zu fangen, dann wäre sein Kopf
geliefert. Mit Verlust eines Mastes kamen die Schiffe wieder ab vom
Sande und in die Osterems bei Greetsiel, wo sie ankerten.

Als nun die Hamburger nach der Insel Neuwerk kamen, wurde
ihnen dort die Nachricht bestätigt, dass Kniphoff in der Osterems
läge. […] Da setzten sie noch mehr Segel bei und kamen am 6. Ok-
tober in den Meeresarm, den man die Grete nennt, bei Greetsiel.

[…] Noch am selben Tag, am 6. Oktober, legten sich die Ham-
burger Schiffe so nahe an Kniphoffs Schiffe, dass sie einander wohl
sehen, aber mit Geschützen nicht bestreichen konnten.

Wie Kniphoff sich zum Kampfe rüstete

Als nun Klaus Kniphoff die Hamburger Schiffe gewahrte, da rief er
sein Volk zusammen, um zu beraten, ob es tunlich sei, davonzufah-
ren und dem Kampf auszuweichen. Als er sich mit seiner Mann-
schaft so besprach, da antwortete dieselbe: Er möchte nur liegen
bleiben und die Hamburger Landratten nur herankommen las-
sen, sie wollten ihrer wohl mächtig werden; die Hamburger wären
doch nur Apfelschützen, deretwegen sie unverzagt seien; wenn sie
den Streit nicht annähmen, so würde die Kunde vor Fürsten und
Herren kommen, dass sie vor Apfelschützen geflohen wären; solche
Schande könnten und möchten sie nicht erleiden; sie wollten sich
wehren mit Macht, übrigens würden sie die kleinen Hamburger
Kraffeln und Bojer mit den Kartaunen und Serpentinen der GALLION
leicht in den Grund schießen.

Als nun Kniphoff diese mannhafte Antwort seiner Mannschaft
vernahm, wurde er froh und sprach: ›Hei frisch, Ihr lieben Gesel-
len, wir wollen Preis und Ehre gewinnen. Da liegen güldene Ber-
ge, die sollen unser sein. Jeder Büchsenschütz und Konstabler lade
und schieße aber Büchse und Geschütz nur auf die Kraffeln ab und
nicht auf die Bojer, bei Leib und Gut, damit wir unser Kraut und
Lot nicht unnütz verschießen.‹ Dass er somit verbot, auf die Bo-
jer zu schießen, das hat ihm nachmals großen Schaden gebracht.
So mag der Mensch, wenn Gott im Himmel einmal seinen Unter-

gang beschlossen hat, es anfangen, wie er will, und noch so klug zu handeln vermeinen, es hilft doch nichts und alles muss zu seinem Verderben dienen.

Hierauf war Kniphoff bedacht, den Hamburgern kundzutun, dass er den Kampf mit ihnen annehme, und sie zu grüßen, wie gute Kriegsmänner achtbare Feinde mit Ehren zu grüßen pflegen. Er steckte also auf seinen Schiffen die Fähnlein auf und ließ sie fliegen. Dazu ließ er aus den größten Stücken seiner Geschütze drei Schüsse tun, den Hamburgern zu Ehren und um sie willkommen zu heißen. Solchen Kriegsgruß erwiderten die Hamburger und feuerten auch aus ihren größten Stücken drei Schüsse. Dabei ist es am 6. Oktober geblieben.

Und als es dunkelte und die Nacht das weite Meer bedeckte und nur auf jedem Schiffe die Leuchte beim Steuer schimmerte, da lagen die beiden Flotten so friedlich und still einander gegenüber, als wenn sie nimmer morgen auf Tod und Leben zu streiten bestimmt gewesen wären; und das Volk aß und trank und war guter Dinge, und ging schlafen und freute sich auf den Morgen wie auf einen Ehrentag, und doch sollte manch junges frisches Blut dahin fließen und manch kühnes Auge den Abend nicht wieder schauen.

Aber Klaus Kniphoff konnte nicht schlafen, denn es mahnte ihn düster, und es kam ihn ein Grauen an, wenn er des kommenden Tages gedachte. Vielleicht fiel ihm das Geschick seines Namensvetters Klaus Störtebeker ein, in dessen Fußstapfen er leider getreten, welcher vor mehr als 100 Jahren von den Hamburgern überwunden und zum Blutgericht fortgeführt worden war. Das Mögliche zu seiner Rettung versuchend, schickte er mit einbrechender Nacht heimlich und still seinen Schiffsschreiber mit einem Boot ans Land, damit er noch Volk anwerbe und auf die Schiffe brächte. Der Schreiber war eifrig im Dienste seines Herrn und brachte in der Nacht zusammen, wen er antraf und halbwegs bereit fand; einige holte er aus den Betten, Fischersleute und Bauern, die an dortiger Meeresküste insgesamt der Seefahrt wohl kundig, denen sprach er schöne Dinge vor und verhieß ihnen reiche Beute, wenn sie nur einige Stunden helfen wollten. Sie ließen sich bereden und gingen mit zu Schiffe und gedachten nicht länger dort zu weilen, als zum Verzehren eines Herings gehört, und bald genug mit Geld und Gut beladen wieder daheim am warmen Ofen zu sitzen; ja, der Mensch

denkt und Gott lenkt, und dass ihrer viele dort erschlagen oder als
Gefangene mit nach Hamburg vor Gericht geführt werden wür-
den, das dachten sie freilich nicht, als sie die Betten verließen und
von Weibern und Kindern schieden, um Kniphoffs Mannschaft zu
verstärken.

Des Seetreffens Anfang und Fortgang

Der Morgen des 7. Oktobers brach an; es war ein Sonnabend, und
jeden verlangte danach zu wissen, wie der Tag enden werde. Klaus
Kniphoff, der gewöhnlich einen herrenmäßigen Anzug trug, klei-
dete sich ganz unscheinbar. Er zog ein weißes Hemd an, dazu ein
blaues Wams und ebensolche Hosen, in welchem Anzug er auch
gefangen und nach Hamburg gebracht worden ist, wo er seinem
Beichtvater im Kerker die Löcher gezeigt hat, welche die Hambur-
ger Kugeln in die Ärmel und Falten gerissen, ohne ihn zu verwun-
den.

Die Hamburger trugen großes Verlangen zum Kampfe, nach
den Feinden stand ihr Begehr. Die Anführer ließen der Mann-
schaft einen guten ›zarten‹ Morgentrunk vorsetzen, Warmbier mit
Schießpulver darin, gut durcheinandergerührt, mit solchem Trunk
im Leibe konnten die Männer des Tages Arbeit schon tragen. Die
Hauptleute redeten ihr Kriegsvolk an und sprachen: ›Ihr Ham-
burger, gute Gesellen, heut' nehmt Euch zusammen und habt der
Feinde Acht. Wenn Ihr Euch von ihnen bezwingen lasst, so wisst
Ihr, dass es Euch Leib und Leben kostet; das vergesst nicht, und
schafft, dass Ihr es Euren starken Vorfahren gleich tut, die alle Frei-
beuter aus der See holten, gedenkt des tapferen Simon von Utrecht
und seiner Mannen, wie sie einst den Störtebeker bezwangen; und
zeigt Euch wert, ihre Nachkommen zu sein, auf dass die ehren-
reiche Stadt Hamburg bei ihrem alten Ruhm und Preise bleibe.
Daran gedenket Ihr alle!‹

Nun eröffneten die Hamburger das Treffen um 8 Uhr früh, in-
dem ihre kleinsten Schiffe, die beiden Bojer, sich in möglichster
Schnelligkeit dicht an die GALLION *machten, deren großer, hoher*
Bord fast ihre Masten überragte, da konnten die GALLION*-Kano-*
nen ihnen nichts anhaben, weil ihre Schüsse darüber hingegangen
wären; das hatte Kniphoff auch wohl bedacht und deshalb Pulver
und Blei zu sparen geboten. Er hätte sie aber zusammenschießen

sollen, ehe sie so nahe herankamen, dann wäre er ihrer entledigt geblieben. Die Bojer lagen nun längs der GALLION *und schossen ihr ihre Bleipillen in den Rumpf und aufs Deck, so viel sie vermochten, und manch guten Kerl schossen sie aus der Wehre. Bald danach segelte Simon Parseval, der Admiral, mit seinem Kraffel heran, ließ in Schussnähe den Anker fallen und beschoss die* GALLION; *aber die vergaß den Admiral auch nicht, ließ die Kartaunen und Schlangen spielen und feuerte Blitz und Donner auf den Kraffel. Der Admiral hatte sein Volk unter Deck bleiben lassen, sodass nur etwa 12 Mann oben waren zur Regierung des Schiffes, weshalb das Feuer der* GALLION *ihm wenig Schaden tat; indessen kam das Admiralschiff von seinem Anker los und trieb seitab von der* GALLION *weg.*

Während dieser Zeit hatte Klaus Hasse mit seinem Kraffel den FLIEGENDEN GEIST *angelaufen und nach einigen gewechselten Lagen des groben Geschützes sogleich geentert, und die Hamburger waren so heftig auf den* FLIEGENDEN GEIST *gefallen und hatten so tapfer auf dem Deck gefochten, Mann gegen Mann, dass dies gute Schiff Kniphoffs bezwungen war, bevor der Hauptangriff gegen die* GALLION *geschah. Und die Schiffs- und Kriegsleute vom* FLIEGENDEN GEIST *wurden gefangen und in den Schiffsraum gesperrt, soviel ihrer nicht im Streit erschlagen oder über Bord geworfen waren; sie waren von Kniphoffs Gesellen die ersten, die es empfanden, dass die Hamburger doch keine Apfelschützen sind.*

Derweil hatte Dirk von Minden mit seinem Kraffel weniger Glück; er sollte den BARTUM *angreifen, aber sein Steuermann versah's und lief auf den Grund, sodass dies Schiff festsaß und am Kampf nicht teilnehmen konnte, welches Dirk sehr nahe ging. Jedoch schickte er sein Volk in Booten den anderen Schiffen zu Hilfe, damit diese ihre Mannschaft verstärken möchten.*

Während dies geschah und das Admiralschiff von der GALLION *abgetrieben war, vergaßen die kleinen Bojer ihren Dienst nicht, sondern setzten allein dem mächtigen Feinde mit unaufhörlichem Schießen tapfer zu. Nun hielt aber auch Ditmar Koel nicht länger zurück, sondern befahl hart auf die* GALLION *zu steuern, um den Hauptangriff zu wagen. Kniphoff, der Ditmars Kraffel heransegeln sah, glaubte, dessen Volk würde wie das des Admiralschiffes unter Deck sein; also machte er seinen Plan danach und ließ seine wehrhaftesten Männer allesamt aufs Deck und an Bord treten und be-*

fahl, sobald der Kraffel heränkäme, sollten sie mit aller Macht ihn entern und darüber herfallen, so würden sie den Kraffel nehmen, ehe die Hamburger es sich versähen. Also hat Kniphoff nachmals seinem Beichtvater selbst erzählt.

Des Kampfes Fortgang, Erstürmung der GALLION

Ditmar Koel aber erwog, dass sowohl die beiden Bojer als das Admiralschiff schon lange Zeit die GALLION *beschossen und sicher auch gut getroffen hätten; darum schien ihm der Augenblick günstig, den Sturm zu wagen, damit er den Preis des Tages und umso größere Ehre erringen möchte, als der Admiral noch nicht wieder herbeigekommen war. Darum rief er sein Volk aufs Deck und gab Befehle, und stellte die Konstabler an die Stücke (Kanonen), und jeder Mann musste seine Hakenbüchse bereithalten oder sein Faustrohr und dazu das Schwert locker in der Scheide.*

Als nun der Kraffel dicht an die GALLION *kam, deren Volk auf dem Deck und am Bord gedrängt dastand, in der Meinung, Ditmars Schiff zu entern und zu nehmen, da eröffneten die Hamburger auf Ditmars Kommando zu gleicher Zeit aus Kanonen, Hakenbüchsen und allen Gewehren ein so wohl gezieltes Feuer, dass gleich bei der ersten Lage an 30 Mann von Kniphoffs Gesellen fielen und tot blieben. Und die Hamburger, die nicht Zeit verlieren mochten mit Laden und Richten, auch des ehrlichen Kampfes Mann gegen Mann begehrten, griffen flugs, bevor der Pulverdampf sich verzog, zu den Sturmleitern und Enterhaken, erklommen und erstiegen das große Schiff und warfen sich mit Ungestüm und Todesverachtung auf das Deck und auf die ihnen an Zahl weit überlegenen Feinde.*

Zu derselben Zeit merkten die Besatzungen der tapferen kleinen Bojer, die immer schießend an der anderen Seite der GALLION *lagen, dass Ditmar Koel entern wolle, und schnell kamen sie heran, um stürmen zu helfen; und während Ditmar Koels Leute die* GALLION *rechts erstiegen, sprangen die Bojersleute von links her über Bord auf Deck.*

Nach der ersten vollen Lage der Hamburger war ein Teil von Kniphoffs Leuten unter Deck gegangen, um mit den dort liegenden Kartaunen den Kraffel in den Grund zu schießen; aber noch ehe sie gerichtet hatten, kamen ihnen die Hamburger schon ungestüm über den Hals, denn während ihrer die meisten auf dem Deck gegen den Feind sieghaft kämpften, waren andere auf Ditmars Befehl gleich hinuntergestiegen, um den Sieg auch hier zu sichern.

Das war ein mörderischer Streit! Wüstes Toben, Kampfgeschrei und Kommandorufe; unter den Tritten der Männer erbebte das Schiff, hierher, dorthin wälzten sich die Haufen der Kämpfenden; die Schwerter sausten und trafen krachend ihr Ziel, das Blut floss in Strömen. Leichen bedeckten den Boden. Von beiden Seiten wurde mit höchster Kraft und Tapferkeit gestritten. Unter Kniphoffs Leuten waren viele wilde Gesellen, die schon, ehe sie in seinen Dienst getreten, manch böse Tat ausgesessen; landflüchtige Friedensbrecher, Geächtete und Verfestete. Die wussten jetzt wohl, woran sie waren. Ergeben mochten sie sich nicht, denn hinter schimpflicher Gefangenschaft dräute das Gericht und das Schwert des Henkers! Darum verkauften sie jede Wunde so teuer als sie konnten, damit ihr Tod in Wehr und Waffen, eines wilden Lebens blutiges Ende, mindestens nicht ungerächt bleibe.

Aber die Hamburger fochten wie die Helden, ihrer großen Vorfahren würdige Söhne! Im Angriff so kühn als besonnen, im Kampfe fest und stark, keinen Schritt zurück, vorwärts dringend oder tot niedersinkend. Nicht nur die wohlbewehrten eigentlichen Kriegsleute (von denen ein Teil in der Stadt Sold und Diensten stand, ein anderer aber Freiwillige oder für diesen Zug Geworbene waren), sondern auch die Hamburger Bootsleute, so viel ihrer entbehrlich, waren auf die GALLION *gekommen, und gerade diese richteten mit ihren kurzen Handbeilen, die sie gebrauchten wie unsere Vorfahren ihre Streitäxte, ein furchtbares Blutbad an; wen die Bootsleute fassten, den schlugen sie tot, sie gönnten auch keinem das Leben, sondern ließen ihre Beile umhertanzen, wo noch ein feindlicher Mann zu sehen war; in die Mastkörbe und ins Tauwerk stiegen sie, die Flüchtigen verfolgend, bis zum Schiffsraum hinunter. Die Hamburger Kriegsleute dagegen gaben Pardon allen, die darum baten, und machten also Gefangene, die dann eingeschlossen wurden. Es war auch manch ehrlicher Kerl unter Kniphoffs Volk, der bei der Anwerbung nicht gewusst hatte, dass der Kriegszug in Seeräuberei ausarten werde, oder der danach gefangen und gezwungen wurde, auf der* GALLION *zu dienen; auch einige fürwitzige Leute, nämlich die erst zur Nacht an Bord gekommenen Friesen. Diese alle brauchten den Meister Büttel von Hamburg nicht so sehr zu fürchten, darum ergaben sie sich den Söldnern und Landsknechten der Hamburger.*

Mittlerweile war der Kampf, obwohl er noch fortdauerte, doch schon außer Zweifel; die Hamburger hatten überall die Oberhand und wurden Meister der großen GALLION. *Von Kniphoffs Gesellen lagen die besten in ihrem Blut am Boden oder trieben als zerhauene Leichen auf den Meereswogen dahin. [...] Kniphoffs Kumpan, der Rote Klaus, wehrte sich wie rasend; er war als der Böseste und Ruchloseste von allen bekannt, und ein rechter eingefleischter Teufel; darum ließen die Bootsleute nicht von ihm ab, und da sie ihn endlich bei seinen Armen fingen und festhielten, kühlten sie ihre Wut mit den Beilen, er wurde zerhauen in kleine Stücke, wie man das Fleisch zerhackt zum Grapenbraten! Wie viele verwundet oder tot ins Meer gestürzt wurden, mehr denn 300 waren's sicherlich, wie manche freiwillig dort ihr Ende gesucht, das weiß man nicht, die Wellen trieben die Körper dahin, aber der Toten von Kniphoffs Volk waren viele, auf der* GALLION *lagen hernach noch 88 Mann; der Verwundeten und Gefangenen Zahl mochte doppelt so groß sein.*

Kniphoff ergibt sich den Hamburgern

Als Klaus Kniphoff seines Genossen, des Roten Klaus, grausiges Ende gesehen, da wurde er inne, welch ingrimmig Volk die Hamburger Bootsleute wären; vor ihrer Übermacht zu erliegen, unter ihren Schlachterbeilen zerhauen zu werden, das schien ihm noch widerwärtiger als ehrliche Kriegsgefangenschaft, auf die er hoffte, wenn er sich freiwillig stellte.

Und noch einen Blick tat er über den Kampfplatz, ob sich keine Möglichkeit der Rettung zeige; da er aber alles verloren geben musste, brauchte er noch einmal sein gutes Schwert, um sich durch die Bootsleute eine Bahn dahin zu erfechten, wo er Hamburger Kriegsleute gewahrte, denen wollte er sich ergeben. Und da ihm dies mit Mühe gelungen war und er einen graubärtigen Rottmeister ersah, sprach er zu dem: ›Nimm mich gefangen, lieber Kriegsmann!‹ Der fragte hingegen: ›Wer bist du? Wie ist dein Name?‹ Indem merkte Kniphoff, dass die Bootsleute mit blutigen Beilen ihn überall suchten und nach ihm schrieen, um ihn zu vierteilen, und dringender noch bat er: ›O lieber Krieger, ich bin Klaus Kniphoff,

der Hauptmann der Schiffe, schone mein junges Lebens und ver-
hehle mich vor den Bootsleuten!‹ Und der alte Kriegsmann nahm
ihn als Gefangenen in seinen Schutz und nannte ihn laut vor allem Volk ›Hinrik Moller‹ damit er unerkannt bleibe, und stieß die
Bootsleute zurück und deckte ihn vor ihren Beilen und führte ihn
aus der GALLION in Ditmar Koels Schiff hinüber; und Kniphoff hatte
ihm sein Schwert überliefert und dazu einen goldenen Fingerring
geschenkt zum Lohn, dass er ihn vor den Bootsleuten geschützt.

Als Ditmar Koel seiner ansichtig wurde, erkannte er ihn gleich
als Klaus Kniphoff. Aber er schwieg und brachte ihn aus dem Wege,
denn sein Hauptmann Cord Blome und die Werwölfe, die Bootsleute, rannten umher und schlugen alle tot, auf die sie stießen. Und
insonderheit schrieen sie nach Kniphoff, wo der stecke, sie wollten
ihm seinen Lohn geben und ihn in Stücke zerhauen.

Dies ernsthafte Spiel hatte wohl an acht Stunden gedauert, von
morgens 8 Uhr bis nachmittags gegen 4 Uhr. Kniphoff, dem war's
sonderbar ergangen. Die Kugeln hatten ihm seine Kleider am Leibe durchlöchert, und sogar sein Hemd war davon zerrissen, in so
dichtem Kugelregen hatte er gefochten, und doch war er unversehrt
und unverwundet! Gottes Hand mag ihn gnädig beschirmt haben,
nicht um sein armes Leben zu retten, denn dessen Glück und Frieden war verspielt; sondern um des Heils seiner unsterblichen Seele
willen, auf dass er nicht mitten in seinen Freveln und Sünden da-
hinführe, sondern erst durch Reue und Buße seine Schuld sühne.
Das hat er selbst im Gefängnis zu Hamburg seinem Beichtvater
erklärt. Er blieb in Ditmars Schiff, obschon der Admiral ihn bei
sich haben wollte, aber Ditmar behielt ihn als seinen Gefangenen
und behandelte ihn freundlich und mild, wie es dem Sieger wohl
ansteht.

Nun waren noch unbezwungen der WEISSE SCHWAN und der
BARTUM. Dieser saß auf einer Untiefe; seine Besatzung [...] untersuchte den Grund, um sich in der Stille davonzumachen. Aber dies
gelang nicht, denn der Admiral Parseval sah ihnen auf die Fäuste.
Er schickte, da er der Untiefe wegen mit seinem Kraffel nicht nahe
kommen konnte, sein Volk auf Booten an den BARTUM, um ihn zu
nehmen. Als sie an die Planken legten, warfen die Feinde große
Steingeschütze über Bord, und hätten sie es nicht zeitig gemerkt, sie
wären allesamt zerschmettert worden oder versoffen. Und gleich

darauf schossen die vom BARTUM mit Kanonen, Büchsen und allen Gewehren so heftig auf die Boote, dass sie Gott dankten, wie sie außer Schussweite und zum Admiral zurückkamen. Darauf befehligte der Admiral einen der Bojer heran, der legte sich, da er nicht so tief ging als ein Kraffel, dicht an den BARTUM, den die tapfere Mannschaft alsbald enterte und erstieg. Zugleich kamen des Admirals Boote wieder, und seine Leute erstiegen auch den BARTUM und wollten dessen Besatzung insgesamt in die Pfanne hauen; aber die aus dem Bojer bezähmten die Wut der Bootsleute und nahmen der Feinde eine große Zahl gefangen.

Danach ergab sich auch der SCHWAN, darin nur wenig Volk lag, und damit waren alle Schiffe Kniphoffs genommen, und die Hamburger hatten einen herrlichen Sieg erfochten, darum ließen sie ihre Fähnlein fliegen, lösten alle Geschütze und riefen Victoria, zur Ehre Gottes des Allmächtigen, der den Sieg in ihre Hand gegeben.

Wie die Hamburger heimfahren

Am Ufer bei Greetsiel standen viele Menschen, die hatten von früh morgens an dem Treffen zugesehen, und weil einige der Ihrigen dabei waren (wie oben erzählt ist), so trauerten und wehklagten sie sehr, als sie die Hamburger siegen sahen, um das Schicksal ihrer Gefreundeten.

Auch Herr Edzardus, Graf von Ostfriesland, war am Ufer und sah dem Kampfe zu. Den hatte Kniphoff noch zwei Tage früher am Lande heimgesucht und ihn gebeten, fein Acht zu geben, wenn etwa die Hamburger kämen, um zu gewahren, wie kurz und gut er mit ihnen umspringen werde. Da der Graf nunmehr Kniphoffs Niederlage sah, rief er überlaut: ›Dass dich der Teufel hole! Keine zwei Tage konntest du dich halten, der du dich doch zuvor gerühmtest, du wolltest in zwei Stunden kurz und gut mit den Hamburgern fertig werden!‹

Andern Tages wehte ein großer Sturm aus Nordwesten. Die Hamburger konnten weder an ihre Heimfahrt denken, noch konnten sie ans Land fahren, die Toten dort zu begraben. Da machten sie es ›kurz und gut‹ und warfen sie über Bord ins Meer. Dann verteilten sie ihre Gefangenen; einige blieben in der GALLION und wurden da verwahrt, die anderen kamen auf die Kraffeln, bei welcher Gelegenheit die Bootsleute es wieder nach ihrer Weise ›kurz *und gut‹ machten, wenn irgendwo der Raum zu eng wurde für die Gefangenen, nämlich: Totgeschlagen und über Bord geworfen, was zu viel war! Aber Klaus Kniphoff blieb bei Ditmar Koel wohlbewahrt.*

Danach gingen die Schiffe unter Segel; die Hamburger brachten die vier Seeräuberschiffe mit aller Ladung und noch 162 Gefangenen auf. Die Fahrt ging langsam der Elbe zu, der widrigen Winde wegen. Aber ihnen voraus flog die gute Kunde vom glorreichen Siege nach Hamburg. Und ein Ehrbarer Rat, da er diese Nachricht vernahm, schickte zwei seiner Mitglieder, Dietrich Lange und Otto Bremer, den Siegern entgegen, um sie willkommen zu heißen. Da die Herren nun in Ditmar Koels Schiff traten, gingen sie in seine Kajüte und ließen Kniphoff vor sich bringen. Sie redeten ihn freundlich an und sagten: ›Willkommen, Klaus!‹ und hießen ihn sich setzen. Er antwortete: ›Freilich, Ihr Herren, Ihr möget billig mich willkommen heißen, so, wie Ihr mich jetzt hier sehet!‹ Danach setzten sie ihm einen Trunk Weines vor in einem güldenen Pokal, der war des Kniphoffs Eigen gewesen, und sagten: ›Trinkt aus Eurem Becher, Klaus!‹ Er antwortete: ›Es ist nicht mehr mein Becher, er gehört den guten Gesellen, die ihr Leben daran gewagt haben, mich mit Hab und Gut zu gewinnen; und, liebe Herren, das möget Ihr wissen, ich hätte nicht geglaubt, dass solche Männer in solchen grauen Wämsern stecken! Sie fielen zu mir ins Schiff, nicht wie Menschen, sondern wie die leibhaftigen Teufel!‹

Der Gefangenen-Einzug in Hamburg

Endlich kamen die Schiffe die Elbe herauf und legten sich in einer Bucht unten beim Eichholz, welches damals noch außerhalb der Stadt lag, vor Anker. Und am 22. Oktober, am Sonntag vor St. Katharinen-Kirchweih-Feste, wurden Kniphoff und seine Gesellen ausgeschifft und durch das Millerntor in die Stadt und zum Rathause geführt, von den siegreichen Schiffs- und Kriegsleuten begleitet. Die Zunftgenossen und sonstigen Bürger, allesamt in Waffen, bildeten vom Eichholz an bis zum Rathaus zwei Reihen, durch welche der Zug ging. Trommler und Pfeifer und fünf Fähnlein Kriegsknechte zogen voran, dann ging Klaus Kniphoff, zwischen den vornehmsten seiner Mitgefangenen, den beiden Edelleuten Simon Gans von Puttlitz und Jürgen von Sidow. Dann kam das geringere Volk seiner Gesellen, paarweise oder zu dreien; ein langes, starkes Tau lief die ganze Reihe der Gefangenen entlang, daran waren sie geschnürt; die Verwundeten gingen nicht mit, die wurden zu Schiff bis zum Rathaus gebracht und daselbst in die Reihe gestellt.

Nachdem sie dort von Bürgermeistern und Ratmännern, auch sonstigen angesehenen Bürgern in Augenschein genommen waren, wurden sie in einen Turm am Winsertore gesetzt, vielleicht denselben, der unter dem Namen ›Roggenkiste‹ erst im Jahre 1832 abgebrochen worden ist. Kniphoff brachte man auf den höchsten Boden des Turmes, weil er das Haupt der Freibeuter gewesen war; ein Stockwerk niedriger sperrte man die beiden Edelleute ein und zuunterst die Gemeinen, so viele ihrer dort Platz fanden; die andern geringen Gefangenen wurden im Büchsen- oder Zeughaus, einige auch im Barenturm an der Brooksbrücke untergebracht.

Am selben Tag kam an den Rat ein Schreiben des Grafen Edzard von Ostfriesland; der hatte, wie gedacht, gute Freundschaft mit Klaus Kniphoff gepflogen und war auch durch König Christian bewogen, alles Mögliche zur Rettung seines Hauptmanns zu tun. Er forderte in diesem Briefe vom Rat die schleunige Auslieferung Kniphoffs, seines Volkes und seiner Schiffe, da dieselben auf seinem, des Grafen, Stromgebiet gefangen und erbeutet wären. Noch am selben Sonntag rief der Rat die Bürger aufs Rathaus und legte ihnen die Sache vor. Die Bürger, die ihr kaiserlich Recht gegen alle Seeräuber sehr wohl kannten, lachten des gräflichen Begehrs und beschlossen einmütig, dem Grafen zurückzuschreiben: Wenn er unsere Schiffe und Leute haben möchte, so könnten sie ihm wohl geschickt werden, aber nur, um auch ihn, den Grafen, abzuholen, der die Seeräuber verteidigen wolle; denn der Hehler wäre so schlecht wie der Stehler. Doch hat es der Rat, als er dem Grafen Antwort schrieb, etwas glimpflicher und höflicher abfassen lassen, wenn schon der Sinn derselbe gewesen ist. Und der Graf hat auf solche Erwiderung nichts weiter von sich vernehmen lassen. Dagegen kam vom regierenden König von Dänemark, Friedrich I., ein Schreiben an den Rat, worin er diesen aufforderte, die Gefangenen zur Rechenschaft zu ziehen, scharf zu examinieren und Justiz zu üben.

Am 24. Oktober, Dienstag vor Allerheiligen, sind Kniphoffs sämtliche Fähnlein, die im Seetreffen erbeutet worden waren, mit

klingendem Spiele und unter Rührung der Trommeln in die Dom-
kirche gebracht und dort über dem Predigtstuhl aufgehängt worden, als Siegeszeichen und zum rühmlichen Gedächtnis an Ditmar
Koel und seine tapferen Kampfgenossen. Dort haben sie lange Jahre gehangen, zuletzt sind sie ins Zeughaus gebracht, wo auch das
grobe Geschütz aus Kniphoffs Schiffen aufbewahrt wurde.

Dann wurde den tapferen Kriegs- und Schiffsleuten wie ihren
heldenmütigen Anführern der Sold ausbezahlt. Überdies behielten
sie die selbst gewonnene Beute und bekamen noch dazu als Beloh-
nung den Wert eines der eroberten Raubschiffe, 2720 Pfd. Pfennige
oder Taler, für damalige Zeit eine große Summe.

Wie Kniphoff und seine Gesellen gerichtet werden

*Mittwoch, den 25. Oktober, ist Kniphoff mit seinen Gesellen vor
Gericht geführt und daselbst verhört von 8 Uhr morgens bis 3 Uhr
nachmittags. Da wurde er vom Fiskal auf Seeräuberei verklagt und
sein ganzes Sündenregister, alle die Schiffe, die er genommen und
geplündert, nicht weniger als 172, und all das unschuldige Blut,
das dabei vergossen wurde, wurde ihm vorgehalten. Und Kniphoff
verteidigte sich selbst mit großer Klugheit und Kraft in beschei-
dener Rede. Er entgegnete vornehmlich, dass er keinen Seeraub
begangen, da er König Christians bestallter Hauptmann und von
ihm zu Kriegszügen gegen seine abgefallenen Reiche wie gegen die
Hansen befehligt sei. Alle Schiffe, die er genommen, habe er nach
Kriegsrecht genommen, darum sei er jetzt auch Kriegsgefangener
und verlange für sich und seine Leute anständige Haft bis zur Auslösung, nach Kriegsrecht und Kriegsbrauch. Und seine Bestallung
und all seine Briefe und besiegelten Dokumente, die man bei ihm
gefunden, welche allesamt noch jetzt in unserem Stadtarchiv sich
befinden, wurden verlesen, aber nichts konnte ihn retten. Denn er
konnte es nicht rechtfertigen, dass er die Feindseligkeiten ohne alle
Wahrschauung und Kriegserklärung angefangen hatte, dass er namentlich die hansischen und hamburgischen Schiffe, die ohne alle
Kunde von seinem Vorhaben so wehr- als arglos gewesen, gekapert
und geplündert habe. Und der Brief der Regentin Margaretha, die
ihn dem Seeräuberrecht für verfallen erklärte, machte sein Maß
voll. Die Richtherren [...] erkannten ihn schuldig des Seeraubes
und fanden zu Rechte, dass er mit der Strafe der Seeräuber, der*

Enthauptung, zu belegen sei. Und von seinen Genossen wurden vorerst sechzehn zu gleicher Strafe verdammt. Kniphoff schalt zwar dies Urteil vor dem Rat und forderte dessen Aufhebung, aber der Rat judizierte nicht anders, sondern bestätigte das Todesurteil. Da Kniphoff dies vernahm, bat er nicht um sein Leben, sondern um Gnade für seine Genossen, zumal für die, welche ihm nur gezwungenermaßen gedient hatten. Dann wurde er wieder in den Turm zurückgeführt.

Unterdessen kam noch manch Fürwort beim Rat ein, von großen Herren, die sich für Kniphoff verwendeten. Auch sein Stiefvater, der Bürgermeister von Malmö, schrieb sehr bewegt und bot ein großes Lösegeld für seinen Sohn. Aber der Rat musste wohl beim strengen Recht bleiben, denn Kniphoff hatte zu viel geschädigt und gesündigt, als dass es hätte ungebüßt und ohne die ordentliche Strafe des Gesetzes bleiben können; darum verschmähte der Rat das Lösegeld, davon der Vater dann eine Armenstiftung in Malmö gründete, zum Seelenheile seines unglücklichen Sohnes.

Der saß indessen im Winserturm und schaute aus seinem hohen Gitterfenster ins Freie, über den Elbstrom hin, den segelnden Schiffen nach, weit hinaus in die Welt, aus der er nun in jungen Jahren so unglücklich scheiden sollte; scheiden von aller Erdenlust, Größe und Macht, von der er geträumt! [...] Und Herr Stephan Kempe, damals noch Klosterbruder, nachmals aber erster lutherischer Pastor zu St. Katharinen, saß bei ihm und tröstete ihn aus Gottes Wort, vermahnte ihn zur Reue und hörte seine Beichte an. Denn er fand in Kniphoffs tiefstem Innern einen guten Grund, und Gottes Gnade war in ihm mächtig, sodass er seinen Tod durch Henkershand als eine gerechte Strafe und Buße seiner vielen Sünden und als ein Heilsmittel zu seiner ewigen Seligkeit erkannte; deshalb bereitete er sich, in Hoffnung auf die Absolution und das Sakrament, mit Freudigkeit zum Tode.

Auf dem Grasbrook wurden seit uralten Zeiten angesichts des freien Elbstroms die Seeräuber enthauptet, nahe dem Element, auf dem sie gesündigt; wonach dann die Köpfe auf hohe Pfähle gesteckt wurden, die den Schiffern schon von weitem als Denk- und Warnungszeichen galten. Da hinaus wurde Kniphoff am Montag, den 30. Oktober, geführt, er ganz allein, denn dies hatte er sich als *eine Gnade erbeten, damit es ihm nicht das Herz breche, wenn er etwa die Verwünschungen seiner Genossen vernehmen müsse. Es war früh morgens, da der Frohn ihn abholte. Kniphoff war bereit, er streckte ihm die Hände entgegen. Unverzagt und frisch schritt er zwischen den Bütteln und Kriegsknechten durch die Straßen, und in seinem Angesicht sah man kein Zeichen von Todesfurcht und Bangen. Und wer ihn dahin gehen sah, den jammerte es, und manch mitleidig Herz, absonderlich bei den Frauen, konnte sich der Tränen nicht erwehren über das schreckliche Ende des jungen schönen Hauptmanns. Auf dem St.-Katharinen-Kirchhof stand schon Pater Stephan, der erteilte ihm hier vor allem Volk, das betend niederfiel, die Absolution und reichte ihm das Sakrament der Versöhnung. Und als Kniphoff sich vom Knien erhob und weiter schritt, sprach er allen vernehmbar: ›Herr Jesu Christe, der du dein Blut auch für mich vergossen, erbarme dich meiner und sei mir gnädig.‹*

Dann ging's zum Brooktor hinaus, und am Strand der Elbe, auf der Stelle, wo 123 Jahre früher Klaus Störtebeker und seine Gesellen denselben Tod erlitten, kniete Kniphoff nieder und empfing mit gefalteten Händen den Schwertstreich, der sein Haupt vom Rumpfe und seine Seele von der Erde schied.

Eine Stunde später wurden 16 seiner Gefährten in derselben Weise hingerichtet. Und am 10. November empfingen noch 46 ihr Urteil, das lautete auch auf den Hals; da wurden sie wild und zornig und schalten überlaut auf Rat und Bürgerschaft; es half ihnen aber nichts, denn am Montag nach Martini wurden sie enthauptet. Am 24. November wurden 26 und am 4. Dezember noch 20 Gefangene vom Gericht freigesprochen, die hatten bewiesen, dass Kniphoff sie zum Dienste gezwungen. Am 13. Dezember aber wurden wieder acht Freibeuter, darunter der Edelmann Simon Gans, und im Januar 1526 noch ihrer vier zum Tode verurteilt und bald darauf hingerichtet.

Endlich wurden noch zur ebengenannten Zeit die letzten drei von Kniphoffs Gesellen freigesprochen, also dass, ihn selbst eingeschlossen, im ganzen 75 enthauptet, die übrigen aber frei erkannt und losgelassen worden sind. Mit selbigem Richtschwert aber, welches Kniphoff und seine Gesellen vom Leben zum Tode gebracht hat, ist kein Mensch mehr gerichtet worden. Es ist ins Zeughaus gebracht worden und wurde dort bei den erbeuteten Seeräuber-waffen und Kanonen aufbewahrt.

Die alte Chronik, aus der diese Geschichte größtenteils genommen ist, schließt ihren Bericht also: ›Gott gebe, dass die Richter alle Schuldigen gestraft und alle Unschuldigen freigesprochen haben mögen; und Gottes Gnade und Barmherzigkeit sei mit allen, die in diesen unglücklichen Kniphoffschen Begebenheiten in irgendeiner Weise umgekommen sind. Amen!‹«

Gustav Falke: Marten Pechlins Ende

Aus dem Jahre 1547 stammt die berühmte *Lübeckische Chronik* des Hans Reckemann. Er kam aus Recklinghausen nach Lübeck, wo er vermutlich zu den Bergenfahrern gehörte. Ein anderer Bergenfahrer, der Seemann Gerd Korf[f]-maker, lieferte die wichtigsten Beiträge zu Reckemanns Chronik. Er schrieb eigenhändig auf, was er während seiner Fahrten erlebt hatte, und stellte seine authentischen Berichte dem Chronisten zur Verfügung.

Gerd Korf[f]maker wohnte zu Lübeck; er starb während der großen Pestepidemie von 1548. Korf[f]maker hatte entscheidenden Anteil am siegreichen Kampf gegen den berüchtigten Seeräuber Marten Pechlin im Jahre 1526. Der um 1480 auf Fehmarn geborene Pechlin stand, wie Klaus Kniphoff, im Dienst des entmachteten Königs Christian II. und galt als besonders grausam, weil er die überfallenen Kaufleute gewöhnlich nicht gefangen nahm, sondern sofort töten ließ. Er starb am 3. November 1526 in einem Gefecht gegen Bergenfahrer aus Lübeck vor der norwegischen Küste.

Der aus Lübeck stammende und zu seiner Zeit viel gelesene Schriftsteller Gustav Falke (1853–1916) konnte sich bei seinem Buch *Der Kampf mit den Seeräubern und andere Geschichten* (Reutlingen 1920) auf die *Lübeckische Chronik* stützen. So dürfen wir davon ausgehen, dass auch die spannendsten Kampfszenen, die blutigsten Episoden dieser »Schlachtbeschreibung« eine gewisse Nähe zur historischen Überlieferung aufweisen. Wir geben hier das dritte und vierte Kapitel von Falkes Buch wieder: Hans Krummendiek, der Sohn eines Schusters in Bergen, wurde dem Steuermann Gerd Korfmaker anvertraut, der unter dem Kapitän Karsten Thode auf einem Hanseschiff aus Lübeck fuhr. Hans sollte zum ersten Mal seine Großeltern in Lübeck besuchen. Er sah dem mit großer Freude und gemischten Gefühlen entgegen. Dies auch deshalb, weil an Bord andauernd von den schrecklichen Überfällen des gefürchteten Seeräubers Marten Pechlin die Rede war.

»Hans, der an Bord zurückgeblieben war, hatte sich seine Gedanken gemacht. Was war es doch für eine merkwürdige Reise! Er hatte geglaubt, glatter nach Lübeck zu kommen.

Aber es war ihm doch nicht sonderlich bange. Dem Sturm waren sie glücklich entronnen, und diese Gefahr würde wohl auch zu überstehen sein. Die tapfern Reden des Schiffsvolks hatten ihm Mut gemacht, und er meinte, da sie so viele seien, würde es der Dieb wohl nicht wagen, sie anzugreifen. Sollte er aber doch so verwegen sein, so wollte er, Hans, schon seinen Mann stehen und sich wacker mit verteidigen.

War er auch nur eines Schusters Kind, so war er doch ein ganz braver Bursche, der in Bergen auf der Straße bei den andern Knaben etwas Rechtes galt.

Und dann hatte ihm das Verhalten der beiden fremden Jungen gezeigt, wie man sich in Gefahr benimmt. Der Große hatte sich lachend einschließen lassen, und der Kleine war ebenso wenig eingeschüchtert mit den Leuten an Land gefahren, als erlebten sie solche Dinge alle Tage und wüssten, dass das nichts auf sich hatte.

Hans hatte wohl Lust, mit dem Jungen in der Kajüte zu sprechen, aber er wagte es nicht, Karsten Thodes wegen. Aber als der Koch dem Jungen etwas zu essen brachte – denn sie wollten ihn wohl festhalten, aber nicht schlecht behandeln, da sie doch nicht wussten, ob er schuldig sei oder nicht –, da ging Hans mit ihm hinunter und fragte, ob er nicht bleiben dürfte.

›Warum nicht‹, meinte der Koch. ›Vertreibe ihm die Zeit ein bisschen.‹

Hans setzte sich dem Jungen gegenüber, der an beiden Beinen gefesselt war, aber ruhig an dem Tische saß, seine langen Arme um die Suppenschüssel legte und den Löffel fleißig gebrauchte.

Das sind Fäuste, dachte Hans, und was für ein langer Kerl er ist. Und er gefiel ihm, denn er hatte ein frisches, offenes Gesicht mit hellen blauen Augen.

›Kommst du nun nicht wieder frei?‹ begann Hans das Gespräch.
›Ach‹, sagte der Junge, als wäre das eine Sache, die sich schon wieder in die Reihe ziehen würde.
›Du bist kein Norweger?‹
›Nein, ich bin aus Rostock.‹
›Ach, Rostock! Da ist Michel Heere auch her, der mit dem an-

dern Schiff, der von uns abgekommen ist. Das war aber auch ein Sturm!‹

›Michel Heere sagst du?‹

›Ja, so heißt er.‹

›Das ist ja meines Schiffers Bruder‹, sagte der Junge erstaunt, ›was ist mit dem?‹

Hans erzählte, was er wusste.

Dann erzählte auch der andere, dass er Kombüsenknecht bei dem Christian Heere aus Rostock sei. Dem habe aber der Räuber sein Schiff genommen, und nun sei der Schiffer nach Hause, um Lösegeld zu holen. Er aber und der Steuermann seien hier geblieben, um auf den Schiffer zu warten.

›Weiß Karsten Thode das?‹, fragte Hans.

›Wer ist das?‹

›Das weißt du nicht? Das ist ja unser Schiffer!‹

›So, ist das euer Schiffer? Nun, woher sollte ich das wissen. Er hat ja auch gar nicht weiter nach mir gefragt. Aber sag mal, was bist du eigentlich auf dem Schiff? Du siehst mir nicht aus wie ein Fahrensmann.‹

Da erzählte Hans, wie er zu Karsten Thode an Bord gekommen sei und dass er nach Lübeck zu den Großeltern wolle.

So wurden sie vertraut, und es erzählte dann auch der Junge seine Geschichte, die nicht besonders aufregend war.

Er hieß Wilhelm Kofoot, war in Rostock geboren und fuhr schon an drei Jahre mit Christian Heere nach Norwegen, [...] es wäre gut bei Christian Heere an Bord, und den Michel Heere kenne er auch. Das sei auch so ein tüchtiger Schiffer, wenn er auch nur mit einer kleinen Schute führe.

Da wunderte sich Hans, dass der Junge das nicht alles an Karsten Thode erzählt habe, dann brauchte er doch nicht hier so im Eisen zu sitzen.

Wilhelm Kofoot aber lachte und meinte, das wäre ihm ganz recht, dann säße er sicher. Denn der Räuber hätte ihn und den andern kleinen Jungen gezwungen, Spione zu sein. Wenn es zum Kampfe käme, wollte er lieber seinen Mann gegen sie stehen als für sie.

Während sie so sprachen, hörten sie plötzlich über sich eine Unruhe an Deck.

›Sie kommen‹, rief Hans und sprang schnell auf. Er meinte, es *wäre Gerd Korfmaker mit den Leuten, die vom Lande zurückkehrten.*

Als er aber nach oben kam, sah er, dass er sich geirrt hatte. Es zeigte sich ein langes Boot vor dem Hafen, das offenbar dem Räuber gehörte und wohl das Boot war, von dem jener Mann erzählt hatte, dass es unterwegs sei, eine vorübersegelnde Schute zu nehmen, und jeden Augenblick zurückkehren könne.

Karsten Thode kam sofort herauf, als ihm das Boot gemeldet wurde. Es war mit vielleicht zwölf Leuten bemannt und wohlbewaffnet, wie man gut sehen konnte. Und es fuhr schnell vorüber, als hätte es Eile, wieder nach dem Schiff hinter den Klippen zu kommen.

Karsten Thode sagte nicht viel. Er kniff nur die Augen etwas zusammen, als wollte er die Leute in dem Boot zählen, und dann meinte er, Gerd Korfmaker könnte sich auch ein bisschen beeilen. Damit ging er wieder hinunter.

Aber er war noch nicht lange unten, da kam Gerd Korfmaker mit seinen Leuten zurück und erzählte, was sie bei dem Bauern ausgerichtet hätten.

Das wäre nicht viel, meinte Karsten Thode.

Als er aber von dem Mann hörte, der sie zuletzt noch gewarnt hatte und dessen Kombüsenknecht der gefangene Junge sein solle, da wusste er doch genug.

›Das Boot ist bereits zurück‹, sagte er, ›eben fuhr es da draußen vorüber. Wohl zwölf Mann und gut bewaffnet. Nun müssen wir aufpassen.‹

Und dann ließ er sich den Jungen holen, um ihn auszufragen.

Der wiederholte, was er schon Hans erzählt hatte. Und als sie hörten, dass er bei Christian Heere sei, dem der Räuber sein Schiff genommen habe und den Karsten Thode und Gerd Korfmaker gut kannten, glaubten sie ihm und sagten, es solle sein Schaden nicht sein, dass sie ihn hätten in Eisen gelegt.

Er wolle es ihnen nicht verdenken, sagte Wilhelm Kofoot; wenn sie ihn nur jetzt erleichterten, wäre er es zufrieden und wolle ihnen treulich beistehen gegen den Räuber.

Da nahmen sie ihm die Eisen ab, und er musste ein Glas Wein mit Karsten Thode trinken und erzählen, wie es mit Christian Heere geschehen sei, und was er von den Räubern wisse.

›Die liegen wohl schon seit Wochen da hinter den Klippen‹, erzählte der Junge. Sie aber hätte er auf offener See überfallen und dann hierhergeschleppt.

›Habt ihr euch denn nicht tüchtig gewehrt?‹, fragte Karsten Thode.

›Was sollten wir machen? Sie waren in der Überzahl. Und da gaben wir gutwillig bei, und Christian Heere bot ein Lösegeld für sein Schiff, und sie gingen darauf ein.‹

›Und eure Leute?‹

›Ein paar sind zu ihm übergegangen. Und die andern sind bei dem Bauern in der Herberge.‹ ›Und du?‹

›Ich und Timm auch‹, sagte der Junge. ›Wer ist Timm?‹

›Das ist unser Steuermann, Timm Kölln.‹

Das war aber der, der Gerd Korfmaker und seine Leute zuletzt gewarnt hatte. Und sie […] beschrieben ihn, und der Junge sagte: ›Ja, das ist er.‹

›Und wo ist denn euer Schiff? Wir sahen keins.‹

›Das liegt schlimm genug‹, sagte der Junge. ›Sie haben es aufgehauen, und wenn das Wasser hoch steht, läuft die Hulk voll. Sonst liegt sie trocken.‹

›Und das will der Christian Heere wieder auslösen?‹

›Was soll er machen? Um hundert Goldgulden hat er sich mit ihnen vertragen.‹

›Nun, so wollen wir ihm helfen, so Gott will‹, sagte Karsten Thode.

Währenddessen hatte er aber schon durch Gerd Korfmaker Befehl gegeben, dass alle an ihrem Platz seien, denn es könne jetzt Ernst werden.

Auch Klaus Wente war benachrichtigt worden, ob er die Räuber habe fahren sehen. Und da er sie auch gewahr geworden war, handelte man nun im Einvernehmen, damit man auf alles gerüstet sei.

Von beiden Schiffen gingen die Leute an Land und holten einen Haufen Steine an Bord und füllten den Mastkorb damit, so viel sie unterbringen konnten.

Hans verwunderte sich dessen. Aber der Junge, der tapfer half, sagte zu ihm: ›Du wirst schon sehen, wozu die gut sind.‹

Dann legten sie die beiden Masttaue ineinander, damit sie, wenn es Not wäre, die beiden Schiffe dicht zusammenbinden und

einer dem andern besser beistehen könnte. Auch wurde alles Geschütz, das sie hatten, auf eine Seite gebracht.

Als es nun so Ernst wurde, wurde Hans doch ein wenig bange, und Gerd Korfmaker sah es ihm an und meinte: ›Nun kannst
du etwas erleben, wovon du nachher noch lange erzählen kannst.
Oder wärest du lieber zu Hause geblieben? Sag nur ja, ich verden-
ke es dir nicht. Aber, will's Gott, läuft alles gut ab, und du kommst
heil nach Lübeck. Geht's aber los, so gehst du unter Deck und hältst
dich verborgen. Ich vergess' dich nicht und will schon für dich stehen.‹

›Ach, Gerd, glaub doch nicht, dass ich bange bin‹, sagte Hans,
sah aber gar nicht sehr tapfer aus. ›Können sie uns denn etwas
anhaben?‹

›Das soll sich zeigen, Junge. Können sie schon, wenn sie die
Übermacht haben, aber ich denke, sie haben sie nicht.‹

Nun ging Wilhelm Kofoot gerade vorbei, der hatte eine Hakenbüchse in der Hand.

›Kannst du denn damit umgehen?‹, fragte Gerd Korfmaker.
›Will ich meinen‹, sagte Wilhelm und lachte.

Hans schämte sich vor dem Jungen, reckte sich und ging ihm
nach und hielt sich bei ihm auf, denn er brauchte einigen Zu-
spruch.

Da alles getan war und es keine Arbeit für sie gab, setzten sie sich
in eine Ecke zusammen.

Gerd Korfmaker aber stellte Wachen aus und hielt selbst fleißig
Umschau, denn sie ahnten alle, dass nun die Zeit gekommen war.

Am Abend kamen denn auch die Hauptleute der Räuber mit
einem Boot bis an die Klippen im Hafen und beobachteten von da
aus die beiden Hanseschiffe, wie sie ihnen wohl am besten beikommen könnten.

›Schade, dass sie so weit ab sind‹, sagte Jürn Püttjer, ›sonst
möchte ich sie wohl gleich herunterschießen.‹

›Spar das nur auf, Jürn‹, sagte Gerd Korfmaker. ›Wir kriegen sie
schon näher.‹

›[…] Wir haben uns denselben Wind um die Nase wehen lassen
und wissen auch, wie's gemacht wird. Und wenn sie nur achtzig
Mann haben, wir haben über hundert‹, sagte Jürn.

›Sie haben wohl nicht viel mehr auf ihrem Krayer.‹

Wir aber sind zwei, und wenn nur jeder seine Pflicht tut –‹

›Da verlass dich drauf‹, sagte Jürn und spuckte aus.

Endlich fuhr das Räuberboot wieder weg. Inzwischen war es sehr dunkel geworden, und die Nacht brach an.

[…] Aber in dieser Nacht waren sie alle doppelt wachsam, und es schlief nur die Hälfte der Mannschaft und hatte die Waffen zur Hand liegen, obgleich man eigentlich nicht fürchtete, dass der Räuber im Dunkeln angreifen würde.

Hans lag und konnte nicht schlafen. Er wunderte sich, dass neben ihm die Schiffsleute sich ruhig dem Schlummer überließen […] Wilhelm Kofoot war oben an Deck unter den Wachenden. Hans wäre gern bei ihm geblieben, aber Gerd Korfmaker hatte ihn hinuntergewiesen, denn die Wachen sollten ihre Aufmerksamkeit durch nichts ablenken lassen. […]

Während Hans so träumte, saß Wilhelm Kofoot oben an Deck auf einer Rolle Tau und wachte und schlug sich die Arme um den Leib, denn es war scharf kühl, und er hielt die Augen offen, wie die andern Wachtleute, und die Ohren auch.

Er dachte auch wie Hans: Das kann bös werden morgen. Aber wenn er das dachte, ballte er jedes Mal die Faust und biss die Zähne aufeinander.

›Die Kerls! Christian Heere hat sich nur bange machen lassen. Wir hätten uns nur auch wehren sollen. Na, diesmal treffen sie auf die rechten Leute. Wenn die am Lande nur wüssten, was hier vor sich gehen soll. Sie könnten uns gut helfen. Aber sie liegen bei den Bauern und getrauen sich nicht. Denn die Strandbauern sind auch so halbes Räubervolk. Strandgut gehört ihnen, und wenn sie es mit den Kerls da hinter der Klippe halten, fällt auch wohl für sie etwas ab, denken sie.‹

Um die halbe Nacht konnte Wilhelm Kofoot auch hinuntergehen zum Schlafen. Da wurden die Schnarchenden ermuntert und mussten nun nach oben. […] Hans jedoch durfte unten bleiben und weiterschlafen. Wilhelm Kofoot legte sich jetzt neben ihn, und mit dem hätte er gern gesprochen. Aber der lag kaum, so hatte er auch schon die Augen zugemacht.

[…] Kaum begann der Tag – es war der Sonnabend nach Allerheiligen –, so wurden auch die letzten Schläfer munter. Der Wind blies nun gerade von der See herein.

›Wir sitzen hier wie in einer Falle‹, sagte Karsten Thode, ›und können nicht heraus. Wenn er uns jetzt etwas anhaben will, hat er guten Wind.‹

Wie er das sagte, kam von der Seite, wo der Räuber lag, ein großer Haufe auf die Klippen gelaufen und fing an, mit Messern und mit den bloßen Händen das Moos von den Steinen abzukratzen.

›Was treiben die da? Wollen sie sich auspolstern?‹, sagte Karsten Thode. Er meinte aber, wenn sie dazu jetzt Zeit hätten, würden sie doch nicht an einen Überfall denken, und erlaubte, dass seine Leute in zwei Booten an Land fuhren, um Holz zu schlagen.

Jene hatten sich mit ihrem Moos bald wieder davongemacht.

›Aber sowie ich pfeife, kommt ihr zurück‹, sagte Karsten Thode.

So fuhren sie ab, schlugen Holz, und einige machten sich daran, ihre Wäsche an Land zu waschen. Sie stellten aber vorsichtigerweise eine Wache aus, die ging auf der nackten Klippe spazieren und hielt fleißig Umschau.

Es mochte wohl eine halbe Stunde vergangen sein, währenddessen die Schläge der Holzfäller zu den Schiffen herüberschallten, als der Ausguckmann auf der Klippe anfing zu rufen und zu winken, und er rief so laut, als er konnte durch die hohle Hand: ›Da kommt ein Schiff und kommt auch eine Schute her, wo die da drüben liegen.‹

Sobald das Karsten Thode hörte, gab er ein Zeichen mit der Schiffsflöte, dass die, so an Land gegangen waren, sofort zurückkämen.

Sie machten sich auch sofort in die Boote und waren eilends an Bord und rüsteten sich, die Befehle Karsten Thodes und Klaus Wentes auszuführen.

Karsten Thode aber, als der Ältere, hatte den Oberbefehl. Und er ließ sogleich die beiden Schiffe dicht zusammenholen, dass sie Seite an Seite lagen wie zwei Freunde, die füreinander einstehen wollen. Und es dauerte nicht lange, da war alles klargemacht.

Hans Krummendiek war nicht ohne Angst [,...] dachte, [...] unten ist's jetzt wohl am besten. Gerd Korfmaker meinte das auch und schickte ihn dorthin.

›Junge, du bleibst hier und bist ganz ruhig. Es soll dir nichts geschehen. Ich sorge dafür.‹

Und Wilhelm Kofoot, der mit der Hakenbüchse nach oben ging, versprach ihm dasselbe.

So blieb Hans unten in Gerd Korfmakers Logis und wartete in dumpfer Beklommenheit, dass oben der Lärm beginnen sollte, und zitterte vor dem ersten Schuss.

Oben aber war man auch in tapferer Erwartung des Kampfes. Und es dauerte nicht lange, da kam der Dieb vor den Hafen und ließ alsbald auf die Schiffe loslegen, und es lief ihm eine Schute voraus.

Karsten Thode aber war wachsam und sagte: ›Die Schute, die vor ihm läuft, wird Feuer an uns bringen. Schnell, bemannt die Espinge, damit ihr, wenn er näher kommt, dem Feuer unter die Augen rudert und es ablenken könnt.‹

Da waren sie flugs in den zwei Booten, von beiden Schiffen welche, und ruderten der Schute entgegen. Und es war so, wie Karsten Thode gesagt hatte. Der Räuber steckte die Schute an, und diese trieb gerade auf die Schiffe zu.

Aber die Espinge waren bald an sie herangekommen und versuchten, das Feuer über die Seite vorbeizusteuern. Und es wäre ihnen auch geglückt, wenn nicht der Räuber ihre Absicht gemerkt und schnell ein großes Boot bemannt hätte, das nun heranjagte und sie wieder von der Schute vertrieb.

Da kamen die in den Espingen zurück und legten sich nun quer vor die Schiffe, um das Feuer, wenn es käme, mit den Spießen vorüberzuschieben.

Oben an Bord stand Karsten Thode und sagte zu Gerd Korfmaker: ›Lass sie nur herankommen, wir wollen es ihnen schon segnen. Wenn sie nur nahe genug kommen.‹

Die brennende Schute aber kam immer näher. Und als sie so nah war, dass sie von der Schlange zu erreichen war, gab Karsten Thode ein Zeichen, und Piet Alf, ein kleiner, krummbeiniger Kerl, der bei der Schlange stand, feuerte den ersten Schuss ab. Der traf gut und ging gerade durch das Feuer, dass die Flammen davon stoben.

Da stürzten drei Kerle aus der Schute heraus, warfen sich schleunigst in ein kleines Boot und ließen das Feuer treiben.

Gerade wollte Karsten Thode noch einmal feuern lassen, als das Segel der Schute anbrannte und ganz wegbrannte, sodass sie nicht mehr im Winde lief, sondern quer an den Schiffen vorüber trieb und so ungefährlich wurde.

Da stimmten sie auf den Schiffen ein Hohnlachen und Hurra-rufen an.

Der Räuber aber mochte wohl ärgerlich sein. Er machte jetzt Anstalten zum Angriff. Er ließ einen Anker fallen, befestigte seine Trossen aneinander und segelte sie aus, um, wenn sein Angriff nicht glückte, sich gegen den Wind wieder einwinden zu können.

›Jetzt kommen sie‹, sagte Karsten Thode und sah sich um, dass auch jeder auf seinem Posten stehe und sich tapfer hielt. Und sie verstanden alle seinen Blick.

Und Klaus Wente stand auf seinem Schiff und konnte Karsten Thode sehen, und sie machten beide eine Armbewegung gegeneinander, die so viel heißen sollte als: Jetzt gilt es!

Und es galt.

Der Räuber kam mit seiner Fock daher, geradeswegs, und man konnte deutlich sehen, wie seine Vorkehrungen waren. Er hatte sein sämtliches Geschütz auf eine Seite gebracht und hatte ebenda auch eine Brustwehr von Tonnen aufgebaut und die Tonnen mit altem Gerümpel gefüllt und zwischen je zwei Tonnen eine Hakenbüchse aufgestellt. Und das meiste Volk war auf der Kuhbrücke.

So kamen sie heran, und man sah, sie waren nicht zu verachten und waren willens, Ernst zu machen. Da sagte Karsten Thode: ›Kinder, verzagt nicht! Kriegt sogleich den Wimpel her und lasst ihn fliegen und setzt die Marsrahen in die Piek, dass die Enden steil in die Höhe stehen, damit er sieht, dass er Leute vor sich hat, die sich zu wehren gedenken.‹

Und dann verbot er, wenn jeder sich mit Rohren, Haken und Schlangen fertig gemacht, eher zu schießen, als er in die Flöte stieße. Er wolle wohl sehen, wenn es Zeit wäre. Wenn er aber pfiffe, dann sollte jeder sein Bestes tun und ja auf die Kuhbrücke zwischen den Haufen halten. Es dürfe kein Schuss unnütz getan werden.

Als nun der Räuber sah, wie die Wimpel auf den Schiffen auf-flogen und die Marsrahen in die Piek gingen, da ließ er auch sein Fähnlein wehen, um zu zeigen, dass er nun wohl wisse, dass man sich wehren wolle und es nun also darauf ankommen solle.

Und dann kam er quer angelaufen, gerade auf Klaus Wente zu. Da wurde es den Leuten doch schwer ums Herz, und sie konnten sich kaum halten. Aber Karsten Thode stand da und machte nur große Augen und wartete bis aufs Letzte.

Aber jetzt, bevor der Räuber hart an Bord kam, pfiff er in sein Sifflet. Ei, das klang lang und gellend!

Und fast mit dem Pfiff zusammen gingen alle Geschütze los und waren alle auf die Kuhbrücke gerichtet und schossen in den dichten, blanken Haufen hinein.

Das gab ein Geschrei und Gestürz und Gelauf, und da sie so schnell nicht hinunterkonnten, blieben die meisten auf der Kuhbrücke liegen und konnten nicht wieder aufstehen.

Nun wollte der Räuber sein Focksegel streichen, um richtig manövrieren zu können. Aber Karsten Thode schickte seine Leute Klaus Wente zu Hilfe. Und die Steine flogen aus beiden Marsen und machten dem Räuber so arg zu schaffen, dass er nicht an seinen Fock herankommen konnte. Und er konnte es nicht ändern, sein Schiff schwenkte verkehrt um, sodass alle seine Geschütze nach der Felsenseite hin auf die Klippen gingen und dass ihm seine Brustwehr mit den Tonnen auch nichts mehr nütz war. Er lief also dergestalt, dass sein Ausleger auf Klaus Wentes Bord zu liegen und sein Bugspriet in dessen Focktakelage zu stehen kam.

Da saß er nun schön darin, wäre aber wohl wieder abgekommen, doch es liefen zwei Bootsleute von Klaus Wente an die Focktaue und hieben den Steven [die nach vorn ragende Spitze des Bugspriets] und die Bugleinen [starke Taue, die zur Befestigung der Maste dienen] von seinem Bugspriet, sodass die Takelage in Klaus Wentes Schiff fiel, aber noch an dem Schiff des Räubers befestigt blieb.

Da packten sie alle zu, zogen an den Tauen und holten den Räuber so dicht heran, dass er vorquer lag und weder rück- noch vorwärts konnte. Und dann segneten sie ihn mit Schüssen und mit Steinen aus den Marsen, dass er es gern besser gesehen hätte.

Hans Krummendiek in seinem sicheren Versteck zitterte nicht wenig bei dem fürchterlichen Lärm, womit der Kampf eröffnet worden war.

So wenig Zeit alles in Anspruch genommen hatte, so schien es ihm doch eine Ewigkeit. Und niemand kam, sich nach ihm umzusehen.

Auch Wilhelm Kofoot ließ sich nicht blicken und hatte es ihm doch versprochen. […] Wilhelm Kofoot aber hatte in der Hitze des Kampfes auch nicht ein einziges Mal an Hans Krummendiek gedacht. Wie sollte er auch Zeit dazu haben.

Wilhelm Kofoot, so arglos und ein wenig einfältig, wie er aussah, war doch schon ein ganzer Kerl. Er war ruhig und kaltblütig, aber vor allem hatte er eine sichere Hand, und wo er hinhielt, da traf er. Und er lachte, wenn er daran dachte, dass Gerd Korfmaker gemeint hatte, ob er auch mit der Büchse umzugehen wisse. Das hatte schon mancher der Räuber erfahren.

Als sie nun so mit Schüssen und Steinen über jene kamen, stand der Hauptmann der Diebe hinten auf dem Verdeck gegen das Nachthaus und hatte ein Rapier in der Hand. Er war ein großer, schöner Mann mit einem roten Bart und einer schwarzen Feder auf dem Barett. Und sein Gesicht war rot vor Zorn und Wut, und er schrie, dass man es hören konnte, sein Volk solle doch nur in Teufels Namen entern. Und in seiner großen Bosheit riss er den Mund auseinander und steckte die Zunge weit heraus.

Das sah Wilhelm Kofoot

›Der Kerl, der will uns die Zunge zeigen. Da soll er etwas zu schmecken kriegen.‹

Und er legte an auf ihn und traf ihn, dass er die Beine in die Höhe kehrte und sofort tot war.

Das gab den Hansischen Mut, als sie den Räuber fallen sahen. Und die gesehen hatten, dass Wilhelm Kofoot es getan hatte, wandten sich zu ihm und winkten ihm zu.

Jene aber, die ihren Hauptmann erliegen sahen, wurden zaghaft und fingen an, durcheinander zu laufen. Nun aber war unter ihnen einer, der war so ein guter Schütze wie Wilhelm Kofoot. Der stand vor der Greep am Vordersteven und schoss von da aus einmal acht Mann von Karsten Thodes Leuten nacheinander tot. Und jetzt hatte er gerade den alten Thode in den Arm getroffen, dass er zusammenzuckte und ein wenig taumelte.

Das hatte der Koch gesehen und kam zu Wilhelm Kofoot und sagte: ›Du, da steht ein Kerl an der Greep, der hat unsern Schiffer geschossen, kannst du den nicht auch treffen wie den roten Räuber?‹

›Kann ich‹, sagte Wilhelm Kofoot, ›lass mich mal heran.‹

Und als er ihn sah, schoss er ihn auch wirklich durch den Kopf, dass er gerade so umfiel wie der Hauptmann, die Beine nach oben, und ebenfalls nicht wieder aufstand.

Aber kaum hatte Wilhelm Kofoot den unschädlich gemacht, als

er selbst umfiel, eine Kugel hatte ihn in die Seite getroffen. Und da lag er auf Deck und schrie ganz laut in seinem großen Schmerz, und das Blut floss an ihm hin.

Da hoben ihn ein paar Leute auf und legten ihn an eine Stelle, wo er geschützt lag, und sagten es Gerd Korfmaker.

Der zuckte nur die Achseln. Es lagen da mehr Tote und Verwundete.

Seitdem aber der Mann an der Greep nicht mehr war, verloren sie weniger Leute. Aber es fehlte allmählich an Steinen, denn mit den Geschossen allein wurden sie nicht fertig. Und da nun das Werfen etwas weniger wurde und auch der beste Schütze dalag und nicht mehr helfen konnte, schien es, als gewännen die Räuber wieder neuen Mut.

Da aber kam Klaus Wente auf den Gedanken und ließ den Herd in seinem Schiffe abbrechen und die Steine auf Deck winden und in die Marsen.

Da bekamen die Diebe es wieder mit der Angst und riefen, sie wollten sich ergeben.

›Nichts da‹, sagte Karsten Thode, ›nun wollen wir erst recht über sie. Macht die Taue etwas los.‹

Er meinte die Taue, womit das Räuberschiff festgemacht war, und sie lösten die Taue etwas und ließen jenes näher an Bord schwenken. Und dann ging's mit Geschrei hinüber.

Als sie aber kamen, waren die Diebe unter dem Verdeck, kamen aber alsbald mit Beilen und Spießen wieder herzu gesprungen und gedachten ihre Angreifer zu überraschen. Die aber eilten wieder zurück, kamen an ihr Geschütz und hielten sie so warm, dass sie die Boote zu suchen begannen. Da stürzten die Hansen wieder über sie und ließen sie Degen und Handbeil fühlen.

Das war keine leichte Sache, denn die Räuber wehrten sich verzweifelt und waren kühne und starke Leute. Da musste auch Jürn Püttjer noch dran glauben, der gerade einem Räuber den Kopf gespalten hatte und dem ein Spieß zwischen die Rippen fuhr, dass er mit einem Wehlaut zusammensank.

Und Karsten Thodes Koch, der Wilhelm Kofoot auf den Kerl an der Greep aufmerksam gemacht hatte und der dann mit dem Handbeil gar wacker um sich geschlagen hatte, bekam einen Hieb, der ihm den Kopf spaltete.

Und es ging noch manchem guten Manne so.

Aber Klaus Wentes langer Bootsmann, der Pitter Roth, sprang zwischen sie und wütete wie ein Berserker. Da mussten die Räuber allmählich unterliegen. Nur zehn Mann entkamen in einem Boot, und nur sechs wurden gefangen genommen. Alle andern lagen tot auf Deck.

Auf das fliehende Boot aber schoss Gerd Korfmaker noch aus ihrem eigenen Geschütz und traf einen. Die andern aber erreichten den Außenhafen und eine kleine Yacht, die eine gute Strecke vor ihnen mit fünf Mann ruderte, dahinein stiegen sie und ließen das Boot mit dem Erschossenen treiben.

Auf den Hanseschiffen aber herrschte jetzt großer Jubel, als sie so den Sieg errungen hatten. Die Opfer freilich beklagten sie sehr, denn es war mancher gute Geselle draufgegangen. Die meisten Toten aber lagen auf dem genommenen Schiff.

Wer aber von den Verwundeten noch lebte, wurde gefangen gesetzt. Dabei bemerkte man, dass unter Deck noch Leute waren, und man glaubte, es seien Räuber, und ging mit Waffen hinunter, sie zu fangen. Aber es waren zwei arme Gefangene, die sie unter den Luken fanden. Die waren angeschossen und riefen: ›Schonet unser, liebe Brüder, denn wir sind arme Gefangene!‹

Da wurden sie gelöst. Und als sie nach oben kamen, erkannte Karsten Thode sie als Hinrich Stichhahn und den jungen Köpke Thonagel aus Hamburg. Die hatten fünf Wochen lang gesessen und Schlimmes erduldet. Als sie nun sahen, wie es ihren Peinigern ergangen war, dass sie alle tot lagen, gönnten sie es ihnen von Herzen und dankten Gott und ihren Befreiern.

Köpke Thonagel aber, der noch jung und heißblütig war, als er nun des toten Hauptmanns ansichtig wurde, der mit seinem roten Bart und seinen starren Augen gar schrecklich dalag, gab er ihm in hellem Zorn einen Fußtritt.

Karsten Thode schüttelte missbilligend den Kopf, aber Köpke Thonagel sagte: ›Er hat es nicht besser verdient.‹

Dann fassten sie mit an und halfen, die Leichen der Räuber über Bord zu werfen.

Mit den Verwundeten unter den eigenen Leuten ging man liebreich um, bettete sie, so gut es ging, und pflegte sie.

Zu ihnen gehörte auch Wilhelm Kofoot, der noch atmend in sei-

nem Blute lag, da, wo sie ihn hingelegt hatten. Er stöhnte sehr, als sie ihn aufhoben, und hatte große Schmerzen zu erleiden.

Jetzt war auch für Hans Krummendiek die Stunde gekommen, wo sie ihn herausließen. Und als er des verwundeten Wilhelm Kofoot ansichtig wurde, brach er in Tränen aus. Aber sie ließen ihn weinen und kümmerten sich nicht viel um ihn. Auch Gerd Korfmaker nicht, der jetzt andere Dinge im Kopf hatte und ihm nur einmal einen Blick zuwarf, der deutlich sagte: Du hättest auch lieber zu Hause bleiben sollen.

Hans Krummendiek war sehr unglücklich, er fühlte sich überflüssig und schlich sich auf die Seite. Er war sehr hungrig, aber der Koch war tot, und er wusste nicht, an wen er sich wenden sollte. Er verwünschte diese Seereise und dachte, wenn er doch nur zu Hause geblieben oder jetzt bei den Großeltern wäre.

Da kam Gerd Korfmaker und redete ihn an; der hatte einen von den Leuten bei sich, zu dem sagte er: ›Koch uns etwas, Piet, so gut du es verstehst, wir haben alle Hunger.‹

Dem Manne, dem Piet, ging Hans nach und bat: ›Gib mir auch zu essen.‹

›Wie viel Diebe hast du denn erschlagen?‹, fragte Piet. Der Mann aber lachte dabei und gab ihm eine Schnitte Brot. ›Da, iss nur, bist wohl ordentlich bange gewesen, was?‹

Der Kohlhaas der Westküste:
Wiben Peter in Wahrheit und Sage

D er »letzte Seeräuber« wurde er genannt oder der »Kohlhaas der Westküste«. Peter Wiben, bekannt als Wiben Peter, hat es vom angesehenen Dithmarscher Bauern und couragierten Heerführer zum Seeräuber und prominenten Landesfeind gebracht, und seine Geschichte prädestiniert ihn in der Tat dazu, sich von einer leidlich bezeugten historischen Person in eine populäre Merkfigur zu verwandeln. In eine übergroße Sagengestalt, die mit den in solchen Fällen üblichen Attributen versehen wurde. Dazu gehörten kriegerische Heldentaten lange nach dem physischen Tod; es gehörten aber auch widersprüchliche Eigenschaften dazu, die ein Fortleben in Sagen, Gedichten und Geschichten garantieren: zugleich ein starker, störrischer Gesetzesbrecher und ein Mensch mit ausgeprägtem Gerechtigkeitsgefühl zu sein.

Der Wiben Peter stammt aus dem Kirchspiel Meldorf in Süd-Dithmarschen. Sein Todesdatum – der 17. Mai 1545 – ist bekannt, wann er geboren wurde, wissen wir nicht. Über den Wiben Peter sind wir durch die *Chronik des Landes Dithmarschen* unterrichtet, die der Pastor Johann Adolf Köster, genannt Neocorus (geboren um 1550, gestorben 1630), in mittelniederdeutscher Sprache verfasste. Das Wort Neocorus stammt aus dem Griechischen und bedeutet so viel wie Tempelaufseher. Der Pastor Köster hatte seine Dithmarscher Chronik handschriftlich hinterlassen, und erst im Jahre 1827 gab der berühmte, zu den »Göttinger Sieben« gehörende Historiker und Philologe Friedrich Christoph Dahlmann in Kiel eine Druckfassung heraus. Das mag Unsicherheiten in der Überlieferung erklären, es spricht aber auch für die große Bedeutung der Chronik, die vom enormen historischen Wissen von Neocorus zeugt.

1910 erschien in Heide in Holstein eine Neuauflage der *Chronik des Landes Dithmarschen,* die uns vorlag. Im Anschluss an den achtseitigen Bericht über Leben und Tod des Wiben Peter sind noch zwei Gedichte über ihn abgedruckt. Das erste wurde von Achim von Arnim und Clemens Brentano in ihre legendäre Liedersammlung *Des Knaben Wunderhorn* in seiner mittelniederdeutschen Originalfassung aufgenommen. Weil die Chronik des Neocorus so oft als Quelle für die Geschichte des Wiben Peter genannt wird, aber keine Übersetzung ins Hochdeutsche existiert, fassen wir hier den Chronik-Text in einer erzählenden Übersetzung zusammen.

Neocorus beginnt seinen Bericht mit der Schilderung, wie Wiben Peter des Landes »Viendt« (Feind) geworden ist und lässt die gesamte Vorgeschichte fort. So erfahren wir hier etwa nicht, dass Wiben Peter 1531 zusammen mit Claus Marx Hargen im Auftrag der Achtundvierziger (die 1448 gegründete Volksvertretung des Freistaats Dithmarschen) eine 500 Mann starke Streitmacht erfolgreich gegen den Einfall des abgesetzten Königs Christian II. bei Brunsbüttel in den Kampf geführt hatte. Er war einst ein Volksheld und galt als ein starker Mitgarant der Freiheit der »Bauernrepublik Dithmarschen«.

Dann aber geschah die Verwandlung in einen unerbittlichen Rechthaber, einen Seeräuber und Landesfeind. Und hier beginnt der Chronik-Bericht des Neocorus:

»Der Wiben Peter aus dem Kirchspiel Meldorf war ein beredter, ein ansehnlicher, feiner Mann mit einem vollen, blonden Bart. Es gab da das Haus eines Mannes, Bleß mit Namen, der starb, und sein nächster Verwandter, welcher Lame Ties hieß, kam mit der Erbschaftsreglung nicht zurecht. Dieser ansonsten nicht sehr begüterte Lame Ties hat dann das Haus an den Wiben Peter verkauft. Die Achtundvierziger Regenten aber ließen den Verkauf nicht zu, und daraufhin hat der Wiben Peter den Fall vor das ganze Land gezerrt. Es half ihm aber nichts. Dann setzte er sich auf ein weißes Pferd, packte die Landesverfassung mit der Hand und verlangte voller Trotz, dass seine Sache gemäß dieser Verfassung erörtert und entschieden werde.

Er erklärte sich zum Landesfeind und wollte sein Recht vor dem König, den Fürsten, dem Adel und dem Volk einklagen. Und weil er mit diesem trotzigen Benehmen nichts ausrichten konnte, geriet er außer sich und ließ sein Haus mit allem Hab und Gut zurück. Nun hätte sich Wiben Peter, weil er sich mit den Achtund-

vierzigern überworfen hatte, an die Kaiserliche Gerichtskammer wenden sollen. Für ihn aber galt der Spruch ›Wer die Gefahr liebt, kommt darin um‹. Obwohl er den 9. Artikel des gedruckten alten Dithmarscher Landrechts sehr wohl kannte, der besagt, dass diejenigen, die gegen das Recht verstoßen, zu einer Geldbuße verurteilt werden, blieb er hochmütig und eigensinnig. Und, wer sich treulos und ehrlos gegen unser Land zeigt, der soll 60 Lübsche Mark zahlen und auf ewig außer Landes gejagt werden.

Daraufhin hat er sich zum Holsteiner Adel geschlagen, hat das Landesbuch oder Landrecht drucken lassen und hätte recht gern, wäre es nach seinem Willen gegangen, den frommen König und Fürsten von Holstein, Christian III., gegen die Dithmarscher aufgebracht. Weil ihm das aber nicht gelang, hat er damit begonnen, frevelhaft gegen das Land zu wüten. Auf der Geest hat er des Nachts die Häuser in Brand gesetzt, Schafställe verbrannt, ist auf Wegen und Stegen gegen seine eigenen Landsleute vorgegangen, hat sie gefangen genommen und eingesperrt. […] Nachdem er dem Land so viel Schaden zugefügt hatte, begab er sich nach Helgoland. […] Wiben Peter hat sich […] einen frommen Namen zugelegt, nämlich Hans Pommerink. Zusammen mit einem Bruder Hans und 16 Mann hielt er sich in Helgoland auf. Mit einer Yacht haben sie von dort aus dann den Seeleuten Gewalt angetan. Ganz besonders einem Mann aus Emden nicht nur die Lebensmittel und andere Fracht, sondern auch die Schiffsausrüstung geraubt. Dieser Seemann hat dann sein Leid in Büsum geklagt.

Reimer Grote aus Büsum, dem ein Schiff gehörte und den Wiben Peter einst in Holstein gefangen hielt, hat dann zusammen mit andern aus dem Kirchspiel Wesselburen und aus Oldenworden sein Los beklagt und die Gefahren geschildert, die vom Wiben Peter ausgingen.

Jetzt tat sich Johann Boldes, ein Achtundvierziger aus Oldenworden, dessen Sohn ein Schiff besaß, mit Fake Clawess aus Süddeich und Rode Reimer aus Wesselburen zusammen, die auch beide ein Schiff hatten, und sie verabredeten, dass jeder in seinem Kirchspiel etliche Männer auswählen sollte, bis 100 zusammen waren, die bereit wären, gegen den mutwilligen Friedensbrecher vorzugehen, ihn zu verhaften und ihm endgültig das Handwerk zu legen.

Im Jahre 1545 am Sonntag vor Pfingsten, vierzehn Jahre vor der Dithmarschener Fehde, haben Johann Boldes aus dem Kirchspiel Oldenswort, Clawess Fake und Rode Reimer aus Büsum mit 32 Mann gemäß ihrem Versprechen am helllichten Tage zum Teil ein Schiff aus Büsum, zum Teil eine Yacht aus Schülp bestiegen. Als Ballast hatten sie Sand geladen, dazu reichlich Brot und Butter als Proviant, 24 Tonnen Bier und 50 Speckseiten. Als nun in der folgenden Nacht die Trommeln geschlagen wurden, sind sie am frühen Morgen bei Ostwind losgesegelt, stießen dann auf die Yacht und landeten um neun Uhr vormittags auf Helgoland.

Mit dem Bojer hatten sie Helgoland zur rechten Hand liegen lassen, die Mehrzahl der Männer aber hatte sich im Sand versteckt, um den Feind vom Land heranzulocken. Dem Wiben Peter aber war der Proviant ausgegangen, und er hatte kurze Zeit vorher 14 Mann fortgeschickt und war so nicht stark genug. Er hatte auf dem Kirchhof gestanden und sich vor Wut zwei Knoten in den Bart gemacht, weil er gemerkt hatte, dass es sich um einen Bojer aus Dithmarschen handelte. Als er dann sah, dass auch noch eine Yacht von vorn herbeisegelte, gab er sich als der Landesfeind zu erkennen und fragte, ob das wohl ihm gelten würde?

Weil der Wiben Peter nun nicht zu ihnen gekommen war, sind sie in den Hafen von Helgoland gesegelt, wo viele Schiffe aus Hamburg, Stade und Buxtehude lagen. [...] Unterdessen war auch die Yacht gekommen.

Wiben Peter hatte das alles mit angesehen zusammen mit seinem Bruder und einem alten Landsknecht sowie einem Schreiber namens Joachim. Dann wurde der Pastor zu den Leuten herabgeschickt, der fragen sollte, was sie suchten. Darauf antworteten sie: ›Wiben Peter. Er soll sich nach Dithmarscher Landrecht ergeben.‹ Wiben Peter wiederum ließ ausrichten, dass er seine Sache vor den König von Dänemark, die Fürsten von Holstein und andere bringen wolle, sich aber dem Dithmarscher Recht nicht unterwerfen werde. Darauf antworteten sie: ›Auch wir haben unser Hab und Gut dem König und den Fürsten verschrieben, wolle er sich aber nicht nach Dithmarscher Recht behandeln lassen, werden wir ihn behandeln!‹

Als er das gehört hatte, band er ein Bettlaken an einen Speer und wehte damit herum. Dann zückte er sein Schwert, schlug damit vor seinem Kopf herum und trank dazu aus einem hölzernen Krug.

Dann befestigte er drei Holzbretter auf dem Kirchhof als Deckung und schoss mit dem Hakengewehr auf das Volk. Die Leute haben sich weggeduckt und so die Schüsse abgewehrt. [...] Der Weg nach oben zum Kirchhof war eng und steil, sodass er im Kampf viele Einzelne hätte erschießen und ritterlich sein Leben aufs Spiel setzen können.

Darauf haben dann die Dithmarscher den Kirchhof gestürmt und Wiben Peter floh mit seinen Gesellen in die Kirche, und sie verrammelten die Türen. Als aber die Dithmarscher auf den Kirchhof kamen, schlugen sie die Fenster ein. Unterdessen versteckte sich Wiben Peter oben unterm Dach.

Der Vogt von Helgoland kam jetzt heran, und sie fragten ihn, warum er denn ihren Feind in die Kirche gelassen und ob er die Kirche nun aufschließen würde oder nicht. Darauf schickte er einen Jungen in sein Haus, um den Schlüssel holen zu lassen. Noch während der Junge unterwegs war, haben sie die Kirche auf der Nordseite von Helgoland aufgebrochen; denn die Kirche ist zweifach verschlossen. Die Nordseite haben die Helgoländer, die Südseite die Bremer bauen lassen. Als sie nun in die Kirche eingebrochen waren, haben sie Leitern angelegt. [...] Dann haben sie alle miteinander losgedrückt und durch den Boden geschossen und dabei zweifellos getroffen, denn bald darauf tropfte Blut durch die Bretter, und es ist auf die Altarbilder geflossen und hat sich von dort aus in einer Lache auf dem Fußboden gesammelt.

Als das die Dithmarscher sahen und sich niemand mehr rührte, haben sie die Leiter erklommen und haben gleich neben der Bodenluke Wiben Peter tot aufgefunden, weil er dreimal am Kopf getroffen worden war. Vielleicht hatte er sich auch nur tot gestellt, aber er wollte nicht antworten, als man ihn ansprach. ›Den will ich sprechen lehren‹, sagte einer und schoss ihn vor die Stirn. Dann richtete sich Wiben Peter noch einmal kurz auf und sank wieder nieder. Der Landsknecht wollte sich nicht ergeben, und da wurde er mit einem eisernen Haken auf den Kopf geschlagen. Der Vierte hatte sich in den Dachbalken versteckt. Er ist dann heruntergestiegen und wurde gefangen genommen. Er wurde von Reimer Groten zunächst besser behandelt als er von ihm behandelt worden war. [...]

Angesichts dieses erlangten Sieges sind sie in die Kirche herab-

gestiegen und haben zu zechen begonnen. Einige aber hatten Lust bekommen, sich auf der Insel umzusehen und hatten dabei etliche Weiber bemerkt, die sich hinter einem Hügel versteckt hatten. Und die haben sie dann angesprochen und getröstet und ihnen gesagt, dass ihnen kein Leids geschehen werde und sie sich nicht fürchten sollten. Als sie dann wieder in die Kirche kamen, haben die Frauen nebst etlichen Männern gewaltig gesoffen.

Danach haben sieben oder acht Männer die toten Körper aufgeladen. Dabei ist Wiben Peter wegen einiger verrotteter Dielen von oben heruntergefallen, und dann gingen die Leute erst mal zu Bett.

Der Wind hatte sich gelegt, und sie mussten etliche Tage liegen, blieben ein paar Tage im Haus des Inselvogtes und konnten erst am Donnerstagmorgen lossegeln. Als sie nach Deichsand gekommen waren, bemerkten sie, dass sie die Körbe mit den Lebensmitteln vergessen hatten, und so mussten fünf Männer, und zwar die jüngsten, in einem Ewer zurückfahren. Als sie in die Vogtei (auf Helgoland) kamen, trafen sie Männer und Frauen, die sich ihre Vorräte schmecken ließen. Sie haben dann die Körbe genommen und das Fleisch den Helgoländern gelassen, worauf diese sich bedankten.

Am Abend kamen sie dann nach Büsum und am Freitagnachmittag schließlich in den Hafen von Diekhusen. Dann wurden die Toten auf einen Wagen gepackt und am Sonnabend vor Pfingsten nach Heide gebracht. Es kam eine unglaubliche Menschenmenge zusammen. Die hundert Mann, die den Wiben Peter und seine Leute getötet oder gefangen hatten, sind vorneweg marschiert mit ihren Geschützen und Gewehren, die drei Toten wurden dahinter gefahren. Als sie dann auf den Marktplatz kamen, haben die Männer gewaltig losgeschossen und den Wagen auf dem Marktplatz anhalten lassen, weil eine Frau aus Schafstedt sich an den Wagen herangedrängt hatte und rief: ›Bist du das? Du hast mich einmal auf glühende Kohlen gesetzt.‹ Dort aber hatte Wiben Peter zwei Häuser und Scheunen niedergebrannt.

Danach wurden die Toten und der Gefangene geköpft und ihre Köpfe aufgespießt auf Stangen, wie das bei Mordbrennern und Seeräubern so üblich ist. [...]

Die beschriebene Gewalt hat aber noch andere Folgen gehabt.

Nach der Eroberung des Landes mussten tausend Mark an die Er-
ben und Freunde des Wiben Peter als Strafe bezahlt werden. Wenn
sie seinerzeit auch glaubten, dass sie vollkommen im Recht wären
und man sie mutwillig geschädigt hätte, muss man folgende Lehre
beherzigen: Vor allem, dass man sich nicht allzu klug vorkommen
soll und mit dem, was Gott einem zugemessen hat, sich zufrieden
geben soll, weil man immer großen Schaden anrichtet, wenn man
sich mehr vornimmt, als man ausrichten kann. Leute, die sich in
anderer Leute Angelegenheiten mischen, sind überall verhasst, und
niemand redet gut über sie. Zweitens, dass Unrecht und Gewalt
Einzelner nicht von der Menge verfolgt werden sollen.«

Gewiss lässt dieser holzschnittartige Chronik-Bericht viele Fragen offen, und die Erzählung erscheint oft sehr fragmentarisch,
aber die Dramatik des Falles Wiben Peter tritt doch deutlich zutage.

Die Lebens- und Todesgeschichte dieses Seeräubers und
Mordbrenners aus verlorenem Recht findet sich in nicht wenigen dokumentarischen und fiktiven Kriminaltexten wieder.
Immer schwankt das Urteil über solche radikalen Rechthaber
zwischen Kritik an ihrem maßlosen Wüten und einem Mitleid
mit ihnen, das sich angesichts der maßlosen Konsequenz der
Rechtsprechenden bildet.

Der Chronik-Text des Neocorus steckt aber auch voller An-
knüpfungspunkte für triviale Schauermythen und verquere
Heldensagen.

So findet sich in der Sammlung *Sagen, Märchen und Lieder*
der Herzogtümer Schleswig, Holstein und Lauenburg, die Karl
Müllendorf 1845 in Kiel herausbrachte, eine besonders merkwürdige Sagen-Version, die mit dem Wiben Peter der Chronik
von Neocorus nahezu nichts mehr zu tun hat:

»Vor zweihundert Jahren lebte in Heinkenborstel, Kirchspiel Ho-
henwestede, ein kühner Mann, mit Namen Wiben Peter. Als nun
die Kaiserlichen unter Wallenstein hier ins Land kamen, verband
er sich mit einer großen Anzahl Bauern, und alle schwuren zuein-
ander zu halten und ihr Leid an den Feinden zu rächen. Es war ein
strenger Winter, und die Kaiserlichen lagen in den Dörfern Puls,

Ohrsee, Thaden und andern bei großen Haufen einquartiert. Da machten sich Wiben Peter und seine Genossen bei Nacht auf, als alles in festem Schlafe lag, umzingelten das erste Dorf und zünde-ten es auf allen vier Enden an, ließen aber niemand heraus von denen, die fliehen wollten, also dass die Feinde in den brennen-den Häusern auf den Kaphölzern der Sparren sitzend, zu Tode gebraten wurden. So haben sie es der Reihe nach bei den übrigen Dörfern auch getan und auf diese Weise die Gegend vom Feinde befreit. Wiben Peter aber kam durch diese seine Heldentaten in solchen Beruf, dass der König ihn nachher in seine Dienste nahm und zu hohen Ehren erhub.«

Anders der Ton in einer Ballade von Detlev von Liliencron aus dem Jahre 1909. Hier geht es flott zur Sache, und zum Schluss schimmert schon der freche Bänkelsang eines Fritz Grasshoff durch, wenn sich das niederdeutsche »blödie« auf »Tragödie« reimt.

»Wiben Peter, der Landesfeind

*›Mein ist die Erbschaft laut Pergament
Und mir gehört sie zu!‹
Die Regenten in Meldorf schlagens ihm ab:
Nun lass uns endlich in Ruh!
Wiben Peter setzt sich auf sein weißes Pferd,
Er reitet auf Markt und Gassen,
Das Landesbuch links, in der andern das Schwert:
›Sie müssen mein Recht mir lassen!‹
Holla! Er hält und lässt in der Hand
Die beiden im Sonnenlicht blinken.
Das hilft ihm nichts, er wird verbannt;
Sein Hengst fühlt unlieb die Zinken.*

*Er reitet ins Elend. Aber voll Mut
Will er erzwingen sein Recht
Vor Fürsten und Rat, vor Kaiser und Reich;
Doch gelingt ihm sein Vorhaben schlecht.
Überall weisen sie kläglich ihn ab,*

Und immer muss ers erneuen;
Stets wieder bringt man ihn auf den Trab,
Und endlich wirds ihn gereuen.
Da keiner ihm hilft, spricht er den Schwur:
›Ich will allein mir nützen!‹
Und galoppiert grimmig durch Wald und Flur,
Es spritzen Sand und Pfützen.

Und bremst erst in seinem Vaterland,
Die Grenze hielt ihn nicht auf.
Er droht mit der Faust: ›Min Länneken deep!‹
Und umklemmt seiner Klinge Knauf.
Söldner und Schnapphähne strömen heran,
Die nimmt er in Dienst und Pflichten
Und hält sie fest in seinem Bann.
Seine Rache will Alles vernichten.
Die Mühlen brennen, die Nacht ist voll Greul,
Voller Herdenraub, Zittern und Zeter
Und mitten drin steht im Mörderknäul
Breitbeinig im Blut Wiben Peter.

Er reitet noch immer sein weißes Pferd,
Grasfarbig sind Zügel und Zaum.
Mit ihm reitet sein Wappenspruch:
›Und wieder grünt der Baum.‹
Als Helmsturz weht ihm ein knallroter Busch
Bis hinunter tief in den Nacken;
Wind, Sonne, Schatten wollen im Husch
Ihn wie ein Wipfelblatt packen.
Sein strohgelber Bart pilgert lang und fahl
Über den eisernen Halsring in Zöpfen,
Wie sich König Assurbanibal
Einst ließ den Kinnbart knöpfen.

Als er endlich umstellt ist, bedroht und bedrängt,
Flieht er rechtzeitig an Bord
Und nimmt auf dem alten Hilligenland
Seinen festen Zufluchtsort.

Von hier aus schweift er mit Koggen und Kuff
Und misst und meistert die Wellen,
Und versetzt der Handelsfahrt manchen Puff,
Dass Rumpf und Rah zerspellen.
Sein Flaggschiff, der blaue Ziegenbock,
Stößt mit den gewaltigen Krickeln
Auf Bug und Boot und Pflock und Block,
Dass sie wie Glas zerstückeln.

Min Länneken deep, min Länneken deep
Ist rasend und fasst den Beschluss:
Genug der ewigen Plackerei,
Genug von Drang und Verdruss!
Sie schicken Yacht-Ewer aufs hohe Meer
Mit Mannschaft und Enterbeilen,
Und kreisen und kreuzen um ihn her;
Wiben Peter kann nicht mehr enteilen.
Und steigen aus auf Helgoland
Wiben Peter läuft in die Kapelle
Und verwandelt, zum letzten Widerstand,
Das Bethaus zur Zitadelle.

Sie kommen aufs Kirchlein angeruckt
Mit Piken und Hakengewehr,
Mit Trommel und mit Arkebus;
Der Himmel ist wolkenschwer.
Dann stelln sie sich auf zum beherzten Sturm,
Bald sind die Türen erbrochen.
Wiben Peter hat sich versteckt im Turm,
In den Ästen des Fachwerks verkrochen.
Herab schießt den Vogel ein Mousquetaire,
Er plumpst vor die Orgelpedale.
Drauf trinken die Landsleute ›veer Tünn Beer‹
Aus einem Altarpokale.

Sie segeln mit der Leiche heim,
Frohlockend empfängt sie der Strand.
Begleitet von unzähligem Volk,

Fährt der Wagen durchs Marschenland.
In Heide auf dem Marktplatz schlägt
Der Henker den Kopf ab behende;
Und als der Schandpfahl das Totenhaupt trägt,
Klatschen sie Beifall ohn Ende.
Anncke Huck reißt am Bart ihn und hat geschrien:
›Ut is dien Wark, dat blödie,
Wo is mien Wurth, wo sünd mien Swien‹ –
Das war der Schluss der Tragödie.«

Wieben Peter lebt aber, ganz besonders in seiner Heimat in Dithmarschen, bis auf den heutigen Tag. Das versteht sich schon aus Gründen des einschlägigen Tourismus.

1996 erschien in Heide der historische Roman *Wiben Peter: Der Kohlhaas der Westküste* von Robert Jung. Es ist dem Autor nicht zu verübeln, dass er zur gut recherchierten historischen Realität viel Romanhaftes hinzudichtete. Der Stoff wird hier durch eine unglückliche, drei Jahre während Liebe eines friesischen Halligenmädchens zu Wiben Peter angereichert.

Das (vorläufige) Ende der Seeräuberei in Nord- und Ostsee

Christliche Sklaven in einer Barbareskenstadt.
(Quelle: Hartmut Roder (Hrsg.), Piraten. Die Herren der Sieben Meere, Bremen 2000, S. 50)

Gefangen und versklavt – muslimische Piraten im Kampf gegen die christliche Seefahrt

Die Piraterie rückt man gern in weite Fernen. Historisch irgendwann kurz nach dem Mittelalter, geografisch in die Nähe von Jamaika oder ins Südchinesische Meer. Gegenwärtig aber kommen uns Kaper und Seeräuberei sehr nahe. NATO und Europäische Union beteiligen sich an Marineeinheiten zum Schutz der Handelsschifffahrt vor Piraten am Horn von Afrika. Das vage Gefühl einer Bedrohung durch gut bewaffnete, brutal agierende, muslimische Piraten wird ständig durch Fernsehbilder, aber auch durch alte Ängste und zähe Mythen bestärkt.

Diese Ängste überlagern meist die Wahrnehmung der Hintergründe und die Ideen für eine langfristige Lösung des aktuellen Piraten-Problems an der Küste vor Somalia.

Es ist kaum noch bekannt, dass sich die christliche Seefahrt schon einmal in spektakulärer Weise und jahrhundertelang von muslimischen Seeräubern bedroht sah. Vom 16. Jahrhundert bis zum Beginn des 19. Jahrhundert beherrschten die Korsaren der sogenannten Barbareskenstaaten die nordafrikanische Küste und machten Jagd auf Handelsschiffe aller Nationen. Diese Seeräuber – das Wort Korsaren hat nichts mit Korsika zu tun, es kommt vom lateinischen cursus »Beutezug«, »Lauf« – verfolgten ihre Opfer bis weit in die Nordsee und sogar bis Island.

In den letzten Jahren mehren sich die Bemühungen, dieses vergessene Kapitel aus der Geschichte der Piraterie aufzuarbeiten.

Als »Barbareskenstaaten« wurden zu jener Zeit Marokko, Algier, Tunis und Tripolis bezeichnet. Die Herkunft des Wortes ist unklar, hat aber einerseits mit »barbarisch«, andererseits mit den in Nordafrika lebenden »Berbern« zu tun. Betrachtet man die historischen Entstehungsbedingungen der Piraterie der »Barbareskenstaaten«, so findet man Parallelen zur Geschichte der Seeräuber in Nord- und Ostsee. Hier wie dort sahen sich die Piraten nicht oder meist nicht als wilde, rechtlose, brutale Räuber zur See, sondern sie agierten als Hilfstruppen Krieg führender Mächte. Nicht ohne Grund, wenn man sich etwa die Kämpfe zwischen Mecklenburg und den skandinavischen Ländern im 14./15. Jahrhundert in der Ostsee anschaut, in denen Piraten, mit Kaperbriefen ausgestattet, bald für die eine, bald für die andere Macht kämpften. Und gern auch mit wechselnden Loyalitäten.

Hintergrund der Piraterie im Mittelmeerraum waren die Versuche Spaniens in der ersten Hälfte des 16. Jahrhunderts, die Reconquista nach Nordafrika auszudehnen. Das verstanden die genannten Küstenstädte (aus denen sich später die heutigen Staaten wie Algerien oder Marokko entwickelten) als Kriegserklärung, und sie sahen sich dabei im maritimen Dschihad von ihrer Religion legitimiert.

Gleich zu Beginn der Übergriffe begegnet man einer starken religiösen Komponente. Wie die Spanier bei der Vertreibung der Juden ab 1492 mit »Tod oder Taufe« drohten, so versuchten die muslimischen Herrscher in den »Barbareskenstaaten« den gefangenen christlichen Seefahrern ihren Glauben aufzuzwingen. Und das nicht ohne Erfolg. Waren dann die deutschen, dänischen oder englischen Seeleute aus ihrer Gefangenschaft nach Hause zurückgekehrt, herrschten oft genug Zweifel, ob sie ihren christlichen Glauben in größter Not behalten hatten.

Chair ed-Din, ein griechischer Renegat (also ein zum muslimischen Glauben übergetretener Christ), gewann den osmanischen Sultan für die Piraterie der »Barbareskenstaaten« und half dabei, ihn im Jahre 1518 zum Oberherrn von Nordafrika mit Ausnahme von Marokko zu machen. Zwar führte das erst einmal zu einer Flotte unter osmanischer Flagge, die »Barbareskenstaaten« aber verhielten sich dem Sultan gegenüber in schwankender Loyalität, bis sie dann um 1620 auf jeweils eigene Rechnung agierten. Was wiederum für die christliche Handelsschifffahrt mit erheblichen Unsicherheiten verbunden war.

In der folgenden Zeit wurden die Küstenstaaten mehr und mehr von ihrer Beute abhängig, die aus Handelsgütern, Waffen, Schiffen und Schiffsholz, vor allem aber aus Gefangenen bestand, die zu Sklaven gemacht wurden. Besonders geschätzt wurden »qualifizierte Arbeitskräfte« wie Handwerker und Schiffsoffiziere. Martin Rheinheimer schreibt in einem ausführlichen Aufsatz über schriftliche Zeugnisse von Seeleuten, die in den »Barbareskenstaaten« festgehalten wurden, es habe in der etwa 100 000 Einwohner zählenden Stadt Algier in der Mitte des 17. Jahrhunderts zwischen 8000 und 40 000 Sklaven gegeben.

In ihrer Gefangenschaft waren die Seeleute meist willkürlichen Schikanen und grausamer Behandlung ausgesetzt. Nur einzelnen gelang es, zu Günstlingen oder Söldnern des jeweiligen Dey aufzusteigen, vorausgesetzt, sie konvertierten zum Islam. Für die große Mehrheit der Gefangenen aber bestand die einzige Überlebenschance darin, freigekauft zu werden. Rheinheimer weist zu Recht darauf hin, dass Ausbeutung und brutale Behandlung von Gefangenen in der Frühen Neuzeit nicht auf muslimische Potentaten beschränkt waren. Auch christliche Staaten und Städte wie Malta, Livorno oder Neapel verfügten über eigene Sklavenmärkte.

Der Schrecken der muslimischen Mittelmeer-Korsaren war aber für Hamburger oder Lübecker Handelsherren, für die Seeleute und ihre Familien beileibe kein Märchen aus Tausendundeiner Nacht. Mit ihren schnellen »Schebecken«, die von dem flämischen Renegaten Simon Danser eingeführt worden waren, brachten die Korsaren zeitweilig die christliche Seefahrt im Mittelmeerraum und darüber hinaus zum Erliegen. Auch entlang der spanischen Atlantikküste und weit bis in die Nordsee war kein Schiff vor den muslimischen Korsaren sicher, und auch an den Küsten musste man mit Überfällen rechnen. So verwundert es nicht, dass die an christlichen Sklaven verübten Grausamkeiten in einer Fülle von Flugblättern, Kolportageberichten oder mündlich verbreiteten Erzählungen ins Monströse wuchsen. Dort unten in den muslimischen Seeräuberstaaten, so hieß es, würden die Gefangenen vor die Mündungen von Kanonen gebunden, die dann abgefeuert würden, und nicht selten war von grässlichen Orgien die Rede, die oft in Kannibalismus enden würden. Ganz ähnlich ging es in den Räuber- und Schauerromanen zu, die gegen Ende des 18. Jahrhunderts im christlichen Abendland mit grusligem Behagen gelesen wurden. Durch epische Fantasie und groteske Übertreibungen wird seit jeher versucht, reale Gefahren irreal und damit verarbeitbar zu machen. Die christlichen Seefahrtnationen aber übten sich in einer maßlosen Gräuelpropaganda, wobei natürlich geflissentlich ihr eigener Anteil am Schrecken der Korsaren übersehen wurde. Fast schon wie ein ausgedachtes Schelmenstück erscheint, was Miguel Cervantes widerfuhr. Er war von algerischen Korsaren verschleppt worden und musste dort fünf Jahre als Sklave leben. Als die Zensur seinen *Don Quichote* in die Finger bekam, wurde er mit der Inquisition bedroht, wenn er nicht bereit wäre, die üblichen grotesken Propagandamärchen in den Roman aufzunehmen. Was er dennoch nicht tat. Als ob die Schrecken der Realität nicht voll und ganz ausgereicht hätten.

Das Problem mit den »Barbareskenstaaten« wurde immer größer. Nach Rheinheimer büßten die Holländer 206 Schiffe zwischen 1617 und 1625 ein, Hamburg verlor zwischen 1613 und 1621 56 Schiffe. Die muslimische Piraterie hatte sich zu einer Existenzfrage für die abendländische Seefahrt entwickelt. Und wie erging es den gefangenen, zu Sklaven gemachten Seeleuten?

Es entstand ein regelrechter Handel. Sie konnten freigekauft werden mit je nach Dienstgrad – vom einfachen Matrosen über die Offiziere zum Kapitän – gestaffelten Preisen. Das allerdings war mit den allergrößten Schwierigkeiten verbunden. Die Gefangenen schrieben Briefe nach Hause, die dann Monate oder Jahre unterwegs waren. War die Nachricht von der Kaperung eines Schiffes zum Heimathafen gelangt, wurden vielfältige Bemühungen in Gang gesetzt, um die Sklaven freizukaufen. Die »Pro-Kopf-Prämien« überforderten in der Regel die finanziellen Möglichkeiten der Familien; es mussten Spenden gesammelt, Kollekten in den Kirchen für den Freikauf verwendet werden. Wie viele Seeleute das Schicksal der Versklavung traf, ist an den Bemühungen zu ersehen, ihre »Ranzionierung« (= Freikauf) zu organisieren.

In Dänemark wurde den Angehörigen gefangener Seeleute erlaubt, vor den Kirchentüren Geld zu sammeln. Es war aber äußerst mühsam, die meist zwischen 500 und 1000 Reichstalern liegenden Beträge aufzubringen. Um das Freikaufen zu institutionalisieren und die Familien der Seeleute zu entlasten, wurden Sklavenkassen eingerichtet. In Hamburg entstand 1622 die »Casse der Stücke von Achten«. Der Name stammt von der Währung, in der die Sklaven ausgelöst wurden: Pesos zu acht Realen. Die Kasse wurde zunächst von der Schiffergenossenschaft verwaltet, die dann auch Schiffer und Steuerleute freikaufte, nicht aber einfache Seeleute. Aus dieser Stiftung, die zu den ältesten der Hansestadt Hamburg gehört, entwickelte sich eine Einrichtung, die sich in veränderter Form bis heute um die sozialen Belange der Seeleute und ihrer Angehörigen kümmert.

1624 gründete die Hamburger Admiralität die eigentliche Sklavenkasse. Nun mussten alle Seemänner, die nach Westen, nach Frankreich, Portugal, Spanien und Italien fuhren, eine Abgabe für die Sklavenkasse leisten. Lübeck folgte 1627, wo eine Sklavenkasse als freiwillige Stiftung von Schiffern und Kaufleuten begründet wurde. Nun hatten die Seemänner auch für Fahrten in Nord- und Ostsee je nach Dienstgrad Beiträge in die Sklavenkasse zu zahlen. Ab 1716 mussten in allen Kirchen der Herzogtümer Schleswig und Holstein und der Grafschaft Oldenburg Sammlungen durchgeführt werden. In Dänemark und Norwegen ging man im selben Jahr zu einer Zwangsversicherung über, die 1723 auf Holstein ausgedehnt wurde.

Zwar konnten mit den Mitteln der Sklavenkasse etliche Gefangene freigekauft werden, es waren aber immer auch weitere Bemühungen nötig, um das schwierige Geschäft der Auslösung erfolgreich abschließen zu können.

Das konnte aber auf Dauer nicht die Lösung der Probleme bringen. Rat und Bürgerschaft in Hamburg beschlossen deshalb schon früh, zwei Kriegsschiffe zu bauen, die vor allem die Seewege nach Spanien schützen sollten. 1668 lief der KAISER LEOPOLD vom Stapel, im Jahr darauf folgte die erste WAPPEN VON HAMBURG. DER KAISER LEOPOLD wurde von Bernhard Jacobsen Karpfanger befehligt, der dann, nach äußerst erfolgreichen Einsätzen gegen Piraten auch anderer Länder, im Jahre 1683 die WAPPEN VON HAMBURG übernahm. Das Schiff verbrannte im Herbst jenes Jahres vor Cadiz. Karpfanger kam dabei ums Leben. Es wurden dann noch weitere Schiffe mit dem Namen WAPPEN VON HAMBURG gebaut, das dritte lief am 25. Oktober 1740 vom Stapel und war mit 50 Kanonen bestückt. Einen nachhaltigen Erfolg hatten die Patrouillenfahrten allerdings nicht.

Die aufwendigen Einzelaktionen zum Freikauf der gefangenen Seeleute aus den verschiedenen Nationen wurden dann im Verlauf des 18. Jahrhunderts durch staatliche Organisationen vereinheitlicht. Nationen wie Holland, Frankreich und England und schließlich auch Schweden schlossen Verträge mit den »Barbareskenstaaten« ab. In den Friedensverträgen mit Algier, Tunis, Tripolis und Marokko verpflichteten sich die christlichen Länder zu hohen Tributzahlungen und Materiallieferungen. Die Gelder der Sklavenkassen flossen direkt in diese Tributzahlungen. Auch Dänemark mit den Herzogtümern Schleswig und Holstein sowie Hamburg, das seinen Mittelmeerhandel weitgehend über das damals holsteinische Altona abwickelte, sicherten ihren Mittelmeerhandel durch Verträge ab. Dadurch gelangten die abendländischen Seefahrtnationen zu einer gesicherten Monopolstellung im Mittelmeerhandel. Das hinderte die christlichen Nationen keineswegs daran, gelegentlich in kriegerischen Aktionen Städte wie Algier zu beschießen, Korsarenschiffe anzugreifen und gefangene Seeleute gewaltsam zu befreien.

Die ersten Kriegsschiffe der US Navy wurden gebaut, um die Korsaren der »Barbareskenstaaten« zu bekämpfen. Erfahrungen im Seekrieg machten nordamerikanische Marinesoldaten zuerst in zwei kriegerischen Auseinandersetzungen mit nordafrikanischen Piraten.

In der Schlacht von Navarino im Jahre 1827 wurden die Kriegsschiffe der mit dem Osmanischen Reich verbündeten Barbaresken zerstört. Erst jetzt endeten die Angriffe der Korsaren.

Karl X. erklärte im selben Jahr dem Dey von Algier wegen eines unbedeutenden Zwischenfalls den Krieg, schließlich wurde Algier 1830 besiegt; die französische Kolonialisierung Nordafrikas besiegelte das Ende der »Barbareskenstaaten«. Drei Jahrhunderte lang hatten die nordafrikanischen Korsaren die christliche Seefahrt in Unruhe versetzt. Ängste vor der »türkischen Gefahr«, vor den muslimischen Piraten, wurden kräftig geschürt und für die Interessen der abendländischen Seefahrtnationen instrumentalisiert. Das ändert nichts am beklagenswerten Schicksal der gekaperten Seeleute. Bevor aber die neuerliche Bedrohung durch muslimische Piraten aufgeladen wird mit alten Ängsten und pauschalen Urteilen, hilft ein differenzierter Blick auf die Ursachen der Barbareskenpiraterie, auf ihre schrecklichen Praktiken genauso wie auf die Macht- und Handelsinteressen der christlichen Seefahrtnationen. Denn dabei zeigt es sich einmal mehr, dass die Taten der Piraten häufig in die Machtinteressen und die Kriege der Nationen verstrickt sind.

In den letzten Jahren wurde das Schicksal christlicher Seeleute, die von nordafrikanischen Piraten versklavt worden waren, ausführlich erforscht. Neben dem schon erwähnten Aufsatz von Martin Rheinheimer müssen dabei vor allem die Arbeiten von Ernstpeter Ruhe genannt werden. In seiner Bibliografie der Quellentexte hat er deutschsprachige Publikationen des 17. bis 19. Jahrhunderts über die »Barbareskenstaaten« und die nordafrikanischen Piraten aufgeführt. Vor allem aber hat er die meisten Quellentexte im Internet zugänglich gemacht.

Auf das Schicksal zweier gefangener Seeleute wollen wir etwas näher eingehen. Es sind Jürgen Jacobsen und Hark Olufs.

Am 12. Juli 1725 schrieb der Seemann Hinrich Lang an seine Mutter in Lübeck. In dem Brief heißt es, er sei am 1. Mai von Saint Martin mit Ziel Riga abgesegelt, aber am 10. Mai von den Türken »genommen« worden. Und dann wörtlich:

»Am 16. Juni in Sklaverei geraten und am 25. verkauft nach Asir [= Algier]. [...] Also bitte ich, dass Ihr als meine liebe Mutter Gott und gute Leute ansprecht, die mir hier raushelfen, denn es ist hier für einen Christenmenschen sehr schlecht in dieser betrüblichen Sklaverei.« Ähnlich dürften viele Briefe aus der bitteren Notlage eines von muslimischen Korsaren gefangenen Seemanns begonnen haben. Der Gefahr war man sich durchaus bewusst, und die bekannt gewordenen Schilderungen über die Qualen, denen die zu Sklaven gemachten Seeleute ausgesetzt waren, dürften die Ängste verstärkt haben.

Im Jahr zuvor, am 24. März 1724, war Hark Olufs in algerische Gefangenschaft geraten. Über ihn wissen wir mehr. Als der mit 16 Jahren gekaperte Schiffsjunge nach zwölf Jahren in seine Heimat, die damals dänische Insel Amrum, zurückkehrte, wurde er gebeten, seine Erlebnisse *»um ihrer Merkwürdigkeit willen«* aufzuzeichnen. Da er kein geübter Schreiber war, schrieb der Pastor Otto Riese aus dem dänischen Agerskoven Hark Olufs' (auch Ulws) Erzählung nieder.

Dabei kam es gewiss zu Veränderungen und Eingriffen. Der

Pastor dürfte seinen Standpunkt mehr oder weniger offen in das Manuskript eingearbeitet haben.

Das Buch wurde zum Erfolg. Dass sich alles so zugetragen hatte, wie Hark Olufs es erzählte, bezeugte in späteren Auflagen Hark Nikkelsen, der zusammen mit Olufs in Gefangenschaft geraten war.

Hark Olufs passte sich den wahrlich vollkommen andersartigen Umständen in der Gefangenschaft geschickt an. Er diente dreieinhalb Jahre dem Bey als Lakai und lernte rasch Türkisch und Arabisch. Wegen seiner dem Bey offenbar sehr nützlichen Dienste wurde er zum »Gasnadal«, zum Schatzmeister, ernannt. (Diesen Titel behielt er auch später nach seiner Rückkehr.) Seine weitere Karriere klingt nun doch wie ein Märchen aus Tausendundeiner Nacht. Er bekam ein gutes Gehalt, ein Stück Land, verfügte seinerseits über Bediente und besaß Kamele und Schafe. Als Chef der Leibgarde des Beys unterstanden ihm 500 Soldaten, und er wurde zum Obersten der Kavallerie ernannt.

Das hört sich gut an, aber der Karriere-Gefangene musste im Auftrag seines launischen Herrn auch dessen willkürliche Todesstrafen vollstrecken, was ihm schwere Gewissensqualen bereitete.

Sein Aufstieg führte aber nicht dazu, dass er im Gefolge des Beys hätte bleiben wollen. Zwei Jahre vor seiner Rückkehr gelang es dem Vater, 800 Taler Lösegeld aufzutreiben. Am 31. Oktober 1735 wurde er vom Bey in die Freiheit entlassen, im April 1736 schließlich kehrte er nach Amrum zurück. Er starb mit 46 Jahren 1754 auf Amrum.

In Oluf's Erzählungen finden sich markante Widersprüche über seine religiöse Entwicklung in der Fremde. So berichtet er über eine Pilgerreise gemeinsam mit dem Bey nach Mekka. Als Ungläubiger hätte er die Stadt niemals betreten dürfen. So wird ein starkes Motiv seines Berichts auch der Wunsch gewesen sein, sich von dem Verdacht freizusprechen, zum Islam konvertiert zu sein.

Um ihm auf Amrum eine Rückkehr in den Kreis der Glaubensgemeinschaft zu erleichtern, wurde er in einer Art Reinigungszeremonie in der Kirche öffentlich konfirmiert, nachdem er nach Unterricht und Prüfung sein christliches Wissen unter

Beweis gestellt hatte. Olufs erschien zur Zeremonie jedoch in türkischer Uniform. Welch ein Spektakel! Und eine Geschichte, die nach seinem Tod nicht beendet war; denn lange noch wurde auf Amrum die Sage vom Wiedergänger Hark Olufs erzählt, der im Grab keine Ruhe finden konnte, weil er unter seiner Türschwelle einen Schatz mit seinen Reichtümern aus der Türkei vergraben und davon seinen Erben nichts gesagt hatte. Erst, so heißt es in der Sage, als man den Topf voller Geld ausgegraben und an seine Erben verteilt hatte, konnte er die ewige Ruhe finden.

Die Inselgemeinde hatte demnach mit dem »Fall« des vielleicht doch konvertierten Hark Olufs nicht abgeschlossen. Nach seinem Tod blieben zu viele Fragen offen, die erst mit dem guten Schluss in der Sage beantwortet wurden.

Die wundersame Geschichte des Hark Olufs ist gewiss für das Schicksal der meisten gekaperten Seeleute nicht typisch, aber es mischen sich in ihr auf hervorstechende Weise traurige Tatsachen mit erzählten Mythen.

1747 erschienen diese Erinnerungen zuerst auf Dänisch in Kopenhagen. 1751 kam in Flensburg eine deutsche Übersetzung heraus. Neben anderen Ausgaben erschien 1847 eine deutsche Version, die allerdings mit dem Flensburger Druck von 1751 nicht wörtlich übereinstimmt. Die folgenden Ausschnitte aus Hark Oluf's Erinnerungen entnahmen wir in leicht modernisierter Form der Edition von Knut Jungbohn Clement: *Der Lappenkorb von Gabe Schneider aus Westfrisland, mit Zuthaten aus Nord-Frisland,* Leipzig 1847.

»Am 19. Juli 1708 erblickte ich das Licht dieser Welt auf der kleinen Insel Amrum, die in der Westsee liegt. Wie meine Landsleute ihre Nahrung auf der See suchen, habe ich auch frühzeitig in meinem zwölften Jahr mich bemüht, ein geschickter Seemann zu werden. Ich hatte ins dritte Jahr eine und andere Reise getan, als ich zugleich mit dreien von meinen Landsleuten, Richard Flor, Jens Nickelsen und Hark Nickelsen [...] mich gefangen lassen musste von einem türkischen Kaper bei den Sorlings zwischen England, Irland und Frankreich. Es war am 24. März 1724, da dieses geschah, und darauf wurden wir nach Algier gebracht.

Ich wurde auf dem Markt verkauft für 1000 Cartouchen oder

500 Reichstaler, aber am Tag darauf überließ mein Kaufmann mich an einen anderen mit 100 Cartouchen Vorteil. Bei diesem Herrn war ich 14 Tage, meine Arbeit war, eins und anderes im Garten zu bestellen, Maulbeerblätter für meines Patrons Seidenwürmer einzusammeln und hernach Wasser einzutragen und das Haus rein zu halten. Aber wie der constantinische Dey mit Namen Assin seinen Kommissionär in Algier hatte, um Sklaven einzukaufen, hatte der Lust an mir, und mein Patron überließ mich an ihn für 450 Stück von Achten. Dieser Dey Assin wird als ein kleiner König angesehen. Seine Hauptstadt ist Constantine, eine ansehnliche Stadt und Festung, nach meiner Meinung liegt dieselbe 12 Tagesreisen oder 60 Meilen von Algier südwärts. Soweit ich weiß, stand er nicht unter dem Großsultan, sondern war Souverän in seinem eignen Lande. Er war, als ich in seine Dienste kam, schon ein Herr von hohem Alter und hitzigem Sinn, er war beherzt und hatte eine gute Kriegserfahrenheit, weil er vor meiner Zeit und stets zu meiner Zeit zu Felde lag mit seiner Armee, da oft Streitigkeiten vorfielen mit seinen Nachbarn. Einen Monat war er doch zumindest jedes Jahr in Constantine. Er hatte zwei Frauen, welchen von einigen zwanzig Bedienten sowohl Männern als Weibern aufgewartet wurden, unter diesen waren 4 Verschnittene (Kastraten) zu Kammerdienern bestellt. Er selbst ließ sich von 30 bis 40 Lakaien aufwarten, wovon die Hälfte Renegaten waren, welche hernach mit den besten Bedienungen im Lande abgefunden wurden.

Was nun ferner mein Schicksal betrifft, so habe ich erst dreieinhalb Jahre als Bedienter bei diesem meinem Patron gedient, und wie ich in dieser Zeit die französische Sprache gelernt, wie auch die türkische und arabische, nachher auch in den Sachen, die vorfielen, Kenntnis erhielt, gab Gott mir Gnade bei meinem Patron, sodass er allezeit große Güte mir erzeigte. Er vertraute mir das Amt an, so von vieler Wichtigkeit ist und Gassenadahl oder Gasnadie genannt wird oder in unserer Landessprache Oberkassierer. Ich bekleidete diese Bedienung erst in vier Jahren mit einem jährlichen Gehalt von 1700 Stück von Achten, ohne das, was mir an Land, Kamelen und dergleichen gehörte. Zwei Schreiber, welche stets bei mir waren, besoldete mein Patron, zwanzig Bedienten aber, und zuweilen darüber, musste ich selber Lohn geben. Dreimal jährlich hatte ich eine mit Silber und Gold reich bordierte neue Montur.

Außer meiner Bedienung wurde mir noch ein Kommando von 500 Pferden anvertraut, denn ich hatte als Kassierer bei einer und der anderen vorgefallenen Gelegenheit gegebener Ordre nach eine Art von Bravour gezeigt, welches meinem Patron gefiel, obzwar meine Tapferkeit im Grunde eher eine Vermessenheit war als ein ordentlicher Mut, denn ich war doch nie vergnügt, und deshalb hatte ich auch etwas mehr als ordinäre Kräfte, war es mir gleichviel, ob ich lebte oder stürbe. Lass sein, ich war ein angesehener Mann, und viele missgönnten mir mein Glück, doch sah ich die Sache selber besser ein, dass ich ungeachtet alles dessen doch nur ein Sklave war und dass ein kleines Versehen bei einem barbarischen Herrn, der Macht hat zu tun, was ihm gefällt, leicht verursachen könnte, dass ich eben so tief erniedrigt würde, als ich erhöht worden, ja ich ging jeden Tag mit meinem Leben in meiner Hand. Diese erwähnten 500 Mann zu Pferde, welche stets um mich waren, konnten als meines Patron Leibgarde angesehen werden. Es ereignete sich, dass ein Krieg entstand zwischen meinem Patron und einem anderen mit Namen Boassase von Thesis, welcher als ein kleiner Fürst angesehen werden konnte und zugleich das Haupt einer vornehmen Familie war. Selbiger Boassase wollte sich eines gewissen Stück Landes bemächtigen, das meinem Patron gehörte. Ich gehe hier an den verschiedenen kleinen Scharmützeln, welche vorfielen, vorbei, und in denen täglich gestritten wurde, so lange als zwei Parteien gegeneinander zu Felde lagen. […] Nachdem man auf beiden Seiten einige tausend Kamele, Pferde, Schafe und dergleichen geplündert hatte, wurde ich kommandiert, mit 500 Pferden zu beobachten, und da wir bemerkten, dass der Feind sich zur Ruhe begeben hatte, beschlossen wir, einen Einfall zu tun. Derselbe glückte so wohl, dass der Feind, da er vermutlich dachte, dass unsere ganze Macht, welche gewöhnlich 9 bis 10 000 Mann war, gegenwärtig wäre, die Flucht nahm. Wir brachten 52 Köpfe zurück, da wir nur fünf Mann verloren hatten. Wir schickten jemand voraus, um meinem Patron Nachricht von unserem Sieg zu geben. Als wir ankamen, befehligte der König, dass ein jeder, der einen Kopf mitgebracht hätte, hervortreten und selbigen im Zelt vor seine Füße werfen sollte. Er belohnte sie im Allgemeinen mit Geld, aber mir insbesondere wurden verschiedene Ehrenbezeugungen erwiesen, indem den vornehmsten Bedienten anbefohlen wurde, mir aufzuwarten, und von diesem Tage an wurde mir das Kommando über die ganze Kavallerie anvertraut, welche Bedienung Luga de Deira oder Oberster der Kavallerie genannt wird, aber ich lud mir dadurch viel Abgunst auf den Hals.

Es dauerte nicht lange, bis ich wieder einen Versuch gegen die Feinde tun sollte, es geschah auch, aber zu meinem und derer, die ich mit mir hatte, Verdruss. Denn als der Feind floh und wir ihm nachsetzten, mussten wir zwischen einigen Klippen hindurch. Der Feind hatte den Pass mit Fußvolk besetzt, von welchem ein Teil von unseren Leuten erschossen wurde, einem anderen Teil wurde der Pass abgeschnitten, dass sie sich gefangen geben mussten, die Übrigen entflohen und entkamen. Unter den Gefangenen war ich, mein Pferd wurde unter mir totgeschossen, man nahm mir meinen Leibgurt und band damit meine Hände auf den Rücken. 45 von unseren Leuten wurden gefangen und massakriert, und man war gewillt, ebenso mit mir zu verfahren. Da aber der Feind hoffte, eine gute Ranzion (Lösegeld) für uns zu bekommen, so blieben 15 am Leben, worunter auch ich war, obschon einer von meinen Bedienten, den ich mit mir hatte und sehr liebte, vor meinen Augen erstochen wurde.

Als wir nun in Verwahrung gebracht worden waren, kam des erwähnten Boassases Gemahlin, deren Name Egia war, ins Gefängnis, nach der Türken Gewohnheit verschleiert, sodass nichts Bloßes zu sehen war, ausgenommen ihre Augen und Hände, welche nach ihrer Gewohnheit mit verschiedenen tiefeingebeizten Farben bemalt waren. Sie war meistens aus Neugierde, um mich zu sehen, ins Gefängnis gekommen, weil sie gehört hatte, dass ich ein Christ war. Sie fragte, welcher von uns es wäre, und nach wiederholten Fragen warf ich mich zu ihren Füßen. Ich war ohnedies kenntlich genug unter ihnen, weil die Augen aller Gefangenen auf mich gerichtet waren und ich auch einigermaßen von den andern durch die Farbe unterschieden war.

Ihre Fragen an mich waren verschiedene, ob man in unserem Land an Gott, der über Himmel und Erde herrscht, glaube. Da ich diese Frage mit Ja beantwortete, machte sie diese Einwendung, dass sie in Europa Holz und gemalte Bilder anbeten. Dieser Verdacht muss wohl dadurch erregt worden sein, dass sie es entweder gesehen oder gehört hatte von den Katholiken. Ferner, ob wir Pferde, Kamele, Milch, Öl, Brot und dergleichen hätten. Ich rief ihr nach, als sie wegging, in einem beweglichen Ton mit hoher Stimme, eine Fürbitte für mich einzulegen bei ihrem Herrn, worauf sie nur antwortete, dass ich nicht so rufen solle, welche Worte ich in der Meinung auffasste, dass sie verdrießlich geworden. Allein nach wenigen Stunden kam der Schmied und machte mich los.

Ich hatte darauf die Gnade, vor den Schey (Scheich, Ältester) geführt zu werden, und mir wurde zu meiner Erquickung viel Gutes erwiesen. Dieser Schey war ein Enkel von dem alten Boassase, bei welchem ich das Glück hatte, so in Gunst zu kommen. [...] Er bat auch seinen Großvater, dass er mich mit sich auf die Jagd nehmen möge.

Als wir nun eines Tages über Mittag die Pferde ein paar Stunden Zeit etwas beiseite hatten führen lassen, belustigte sich dieser Schey mit den Herren, die er bei sich hatte, nach dem Maaß (Zielscheibe) zu schießen. Da ich währenddessen in einigen tiefen Gedanken über mein Schicksal stand und ungefähr meine Augen auf die Pferde hingewandt hatte, meinte der junge Herr, dass ich die Pferde besähe und fragte mich deshalb, ob diese nicht so gut wären als diejenigen, die ich in Constantine zurückgelassen. Ich unterstände mich nicht, seine Frage zu beantworten, bis ich mir die Gnade ausgebeten hätte, die Wahrheit sagen zu dürfen, denn ich hätte allezeit gehört, sagte ich, dass es sich nicht anders gezieme vor großen Herren, als die Wahrheit zu reden. Berichtete dabei, dass die Pferde, die ich in Constantine oder im Lande meines Herrn gesehen hätte, mir wohl so schön und munter vorkämen als diese. Er [...] ließ mich sein eignes Reitpferd probieren. Ich ritt damit etwas herum, und da ich eine besondere Munterkeit an dem Pferd bemerkte, kam mir gleich in den Sinn, dass mir eine vortreffliche, jedoch gefährliche Gelegenheit gegeben würde, zu entfliehen. Mein Herz schlug in meinem Leibe. O, dachte ich, wenn ich dürfte! Ich brach durch, folgte meinem Trieb, gab dem Pferd die vollen Sporen und entfloh.

Ich war schon ein klein Stück Weges fortgeritten, ehe man gewiss meinen Anschlag merkte. Sie riefen mir nach, und sogleich schickte er 20 bis 30 Mann zu Pferde nach, auch geschahen einige Schüsse, sodass die eine und die andere Kugel an meiner Seite vorbeistreiften und in den Sand fielen. Aber nach Verlauf von drei Stunden war ich ihnen aus dem Gesicht gekommen. Des Nachts ritt ich, und des Tags ging mein Pferd im Walde zu fressen. Meine Speise waren in dieser Zeit einige Früchte und eine Art Salat, der dort im Lande wächst. Ich brachte auf dem Wege zwei Nächte und etwas über einen Tag zu, da ich denn zu meines Patrons größtem Vergnügen mich im Lager wieder einstellte.

Nach einigen Streitigkeiten wurde zwischen meinem Patron und dem erwähnten Boassase von Thesis Friede geschlossen. Vermutlich wurde dieser Friede umso viel mehr für ratsam gehalten, da mein Patron von dem Dey, der zu Tunis residiert, einige Bewegungen bemerkte. Es kam auch zuletzt zwischen diesen beiden zu einem Krieg, da eine Allianz zwischen Boassase und meinem Patron geschlossen wurde. [...] Hernach aber hatten wir Gelegenheit, uns mit unserer Armee in des Feindes Land aufzuhalten.

Ein halbes Jahr waren wir im Krieg gegeneinander gewesen, als wir endlich mit unserem Proviant zu kurz kamen. [...] Dieser Mangel nötigte uns, [...] den Feind anzugreifen, das Glück möge sich fügen, wie es wollte. Aber weil die Macht des Feindes größer war als unsere, [...] so war es notwendig, [...] Nachricht zu erhalten von des Feindes Stellung. Mein Patron und Boassase beschlossen, dass einer ausgesandt werde [,...] als man aber darüber zu Rate ging, [...] fiel Boassases Wahl auf mich. Der Christ, so sprach er, der Gasnadal, ist gut genug dazu. Er wusste, wie ich früher mich von seinem Enkel weggeschlichen hatte, und wollte mir am liebsten, wenn er könnte, einen Possen spielen. Mein Patron, welcher mich liebte und daher eine so gefährliche Verrichtung mir nicht auflegen wollte, fragte mich, ob ich Lust dazu hätte. Ich antwortete: Hier gilt es nicht, ob ich Lust habe, sondern was Afendi (das ist mein gnädiger Herr) befiehlt. Kurz, ich erhielt Befehl, mit dem Zusatz, wenn es wohl ginge, sollte ich, wenn ich wollte, mit Ehren meinen Abschied nach meinem Vaterlande haben.

Ich näherte mich zu Fuß des Nachts dem Lager, welches nahe bei uns stand, aber ehe ich dahin kam, begegneten mir einige Reiter. Ich wusste in der Geschwindigkeit nicht, was ich tun sollte, es fiel mir ein, meinen Säbel und meine Pistolen wegzuwerfen und mich für einen Deserteur auszugeben, welcher zugleich etwas Wichtiges dem König von Tunis vorzubringen hätte, wenn ich die Gnade haben möchte, vor ihn geführt zu werden. Da diese an meinen

Kleidern merkten, dass ich einer von den vornehmsten Offizieren sein müsste, freuten sie sich darüber, und mein Verlangen wurde erfüllt.

Der Bey von Tunis kannte mich gleich und fragte deshalb, wie ich, da ich als Gasnadal oder Luga de Deira bei meinem Patron in solchem Ansehen stände, zu ihm käme. Ich küsste seine Hand, bat mir untertänigst seinen Schutz aus, wo nicht, so wäre es mir gleichviel, ob ich mein Leben in seinen oder in meines vorigen Patrons Händen verlieren sollte, [...] wenn er es schonen wollte, versicherte ich ihm treu zu dienen. [...] Der Bey von Tunis zeigte sich sehr vergnügt über meine Ankunft, fragte genau, ob es sich so verhielte, dass Mangel an Proviant und Munition in unserem Lager wäre, wie er von einigen Deserteuren vernommen. Ich antwortete Ja, obwohl Letzteres sich nicht so verhielt, denn Pulver und Kugeln fehlten uns nicht. Ferner wurde ich gefragt, ob ich gesonnen wäre, gegen meinen vorigen Patron zu streiten. Ich antwortete, wenn ich ein Pferd mit Zubehör erhielte, wäre ich bereit dazu, und das umso ernstlicher, weil ich als Überläufer niemals Pardon bei ihm erwarten könnte.

Es geschah, und ich kann nicht leugnen, dass, da ich bei diesem Herrn so wohl ausgerüstet und aufgenommen wurde, es mein voller Vorsatz war, bei ihm zu bleiben, zumal zu erwarten war, dass die tunesische Armee das Feld behalten und die Constantinischen genötigt werden würden, wegen des gemeldeten Mangels entweder einen Angriff zu tun oder über Hals und Kopf zu retirieren. Ich wurde sehr vertraut mit dem Bey von Tunis, mir wurde erlaubt, in der Armee herumzufahren und die Artillerie zu besehen, und ebenso wurde ich über unsere Armee und Anstalten genau ausgeforscht. Zu meinem Verdruss kamen am dritten Tage einige Überläufer, welche sehr wohl wussten, dass ich keineswegs bei meinem Patron in einiger Ungnade war, sondern urteilten, dass ich ausgesandt wäre, des Feindes Anstalten auszukundschaften. Ein Renegat hatte gehört, dass dieses Gerücht vor den Bey von Tunis gekommen, und fragte mich deshalb um die Beschaffenheit der Sache. Ich stellte mich böse an und wollte wissen, wer so von mir gesprochen hätte. Er antwortete, einige von euren eignen Überläufern.

Ich merkte unterdessen wohl, was die Glocke für mich geschlagen, weshalb ich spekulierte, davonzukommen, machte also Anstalt, als wollte ich einen Zug gegen die Feinde wagen, denn das ist ihre Weise, mit 100, auch mit 200 Pferden und mehr einen Ausfall zu tun. Ich hatte 100 Mann mit mir und setzte mit ihnen an. Als ich aber meinen Leuten so nahe kam, als mir gut schien, gab ich ein Zeichen, dass ich zu ihnen übergehen wollte, welche mir nun mit Freuden entgegenkamen und mich zu meines Patrons großer Verwunderung zu meinem vorigen Lager eskortierten. Nun war ich im Stande, von allen Dingen genaue Nachricht zu geben, riet auch, noch in dieser Nacht den Feind anzugreifen und auf der andern Seite einzufallen, wo er, nämlich von hinten auf ihn zukommend, es unmöglich vermuten könnte. [...] Es kam, kurz zu erzählen, zu einer Hauptschlacht, welche so glücklich für uns lief, dass unsere Leute nach Verlauf von einigen Stunden den Feind verjagten und das feindliche Lager erbeuteten.

In dieser Schlacht kam mein Patron von seinem Pferde, und da ich mich nahe bei ihm aufhielt, offerierte ich ihm mein Pferd, in dem Gedanken, wenn er erst im Sattel wäre, hinten aufspringen zu wollen, aber wir kamen so ins Gedränge, dass es mir unmöglich blieb, doch hielt ich beim Schweif, in der Hoffnung, mich so durchzudrängen, da ich aber korpulent und schwer zu Fuße war, musste ich wieder loslassen, und war kein anderer Rat für mich, als mich auf die Erde unter die Toten zu werfen. Die eine Hand ließ ich ausgestreckt liegen, die andere lag auf meinen zwei Messern, welche die Türken auf der Brust tragen.

Als ich nun einige Zeit in dieser Positur gelegen, hörte ich, dass einer zum andern sagte: Hier finde ich eine propre Montur, die muss ich gewiss haben. Er stieg von seinem Pferd, fing an, mich aufzuheben, um mich umzukehren, aber in demselben Augenblick griff ich ihn mit der einen Hand und gab ihm einen Messerstich in die Brust mit der andern Hand, sodass er ein großes Geschrei ausstieß und ich auch kein geringes, denn ich fühlte mich so beklommen, dass, wenn ich nicht zum Schreien gekommen, dachte ich, ich hätte sterben müssen. Des Getöteten Pferd diente mir, vom Kampfplatz zu kommen, worauf ich denn meinen alten Patron wieder antraf.

Diese Abenteuer sind die vornehmsten, die in der Kriegsgeschichte vorfielen. Mein Patron wurde alt und sah am liebsten, dass die Sachen durch mich abgetan würden. Oftmals, wenn er sich des Mittags zur Ruhe begab, war eine oder andere Exekution an den Strafschuldigen vollzogen, ehe er erwachte.

Unter denen, die ich auf Befehl umgebracht habe, liegen mir zwei Maurermeister am meisten im Sinn. Zweimal nämlich zu meiner Zeit fiel es meinem Patron ein, einen ansehnlichen Teil Dukaten in einen Turm einmauern zu lassen. Nachdem der Maurermeister für seine Mühe bezahlt worden, hatte ich den Befehl, ihm, wenn er von mir wegginge, die Treppe hinunter den Hals zu brechen, was ich tun musste, wenn ich nicht mein eignes Leben lassen wollte. Hierzu hatte mein Patron zwei Ursachen, die eine, dass die Stelle, wo das Geld liegt, verschwiegen bleibe, die andere, weil die Türken von dem Aberglauben eingenommen sind, dass dessen Seele, der umgebracht ist, über dem Schatz gleichsam schwebe oder wache, sodass niemand als der Eigentümer darankommen könne. [...]

Acht Jahre war ich in Afrika gewesen, als mein Patron beschloss, eine Karawane nach Mekka in Arabien anzustellen, welches die Türken für heilig halten, weil ihr Prophet Mahomed da geboren ist. Diese Karawane oder Reisegesellschaft war ungefähr 6000 Mann stark, wovon 4000 Mann auf ihre eigenen Kosten reisten, die übrigen 2000 gehörten meinem Herrn.

Das Beschwerlichste auf dieser Reise war, dass an vielen Stellen Wasser fehlte, welches daher in großen ledernen Flaschen auf Kamelen mitgenommen werden musste. Unterwegs auf dieser Reise von Mekka her kamen wir an eine Stelle, wo Hagar in vorigen Zeiten mit ihrem Sohn Mangel an Wasser gelitten hatte. Der Brunnen, der heilig ist und vorgezeigt wird, wird in ihrer Sprache ›Il me Sim Sim‹ genannt. Dreizehn Monate gingen vorbei, ehe wir diese Reise vollendet.

Ich komme zu meiner eigenen Geschichte zurück, und insbesondere zu meiner Loslassung, welche nicht lange nach dem letzten Krieg mit Tunis erfolgte. Mein Patron hatte mir sein Versprechen gegeben, und einer von den Bedienten des Beys zu Algier legte auch eine Fürbitte für mich ein. Der war sein Gasnadal und zugleich sein Neffe, und seit meiner Abreise ist er Bey oder König von Algier geworden. Sein Name war Ali Gaye. Er stellte meine treuen Dienste vor und verschiedener Expeditionen glücklichen Ausgang. Es war auch hohe Zeit, dass meine Demission mir bewilligt werde, denn mein Patron hatte schon sein 95stes Jahr erreicht, sodass ich *jeden Tag eine Veränderung vermuten konnte, wobei es schlecht für mich ausgesehen hätte. [...]*

Wohl war ich gewillt, zu einem meiner gnädigen Frauen Brüder zu fliehen, wenn ein Todesfall eintreten sollte, ich hatte ihm auch versprochen, ihm seinen Neffen zu bringen, wenn es einigermaßen möglich wäre. Ferner hatte ich ihm 1000 Dukaten zur Verwahrung gegeben, da ich aber nicht so lange warten konnte, verdross es mich nicht, sie im Stich zu lassen.

[...] Den Tag darauf, als ich reisefertig war, ging ich zu meinem Patron, küsste seine Hand und sprach: Afendi, ich danke für das Brot und Salz, welches ich beinahe 12 Jahre aus Euren Händen empfangen, bitte mir Euren Segen aus und um Vergebung für alles, womit ich mich versehen haben könnte. Seine Antwort war: Ich danke dir, Captain, für deinen Dienst, und habe ich dir etwas zuwider getan, bitte ich gleichfalls, dass du mir es vergeben wollest. Bei den letzten Worten fiel ich in Weinen und umfasste seine Knie, aber der alte Herr, dem die Tränen von seinen Wangen herabrollten, hub mich wieder auf, legte seine Hand auf mein Haupt und sprach: Gehe mit Gott. Nimm dich in Acht vor starken Getränken, vor Frauensleuten und vor den Juden in Algier, dass sie dir dein Geld nicht wegstehlen. Darauf erteilte er mir einen Pass auf Pergament, welchen ich in Algier vorzeigen könnte.

Als ich da ankam, frug mich der damalige Bey, wie lange ich in Constantine gewesen. Ich antwortete, beinahe 12 Jahre. Wohl, sagte er, nun kannst du mir wohl ebenso lange dienen. Als ich hierauf erwiderte, ich würde es für eine Gnade halten, einem so vornehmen Herrn aufwarten zu können, versetzte er, du meinst es nicht, und fügte ein kleines Scheltwort hinzu, aber er gab mir so viel als sieben Reichstaler in Gold und außerdem einen Pass ohne Bezahlung, welcher mir sonst 70 Rtlr. zu stehen gekommen wäre, und sprach: Um deines Herrn und deines treuen Dienstes willen verlange ich nichts. Aber während er sich zu einem anderen Herrn, der bei ihm war, umwandte, sprach er: Ist es nicht eine Schande für uns, wir erwerben die Christen mit unserem Blut und lassen sie danach aus dem Lande gehen mit unseren Mitteln, denn es war ihm bekannt, dass mein Herr mir hatte bezahlen lassen, was mir gehörte. [...]

Meine Reise nach Hause ging über Marseille, Lyon, Paris und

Hamburg. In Paris sah ich noch mein voriges Pferd, auf welchem ich von Boassase entflohen war, denn es wurde an den französischen Konsul in Algier verkauft, und von ihm kam es auf des Königs Stall.

Als ich nach Hamburg kam, begegnete mir mein alter Vater Olluf Jensen, welcher noch am Leben ist und welcher zwei Jahre vorher 800 Mark zu meiner Ranzion übersandt hatte. Da er aber auf des Kaufmanns Schreiben nach Hamburg gekommen, um mich abzuholen, musste er zu seinem großen Leidwesen vernehmen, dass man, wo nicht im Namen, so doch in der Person, gefehlt, indem ein Soldat aus Bremen für diese Geldsumme losgelassen worden. Meines Vaters Geld war weg und sein Sohn noch in der Türkei, doch wie er kurz darauf einen Brief von mir erhielt über mein Wohlbefinden und die Hoffnung meiner gewissen Erlösung, gab er sich einigermaßen zufrieden.

Seine Hoffnung wurde erfüllt, als ich das Frühjahr darauf anlangte und er sich wieder in Hamburg einfand. Allein sowenig als er den vorigen kennen konnte, ebensowenig durfte er mich kennen. Er hatte mich nicht gesehen, seitdem ich ein Knabe von 14 Jahren war, und nun war ich wohl gewachsen, dabei korpulent und mit propren Kleidern angetan. Ich kam gesund und vergnügt in meinem Vaterlande an beinahe um dieselbe Zeit, als ich vor 13 Jahren gefangen wurde, und brachte schöne Kleider, Möbel und an baren Geldern ansehnliches Vermögen mit, welches ich mit meines Patrons Wissen mit mir aus der Türkei genommen hatte. Mein Schreibzeug war von Silber graviert und mit Gold ausgelegt und zwei große Messer gleichfalls mit Silberheften und mit Gold ausgelegt, welche als ein paar Dolche dienten, und beide Teile auf der Brust getragen werden. Dieses handelte mir der berühmte Professor Möller in Flensburg ab, welcher mir die Ehre gab, mich auf Amrum zu besuchen. Er erhielt auch einen reichen Stein von mir, wovon der Sultan, mein Herr, mir ein paar verehrt hatte. Selbiger hatte mich oft bedient gegen Gift, insbesondere gegen das Skorpionsgift, wenn ich mit einigen Tropfen Wasser auf einem Wetzstein rieb und das Zerriebene aufleckte, welches wie Milch aussah. Der Stein war von Größe wie ein Taubenei, hart und von Ansehen wie Alaun.

In Tondern hatte ich die Gnade, dem hochseligen König Chris-

tian dem sechsten vorgestellt zu werden, welcher sich allergnädigst gefallen ließ, von den Dingen zu hören, welche sich mit mir zugetragen hatten.

Kann ich mich zwar nicht mit Joseph meiner Unschuld halber vergleichen, so doch meines Glückes, und mein alter Vater hat doch etwas von Jakobs Schicksal gehabt, sowohl wegen seiner Trauer als Freude über mich, da er vorher ebenso wenig glauben konnte, dass es mir so wohl ginge, als dass er mich jemals wiedersehen würde. Der Gott Abrahams, Isaaks und Jakobs, welcher mich in so vielen Fährlichkeiten bis auf diesen Tag erhalten hat, gebe mir seine Gnade, dass seine Furcht stets vor meinen Augen sein möge und dass ich mit Joseph mich in Acht nehme vor allem Bösen, das ihm zuwider ist, und den Rest meiner Tage in Ruhe, Glauben und Zuversicht im Innern vollbringe, abgesondert von dieser vergänglichen Welt, ihrem Tumult und Unruhe.«

Ganz anders als bei Hark Olufs verhält es sich mit Jürgen Jacobsen. Er wurde am 15. Mai 1778 in Gelting im Herzogtum Schleswig geboren und fuhr auf der englischen Brigg MERTON – HALL von Cuxhaven in den Senegal, als er am 3. September 1799 nach einem Schiffbruch an der nordafrikanischen Atlantikküste gefangen genommen wurde und vier Jahre in der Sklaverei auszuhalten hatte. Zwar kam er dann frei, jedoch dauerte es 17 Jahre, bis er nach einer Odyssee auf vielen Meeren wieder zu Hause war. Dort drängte man ihn, seine Erinnerungen niederzuschreiben. Sie erschienen 1821 in Flensburg unter dem ausführlichen Titel *Beschreibung meiner unglücklichen Seefahrten in einer Zeit von 17 Jahren, meiner Schicksale während vierjähriger Gefangenschaft in Afrika und nachher ausgestandener Gefahren; nebst Bemerkungen über Afrika's Einwohner und Sitten.*

Es ist Ernstpeter Ruhe zu danken, dass dieses spannende Dokument frei zugänglich ist. Man findet es in der Online-Volltext-Bibliothek der Universität Würzburg, die Ernstpeter Ruhe verantwortet, unter dem Titel: *Deutschsprachige Reiseberichte aus dem Maghreb und ihre Kontexte (16. – 20. Jahrhundert).*

Jürgen Jacobsen führt den Schiffbruch auf den Alkoholkonsum des Kapitäns und des Obersteuermanns zurück. Kaum hatte sich die Mannschaft an Land gerettet, als sie auch schon von den Männern eines Stammes gefesselt wurde, der von Seeraub und der Ausplünderung gestrandeter Schiffe lebte. Dem Kapitän und zwei anderen gefangenen Seeleuten gelang die Flucht, für die anderen begann das jahrelange Martyrium einer äußerst harten Gefangenschaft. Jeder der gefangenen Seeleute wurde einem einzelnen Herrn, einem Mauren, zugeteilt, dessen Launen und Grausamkeiten er ausgeliefert blieb. Jacobsen wurde geschlagen, gequält, mit dem Tod bedroht, oft dachte er an Selbstmord. Später wurde er weiterverkauft und geriet schließlich an einen Kaith namens Sidi Heschem ben Aly, der außerordentlich grausam war. Wie ein Hund fühlte er sich behandelt, der von Essensresten leben muss. Einmal erlebte er entsetzt, wie sein Kaith seinen Freund eigenhändig erschlug. Hier gleicht nichts einem orientalischen Märchen, es herrschte Anarchie und pure Gewalt.

Schließlich gelang es Jürgen Jacobsen mithilfe eines jüdischen Kaufmanns, Kontakt mit dem englischen Kaufmann Renschan in Mogador aufzunehmen, der ihn tatsächlich dem Kaith abkaufte.

Kriegswirren und chaotische Schiffsverbindungen sorgten dafür, dass Jacobsen erst zwölf Jahre später in seine Heimat zurückkehrte.

Seine Erinnerungen stießen zu Hause auf großes Interesse. Wie mögen diese durch das Leid des Autors besiegelten Berichte auf die lesenden Zeitgenossen gewirkt haben, die sich in den zwanziger Jahren des 19. Jahrhunderts hindurchgefressen hatten durch Berge von Räuber- und Revolutionsromanen, die vor Grausamkeit strotzten.

Jacobsen jedenfalls hatte seine Erinnerungen aus der muslimischen Gefangenschaft so verfasst, dass der Leser ihm ein tief empfundenes Mitleid entgegenbringen konnte. Ob bei der Lektüre wirklich erfahrene Grausamkeit von fiktivem Romanhorror unterschieden wurde, ist eine andere Frage. Jürgen Jacobsen jedenfalls war durchaus in der Lage, eine Sprache für die erfahrenen Schrecken zu finden.

Wir haben eine Passage aus den Erinnerungen ausgewählt, die von diesen Schrecken handelt.

»Bei der Vollstreckung des Urteils musste ich auch dabei sein, denn es wurde mir befohlen, die Toten auf meinem Esel an die schon früher erwähnte Grube zu bringen. Obwohl ich schon mehrere Körper auf dieselbe Weise fortgeschleppt hatte und an diese Arbeit schon gewöhnt war, so war es an diesem Tage doch das Schlimmste, was mir widerfahren konnte.

Es kamen nämlich einige Mauren zu Fuß und zu Pferde mit drei Gefangenen, denen man die Hände auf dem Rücken zusammengebunden hatte, in das Haus des Fürsten.

Ich bekam einen furchtbaren Schrecken, weil ich an der Kleidung der Gefangenen und ihrem übrigen Aufzug deutlich sah, dass es sich um Europäer handelte. Der eine war mit einem blauen Rock bekleidet, die anderen beiden trugen schwarze Kleider und lange Hosen, wie das bei Seefahrern üblich ist. Daraus schloss ich, der erste müsse der Kapitän und die anderen zwei von seinen Leuten sein. Nun versuchte ich, etwas über ihr Schicksal, vor allem aber über die Umstände ihrer Gefangennahme zu erfahren, und warum man sie in das Haus des Fürsten gebracht hatte.

Ich wagte es, sie vor der ganzen Versammlung auf Englisch anzusprechen, und fragte sie, aus welchem Lande sie kämen und warum man sie als Gefangene hierher gebracht hätte. Keiner von ihnen schien mich zu verstehen, daher wiederholte ich dieselben Fragen auf Deutsch. Einer von ihnen antwortete mit schwacher Stimme, ihr Vaterland wäre die Insel Borkum. Kaum hatte er das gesagt, als einer von den Mauren uns derart ins Gesicht schlug, dass uns das Blut zum Mund herauslief. Wir durften nun kein Wort mehr miteinander reden. Nachdem man nun diese armen Menschen mit gebundenen Händen vor den tyrannischen Fürsten gebracht hatte, beschuldigten sie gleich einige von den Mauren, sie hätten einen Aufruhr gegen sie geplant.

Ich wusste nicht, ob die Beschuldigungen zutrafen. Diese armen Menschen wurden nun ohne jede Möglichkeit, sich zu verteidigen, dazu verurteilt, dass ihnen mit dem Messer die Hälse abgeschnitten werden sollten. Das Urteil wurde auch gleich durch die Schergen des Tyrannen vollstreckt. Gern wäre ich der Hinrichtung aus dem Wege gegangen, aber der Tyrann befahl, dass ich bei der grausamen Tat zuschaute. Mir wurde es dabei dermaßen elend, dass *ich kaum die toten Körper auf meinen Esel packen und sie zu der schon erwähnten Grube bringen konnte. [...]«*

Die Bedrohung der christlichen Seefahrt durch muslimische Seeräuber wurde durch solche Berichte präsent und blieb lebendig. Aber auch als literarisches Motiv rückte die Piraterie der »Barbareskenstaaten« in die Nähe. Sogar dem Helden im *Simplicissimus* von Grimmelshausen widerfährt eine höchst merkwürdige Begegnung mit »*mohammedanischen Seeräubern*«. Die folgende Passage aus dem 5. Buch des berühmten Barockromans belegt, dass ein Autor in der zweiten Hälfte des 17. Jahrhunderts offenbar ohne weitere Erklärungen von den Umtrieben der muslimischen Seeräuber erzählen konnte. Wir entnehmen das längere Zitat der von Reinhard Kaiser 2009 ins moderne Deutsch übersetzten Fassung des *Simplicissimus*.

Simplicissimus gerät auf einer so abenteuerlichen wie wundersamen Reise von Moskau über Astrachan, Korea, Japan schließlich in das seinerzeit portugiesische Macao. Die Portugiesen wussten nicht, was sie mit ihm anfangen sollten:

»Wie ein verirrtes Schaf, das seine Herde verloren hat, lief ich bei ihnen herum, bis ich unter wundersamen Umständen von türkischen oder mohammedanischen Seeräubern gefangen genommen wurde, die mich ein ganzes Jahr auf dem Meer und bei den sonderbaren Völkern der ostindischen Inseln herumschleppten und dann an Kaufleute aus Alexandria in Ägypten verkauften. Diese brachten mich mit ihren Waren nach Konstantinopel. Weil nun der türkische Kaiser damals gerade eine Anzahl Galeeren gegen die Venezianer ausrüstete und Mangel an Ruderern herrschte, mussten viele türkische Geschäftsleute ihre christlichen Sklaven abliefern, allerdings gegen Bezahlung. Auch mir erging es so, denn ich war ein junger, kräftiger Kerl, und so musste ich nun Rudern lernen. Dieser schwere Dienst dauerte aber kaum zwei Monate, dann wurde unsere Galeere in der Levante von den Venezianern aufgebracht, wobei ich und alle meine Genossen aus der Gewalt der Türken befreit wurden.

Nachdem diese Galeere mit reicher Beute und einigen vornehmen Türken als Gefangenen nach Venedig gebracht worden war, wurde ich auf freien Fuß gesetzt, weil ich nach Rom und Loreto pilgern wollte, um mir diese Orte anzusehen und Gott für meine Befreiung zu danken. Einen Pass für diese Reise bekam ich ohne Schwierigkeiten und außerdem von aufrechten Leuten, vor allem von einigen Deutschen, eine ansehnliche Unterstützung, sodass ich mir ein langes Pilgergewand besorgen und meine Reise antreten konnte.«

Gefangennahme des von Nordfriesen geführten Schiffs ORANJE BOOM auf Doggersbank von dem türkischen Kaper DIE DREI HALBEN MONDE, kommandiert von einem hamburgischen, einem lübeckischen und einem schwedischen Renegaten

Simplicissimus erleben wir auf einer fantastischen Reise, die sich um geografische Korrektheit nicht kümmern muss. Er befindet sich auf einer Odyssee auf der Suche nach seinem Knan, seinem Vater, den er schließlich auf die abenteuerlichste Weise findet.

Dass die unwahrscheinlichsten Geschichten sich in der Wirklichkeit ereignen konnten, zeigt der folgende Bericht eines unbekannten Seemanns, der am 27. Oktober 1687 durch den türkischen Kaper DIE DREI HALBEN MONDE aufgebracht und gefangen genommen wurde. Dies geschah nicht im Mittelmeer, sondern bei der Doggerbank im Herzen der Nordsee.

Wir entnehmen den folgenden Bericht ebenfalls dem von Gabe Schneider herausgegebenen *Lappenkorb*.

»Im Jahre 1687 im Monat März hat der selige Schiffer Ipke Paulsen von Oland seine Reise mit Gott angetreten nach Drontheim in Norwegen, nebst dem bei sich habenden Schiffsvolk, Steuermann Jong Paul Paulsen, […] Matrosen Broder Bandixen von der Gröde, Jong Frerk Okken von Oland […], und sind im selben Monat März an Bord gegangen auf ihr Schiff, das im Slütj bei Langeness lag und zum Zeichen hatte Oranje Boom.

Und da haben wir eine Ladung eingenommen, sind […] ungefähr den 2. Mai glücklich aufs Liedt von Drontheim gekommen und den 4ten in der Stadt angelangt. Den 5. Mai begannen wir zu löschen und am 10ten löschten wir den Rest der Ladung. Unser Schiffer nahm nun wieder eine Fracht nach London an, Stockfisch und Dielen. […]

Den 1. und 2. Juni mit östlichem Winde sind wir von der Stadt und in See gesegelt. Gelegenheit und Wetter waren günstig. Den 20sten, ein Freitag, sind wir auf Doggersbank auf 14 Faden gewe-

sen, auf der Höhe von 54° 30' Breite und auf 18° 20' Länge. Des
Morgens früh bekamen wir einen Segler in Sicht voraus in Lee, und
als es heller Tag geworden, merkten wir, dass er eisernen Kurs auf
uns gerichtet hatte mit der Prinzflagge [der holländischen Flagge]
von hinten. Er tat einen Schuss mit losem Pulver nach uns, sodass wir mutmaßten, er sei ein Freund oder holländischer Kreuzer,
warfen's also über Stach [das heißt: wendeten], brassten unser Vor-
segel auf den Mast und warteten auf ihn, in der Meinung, dass er
ein Bekannter sei oder an etwas Mangel leide. Lagen nun so lange
mit den Segeln auf dem Mast, bis er bei uns war. Und da er sah,
dass wir ihm nicht entgehen konnten, strich er seine Prinzflagge
und setzte die türkische wieder auf. Als wir das sahen, merkten
wir, dass er ein Türke war, und suchten von ihm zu kommen. Wir
brassten unsere Segel wieder ab, ließen's zwei oder drei Striche vor
den Wind laufen, nördlich hin, weil der Wind W.S.W. war. Einer
von der Mannschaft wurde nach der Blinde [Segel unter dem Bug-
spriet] gesandt, um loszuschneiden, weil die noch fest war, und währenddessen schossen die Türken so stark mit Musketen, als ob es
Hagel vom Himmel regnete, doch Gott bewahrte uns wunderbar.

Auch unsere Blinde war nun beigesetzt, aber der Musketenregen
wurde so heftig, dass wir uns nicht bergen konnten auf dem Deck,
verbargen uns also unten auf der Ruhrwaaring [über dem Ruder
gebaute Hütte]. Der Türke, als er im Winde von uns war, hielt auf
uns an, um an Bord zu liegen [zu entern], und da er an Bord lag,
ließ er seinen Enterbreg zwischen dem Türken und unserem Schiff
einfallen, dass er sich für diesmal an unserem Schiff nicht halten
konnte, und da er zum andern Mal wieder auf uns zukam und uns
an Bord liegen wollte, drehten wir ab in den Wind, sodass wir ihm
das Hinterteil vom Schiff zukehrten und er nicht entern konnte.
Zuletzt, da er den Wind vor uns hatte, hielt er auf unsere Seite vom
Schiff und setzte seine Barke über Bord, weil es schönes Wetter war,
und hatte etliche Bootshaken und eine Anzahl Türken darinnen,
obschon er uns nah auf der Seite war, stießen wir sie vom Bord ab,
allein sie schlugen ihre Haken an unser Schiff, also dass ungefähr
14 Türken mit ihren Enterbeilen, Säbeln und Pistolen überkamen.
Und da sie überkamen, hieben sie unser Großkordel in Stücke, sodass die Raa herunter ins Holl [wahrscheinlich die Decksmitte]
fiel.

Sie sahen umher und fanden niemand auf dem Deck, denn wir lagen auf der Ruhrwaaring verborgen. Endlich kamen drei von den Barbaren und fanden uns da und riefen in ihrer Sprache: Riba, Riba, Castiliana, das will sagen, Bowen, Bowen, [nach oben, nach oben] ihr Christen. Weil wir ihnen nun so bald nicht folgten, erhielten wir harte Streiche mit ihren Gewehren, sodass wir, wie jeder sich leicht denken kann, einander mit Betrübnis ansahen und wenig Wehr tun konnten. Da wir nun alle oben angekommen waren, wurden wir in der Barke nach dem türkischen Schiff gebracht.

Das war des Morgens ungefähr um 9 Uhr, die Sonne S.O. Danach wurden wir hinten hinuntergeführt und da visitiert. Aber sie fanden wenig bei uns, das ihnen dienlich war, außer dass sie unsere Messer und Bücher wegnahmen. Der oberste Captain, ein Renegat von Lübeck, fragte, woher wir wären und wo wir hinsollten mit unserer Ladung. Nachdem wir ihm Bescheid darauf gegeben hatten, trieben sie uns nieder in den Schiffsraum bei den anderen Sklaven und legten uns bei ihnen in die Ketten und Boyen [eiserne Fesseln].

Dieser Kaper führte 32 Kanonen und war an 400 Seelen stark. Dazu hatten sie 16 alte Sklaven, die sie von Algier mitgenommen, um die Arbeit an Bord zu tun. Das Schiff hatte zum Zeichen die drei halben Monde. Wir waren zusammen 109 Sklaven, von holländischen Fischern und einem Rotterdamer Heckboot genommen, welches von Harwich nach Rotterdam gedachte, auch 7 Frauenzimmer, deren einige schwanger waren, und ganz zarte Kinder, die noch in Windeln lagen, sie waren von englischer Nation.

Als wir nun bei ihnen im Raum geboyet worden waren, plünderten die Türken unser Schiff aus, führten die Hälfte der Stockfische mit ihrer Barke über, desgleichen unsere Segel und schweren Taue, und ließen so das Schiff mit seiner meisten Ladung treiben. Setzten darauf ihren Kurs nach Hitland [Shetland] hin, der Wind W.S.W.

Desselben Abends war die Ration ausgeteilt, um zu essen. Der Bouteillier rief, und die Jungen von jedem Back oder 6 Mann kamen, um ihre Ration zu holen, was wir mit ansahen, und empfingen etwa 1 ½ Pfund altes verschimmeltes Brot oder Brocken und ein wenig Essig und Öl ineinander gemengt, mit 12 karg Bäyen [Kümmel]. Darein wurde das verschimmelte Brot getaucht, und wir aßen

es so. Das Brot wurde in 6 Teile geteilt und das Los darum gewor-
fen. Dazu empfingen sie ein Viertel Wasser, welches sie mit einer
Tabaksdose unter sich teilten. Wir aber, die wir das mit ansahen
und eines solchen Lebens ungewohnt, konnten's nicht genießen.

Am folgenden Tag, als wir merkten, dass es auch für uns nichts
anderes zu essen gab, und der Hunger begann uns zu quälen,
schickten wir unseren Jungen ebenfalls hin, um für uns 6 Mann
die Rationen zu holen, und empfingen unseren Teil, gleich den an-
deren, und verteilten es, wie vorerwähnt. Der Schiffer Ipke Paulsen
und die anderen Schiffer hatten ihr Logis in der Kajüte ungezwun-
gen, sodass sie aus und ein gingen nach Belieben, hatten aber ihre
Rationen wie wir.

Den 25. Juni waren wir im Trichter zwischen Hitland und Nor-
wegen, der Wind noch West, bekamen einen Segler in Sicht, eine
Fregatte, die von Westen her auf uns ansteuerte. Wir setzten un-
seren Kurs gerade nach ihm hin und hissten die Prinzflagge. Auch
er ließ seine Prinzflagge wehen. Als wir nahe an ihn herankamen,
sahen wir, dass es eine Fregatte von 12 Kanonen war. Es war EMA-
NUEL VON VLISSINGEN, *22 Mann stark, und kam von Guinea. Da stri-*
chen die Türken die Prinzflagge, setzten die türkische Flagge auf,
schossen zweimal scharf auf den EMANUEL *und praiden [fragten]*
ihn, woher er sei und woher er komme. Er antwortete, er sei von
Holland, gehöre in Vlissingen zu Hause und komme von Guinea,
mit Goldstaub, Elefantenzähnen und Zucker beladen. Die Türken
riefen, sie sollten ihre Sloop aussetzen und an Bord kommen, was
sie auch ohne allen Widerstand taten, und kamen also bei uns an
Bord.

Auch die Türken setzten ihre Barke aus und holten das übrige
Volk in ihr Schiff herüber, zusammen 22 Mann, welche ebenfalls bei
uns im Raum in die Boyen gelegt wurden, ausgenommen der Cap-
tain, der zu den anderen Schiffern in der Kajüte kam. Die Türken
plünderten unterdessen die Fregatte und nahmen alles Kostbare an
Gold, Elefantenzähnen und anderen Kleinodien nebst ihren Segeln
und schweren Tauen und was ihnen dienlich war, sodass sie so viel
überführten, dass sie das Staubgold mit Löffeln teilten.

Des Nachmittags setzten sie ihren Kurs nördlich um Hitland he-
rum, mit einem westlichen Winde. Darauf drehte der Wind süd-
lich, wir fuhren weiter nach unserer Gissung [Mutmaßung] bis an

Fero auf 61° 30' Breite und 10° 40' Länge. Den 28. Juni überfiel uns ein schwerer Sturm, sodass unsere Segel wegflogen, und da wir kein anderes Gestell Segel hatten, um beizulegen, musste das Schiff gehen, wohin der Sturm es führte, nach unserer Gissung nach Norwegen hin. Am folgenden Tag war es noch ein schwerer Sturm, wir fuhren ohne Segel, die Püttings [Eisen, an denen die Wanten befestigt sind] von unserem Großwant begaben sich [gaben nach], sodass der Großmast über Bord schlingern wollte, weil das Schiff keine Stütze von den Segeln hatte. Da suchten die Türken nach Hilfe, um ihren Großmast zu behalten, brauchten die schweren Taue, die sie aus unserem Schiff genommen hatten und sorrten [befestigten] den Mast damit von den Porten [Geschützöffnungen] bis zum Top. Auch etliche von uns Sklaven wurden losgemacht im Raum, um ihnen zu helfen, aber weil wir nur Gelegenheit suchten, den Mast über Bord zu schaffen, damit wir um so viel weniger vorwärts kämen, stießen und schlugen die Türken, die das merkten, uns wieder nach unten, schlossen uns in unsere Boyen und fuhren immer vor Wind und Wellen fort bis an den dritten Tag, wir aber riefen Gott an, dass der Sturm noch etwas anhalten möge, weil nach Gissung unser Kurs nach Stad in Norwegen ging und wir nicht mehr weit davon entfernt sein müssten.

Durch den anhaltenden Sturm war auch unser Schiff ganz leck geworden, weshalb wir Sklaven gezwungen wurden zu pumpen, und dass wir wenig oder nichts zu essen bekamen, verdross uns nicht, da wir hofften, Gott wolle uns bald an eine Klippe oder an den Strand führen, um frei zu kommen und aus den Händen der Barbaren erlöst zu werden. Aber dieses Glück wurde uns nicht zuteil, denn der Wind nahm ab, und es wurde still.

Aber wir hatten noch keine anderen Segel. Daher schnitten sie die Segel, die sie von unserem Schiff und dem holländischen Guinea-Fahrer geplündert hatten, in Stücke und machten daraus Segel für ihr Schiff, sodass, wer nur eine Segelnadel führten konnte, nähen musste. Auch etliche von uns Sklaven wurden losgemacht und gezwungen zu nähen, aber, wie leicht zu denken, unser Nähen hatte nicht viel Fortgang. Doch als der Profoss [Aufseher] das merkte, gab er uns Streiche, dass wir es mit Gewalt tun mussten.

Wir segelten indessen so lange vor den Marssegeln, bis die Untersegel auch fertig waren, welches wohl acht Tage dauerte. Etwa den 7. Juli schlugen sie die Untersegel wieder unter und stellten ihren Kurs westwärts nach Irland hin, bei gutem Wetter und ordentlichem Wind, der uns bis an Irland heranbrachte. Wir erhielten nun Stille und dicken Nebel und waren dem Land näher, als wir mutmaßten, kamen im Nebel vor dem Winde auf die Klippen an und gewahrten die Küste nicht eher, als bis wir unter der Brandung waren, nach Gissung unter Broothavens und Blenark.

Es war der 16. Juli, als ›Überfall‹ gerufen wurde. Wir drehten bei, mussten über Stach, um von den Klippen wegzukommen, wir Sklaven aber wünschten, dass Gott es geben wolle, dass wir nur auf eine oder andere Klippe geführt würden, und deswegen wollten wir zuweilen nach oben, um zu vernehmen, was vorginge, durften aber nicht, weil sie vor Verräterei bange waren.

Danach fing das Wetter an, sich wieder aufzuklären, wir fuhren von den Klippen wieder seewärts hinaus und lagen W.S.W. an. Nach 4 Tagen, ungefähr am 20. Juli, befiel uns ein starker Sturm aus Westen, und unser Schiff begann immer lecker zu werden. Acht von uns Sklaven wurden losgemacht, um zu pumpen, unsere Lebensmittel waren beinahe verzehrt, und unsere Ration wurde gemindert, sodass wir nur ein Pfund verschimmelte Brocken erhielten und unser Viertel Wasser. Essig, Öl und karg Bäyen waren alle verzehrt. Das Wasser stank sehr übel, und es waren Würmer darin. Wir hatten bereits zu wenig Kräfte, um zu pumpen, und einer konnte dem andern bisweilen vor Hunger nicht aufhelfen.

Der Sturm hielt noch an, die Strop von unserer Besans-Rah [Tau der Rah am Hintermast] rieb sich in Stücke, die Rah fiel herunter auf die Schanze [hoher Teil vom Deck ganz hinten], wo 70 bis 80 Mann Soldaten gelagert waren, in drei Stücke, schlug zwei Mann tot und beschädigte einige andere an Armen und Beinen, was ein großes Geschrei verursachte. Wir Sklaven wurden losgemacht, um etwas zu reparieren und zu pumpen, und weil wir Sklaven allzumal oben waren und vorne auf der Back standen, die Türken aber hinten auf der Schanze bei ihren verwundeten Soldaten, beschlossen wir, sie anzugreifen, denn unser Vorgeschütz war scharf geladen, und wir konnte es nach hinten bugsieren, aber weil wir aus vielerlei Nationen bestanden und einander nicht trauten, auch den alten Sklaven, die in türkischen Diensten waren, unser Vornehmen nicht kundtun durften, da sie untreu waren und uns schlimmer behandelten als die Türken selbst, so fand sich niemand, der vorn an der Spitze sein wollte, und so mussten wir es sein lassen.

Darauf kam wieder gutes Wetter, und wir wurden auch wieder nach unten in die Boyen gesetzt und auf Brennholz gelegt. Den 21sten, als der Wind aus Norden wehte, wurde eine von den Schwangeren, eine englische Frau, welche zugleich mit ihrem Mann, einem Sattelmacher von Handwerk, in dem Amsterdamer Heckboot genommen worden und wie er von London gebürtig war, von zwei Knäblein entbunden, welche beide gleich nach ihrer Geburt unbarmherzigerweise von den Türken über Bord geworfen wurden. Die Mutter, die in ihrer Schwachheit und Herzeleid wenig bewirtet und nur mit einem Trunk Wassers gelabt wurde, war doch durch Gottes Gnade stark und hatte gute Geduld von dem lieben Gott, es zu ertragen.

Wir hatten aber noch einen günstigen Wind und fuhren durch die spanische See nach Gibraltar hin, waren ganz leck, und wir Sklaven mussten pumpen. Einmal standen beieinander acht Mann an einem Wieggeck [eine Pumpenkonstruktion], wie wir es nennen, als der oberste Captain, ein Renegat von Lübeck, kam und uns anredete, wollte uns trösten auf seine Weise und sagte, wir sollten nur tüchtig pumpen, denn wir wären jetzt nicht mehr fern von der morischen Küste, und sobald wir nur an die Küste kämen, sollten wir Sklaven an Land, sollten dann genug zu essen haben und nach Algier geführt werden. Das gab uns nur wenig Freude und Trost, weil wir allein auf unsere Erlösung bedacht waren. Daher antworteten wir auf seine Rede nichts. Er indessen fuhr fort, wie er zweimal von den Franzosen sei genommen worden, und ehe er sich nun wieder von ihnen nehmen lasse, wolle er sein Schiff und Gut lieber in die Luft fliegen lassen, dass keine lebendige Seele davonkomme. Wir schwiegen alle still, und diese Rede gefiel uns nicht.

Des anderen Tages früh morgens, den 23. Juli, starb dieser oberste Captain von Lübeck und wurde balsamiert und in die Kiste [Sarg] gelegt, danach dicht gebrauet [mit Werg zustopfen] und gepecht, und bei uns im Raum in Ballast begraben. Er hat also das Schiff nicht fliegen lassen dürfen. Wir hatten noch gute Gelegenheit [günstigen Wind], guckten aus und bekamen die morische Küste in Sicht, und waren vor der Mündung der Bucht von Gibraltar. Den 24sten kamen wir vor Gibraltar, etwa 3 Meilen von der Morenküste. Da redeten die beiden anderen Captaine, wovon der eine ein Hamburger Renegat, der andere ein schwedischer Renegat von Carlshamn war, miteinander und sagten, dass sie morgen die Sklaven an die türkische Küste wollten bringen lassen, weil nicht mehr Vorrat an Bord sei, dass sie dann über Land nach Algier sollten geführt werden. Der liebe Gott aber hatte es anders mit uns im Sinn, dass sie zu ihrem Plan nicht kamen, denn er errettet die Seinen wunderbar.

Des Nachts wurde es neblig bis zum Freitag, dem 26. Juli. Da gab der Allmächtige, dass die Luft sich aufklärte, und siehe, da lag ein französisches Orlogsschiff uns auf der Seite, so nah, dass wir mit einem Stein hinüberwerfen konnten. Es war ein nagelneues Schiff von 60 Kanonen, hieß DER KAUFMANN VON MALAGA und war von Cadiz ausgefahren mit Edelleuten zu einer Vergnügungsreise, um probiert zu werden, weil es noch niemals in See gewesen war. Sie wurden uns gewahr und riefen, wo wir her wären. Von Algier, war die Antwort. Sie riefen ferner, die Türken sollten mit ihrer Barke kommen, und als diese zögerten, schossen die Franzosen scharf, durch unseren Fock hin, der Segelmacher machte in Eile den Riss wieder zu, und die Türken meinten noch, wenn Wind käme, dem Kriegsmann entwischen zu können, gewahrten überdies, dass es ein Franzose war, womit sie Friede hatten, weshalb sie mutig wurden und die Barke aussetzten, in der Meinung, passieren zu können, wenn sie nur ihren Pass vorgezeigt hätten.

Der schwedische Captain ging mit dem Pass hinüber, und als die Franzosen diesen sahen, fanden sie ihn veraltet und ungültig. Die Barke kam wieder mit zwei schlechten Türken an Bord, um einen anderen Pass zu holen. Weil aber kein anderer vorhanden war, wurden die Türken nicht wenig bekümmert, und als nun niemand wiederkam, schossen die Franzosen wieder scharf durch die Steuerplecht [Platz an Deck, auf dem der Rudergänger steht], zum einen Bord ein und zum andern wieder aus, den Mann am Ruder mitten durch, sodass die Oberhälfte auf der einen Seite und der Unterteil auf der anderen Seite hinfiel. Die Türken taten zwar noch ihr Bestes, um zu entrinnen, aber es war still, sodass sie nicht fortkommen konnten, und beide Schiffe näher aneinander herankamen. Der Franzose brannte wieder auf den Türken los, dem Muhammeds-Priester wurden die Hacken abgeschossen, er lag und schrie und tat nichts als jammern und schreien zu seinem Muhammed, und wurde in diesem Zustand von den anderen Türken zu dem Barbier gebracht, welcher ein Hochdeutscher war und wohnhaft in Bergen in Norwegen. Und während nun der Priester noch immerfort zu seinem Muhammed schrie, dass er helfen solle, sagte der Barbier auf Deutsch: Euer Schuhmacher will Euch nicht mehr helfen, und verband ihm seine Füße.

Wir waren allzumal noch im Raum eingeschlossen und die Luken dichtgemacht, waren aber nicht bange, obgleich das Schiff bisweilen vom Geschütz zitterte, sondern warteten nur auf unsere Erlösung. Weil übrigens die Türken keinen anderen Pass hatten, durfte der dritte Captain nicht von Bord, weil er wohl wusste, dass er auch nicht wiederkommen würde.

Als sie endlich sahen, dass sie keinen Widerstand leisten konnten, auch viel Volks gequetscht und erschossen wurde, strichen sie ihre Flagge, und der letzte Captain, ein Renegat von Hamburg, stieg in die Sloop mit seinem Volk und kam an Bord des Orlogsmannes zu den anderen Gefährten.

Unterdessen brachten die Türken, als sie merkten, dass ihr Schiff verloren war, volle Körbe mit Brot und schütteten sie auf uns nieder, um zuletzt alles wieder gutzumachen. Auch kamen zwei Türken mit ihrer Barke an Bord, um eine Barke voll Volks in das französische Schiff überzuführen, und als sie überfuhren, wurden wir von den übrigen Türken, die noch in unserem Schiff waren, losgemacht, sodass wir gehen konnten, wohin wir wollten.

Danach kam die Barke wieder, voll von Franzosen, brachten Proviant, Wein und Reisgrütze mit sich, auch einen französischen Koch. Wir empfingen sie [...] und freuten uns, dass sie durch Gottes Hilfe unsere Retter geworden. Der Koch ging, um für uns arme Sklaven zu kochen. Er hatte einen Kessel, der wohl 2 Tonnen fasste, und kochte uns Reisgrütze. Als nun das Essen fertig war und wir auch, wie leicht zu erachten, einen starken Hunger hatten, begann der Koch aufzuschöpfen, und ein jeder kam mit seinem Back [Essgefäß] und ließ sich einfüllen. Wir aber aßen so stark, dass der Koch mit seinem Maat nicht so viel schöpfen konnte, als verzehrt wurde, weswegen ihm bange wurde, dass wir übermäßig äßen, warf also seine Schüssel weg und sprach: Ich will unschuldig sein, wer mehr will, mag selber schöpfen.

Nachdem wir nun gegessen und getrunken und Gott gedankt hatten, auch alles eingerichtet war, setzten die Franzosen ihren Kurs wieder nach Cadiz in Spanien, wir Christen blieben noch in dem türkischen Schiff und folgten dem Orlogsschiff von hinten nach. Des dritten Tages, den 28. Juli, wurden wir aus dem türkischen Schiff ins französische gebracht und über die Türken gesetzt, welche nun auch in Boyen geschlossen waren, wir schenkten ihnen von eben demselben ein, wovon sie uns in unserer Gefangenschaft eingeschenkt hatten. Noch denselben Tag kamen wir in die Bucht von Cadiz und ankerten da. Gott sei gelobt.

Sofort musste unsere Sloop an Land mit Briefen an den König von Frankreich, um anzuzeigen, dass ein Türke mit so vielen Christensklaven genommen war und was damit anzufangen sei, ob man ihn passieren lassen solle oder nicht. Wir warteten lange auf die Antwort von der Post zur anderen, sodass wir zuletzt bange wurden, wieder an die Türken ausgeliefert zu werden. Da wir nun 14 Tage gelegen, gingen wir aus der Bay von Cadiz mit noch fünf anderen Orlogsschiffen und der türkischen Beute, das Admiralschiff aber waren wir. Unser Kurs ging nach Gibraltar hin.

Am folgenden Tag war es sehr schönes Wetter, wir hatten die Straße noch nicht erreicht, da legten sich sieben Schiffe alle in einer Linie vor Anker, um ein Gastgebot zu halten. Unterdessen kam ein kleiner algerischer Kaper aus der Straße, der nach der Bucht von Frankreich wollte. Er führte acht Kanonen, fuhr 80 Mann stark und war seit 14 Tagen von Algier abgegangen, auch waren 2 Sklaven darin, die sie von da mitgenommen hatten. Er kam zu luvwärts von uns, und das Admiralschiff tat einen Schuss mit losem Pulver nach ihm, dass er auf uns anhalten sollte, und weil er sah, dass wir alle mit unseren französischen Flaggen lagen und neben uns der andere türkische Kaper, so kam er auf das Admiralschiff zu, setzte seine Barke aus und nahm ein fettes türkisches Schaf mit in der Barke, in der Meinung, auch bei uns zu Gast zu sein.

Als nun der türkische Captain uns auf die Seite gekommen war, ließ er sein Schaf zum Port hineinwerfen und stieg dann selbst den Fallreep hinauf, aber sobald er so hoch stand, dass er über Bord aufs Deck sehen konnte, vernahm er, dass er betrogen war, weil er sah, dass die anderen Türken in Sloopen und unter Rampeerden

[Gestell, in denen Kanonen liegen] geboyet waren, und wollte wieder in die Barke hinunter und von Bord, aber es fanden sich bald solche, die ihn ins Schiff riefen, er wurde nach der Kajüte geführt, wo sein Pass besichtigt wurde, auch die übrigen Türken mussten aus der Barke heraus und wurden nebst ihren Kameraden, die noch zurückwaren, auf dem Deck geboyet, der Kaper aber wurde mit französischem Volk besetzt.

Nachdem nun alles Nötige zustande gebracht war, lichteten wir Anker am 3. August und segelten mit den beiden Prisen in die Straße, um nach der Insel Mallorca zu gehen. Langten hier am 19ten an und ankerten vor der Insel. Des folgenden Tages, am 20sten, lichtete unser Schout bij Nacht *[Admiral]* seine Anker und ging nach Algier, um den Krieg zu erklären. Wir blieben noch bis zum 23sten unter Mallorca liegen, dann gingen auch wir Anker auf und segelten mit unseren zwei Prisen und vier Kriegsschiffen nach Toulon, wo wir nach zwölf Tagen am 4. September ankamen. Die Sonne beinahe S.W. Des Tages darauf wurde angezeigt, dass wir Christen, gewesene Sklaven, an Land sollten, und als die Sloop fertig gemacht worden, gingen wir zuerst zu dem Admiral in die Kajüte, dankten ihm für alle uns erwiesenen Wohltaten, wünschten ihm alles Wohlergehen, stießen danach von Bord, indem wir unsere Hüte über dem Kopf schwenkten und riefen: Hussa, Hussa, Hussa, worauf uns drei Schüsse zum Valet erwidert wurden. Kamen glücklich an Land und wurden auf das Rathaus gebracht, wo die Herren zu uns kamen und uns fragten, aus welchem Land wir wären, und ein jeder von uns gab ihnen Bescheid.

Wir waren an der Zahl ungefähr 140 Mann, wurden von den Herren in zwei Kreise geteilt und mussten so einer nach dem anderen zwischen ihnen durchgehen. Sie gaben einem jeden von uns zwei Stück von Achten als Reisegeld, wofür wir ihnen herzlich dankten. Darauf wurden wir auf ihre Kosten nach einer Herberge gebracht, und wir sollten, wie sie uns sagten, morgen wiederkommen um unseren Pass, weil wir dann gedächten zu reisen.

Des folgenden Tages also ging unser Schiffer zu den Herren wieder hin und erhielt einen Pass für unser Schiffsvolk, und am selben Tag verließen wir Toulon, um nach Marseille zu gehen, welche Stadt zehn Meilen Weges von Toulon liegt. Von Marseille reisten wir nach Toulouse, durchs Land hin, und konnten zuweilen in drei

Tagen keine Häuser erreichen. Mussten uns lagern, wo wir am besten Platz fanden, um hier die Nacht zu ruhen, während ein Mann Wache hielt.

Wir reisten meistenteils durch Weingärten und nahmen von deren Früchten zu unserer Notdurft, nachher kamen wir auf einen felsigen Weg und wüste Stätte, wo wir kein Wasser fanden, um unseren Durst zu löschen, da uns doch sehr stark dürstete. Endlich fand einer der Unsrigen einen Wasserbrunnen, der von Steinen gebaut war, und als wir an den Brunnen kamen, schwamm eine Schlange darin. Wir suchten Mittel in unserem großen Durst, um Wasser aufzuschöpfen, banden also unsere Strumpfbänder aneinander und diese an einen Hut, worin wir einen Stein legten, und so ließen wir den Hut in den Brunnen hinab und schöpften uns Wasser, welches uns sehr wohl bekam.

Reisten nun in Gottes Namen weiter, und die Leute waren ganz freundlich und behilflich gegen uns und gaben uns, was wir zur Notdurft von ihnen begehrten. Nach drei Wochen reisten wir nach Toulouse. […] Wir heuerten da ein Fahrzeug, um den Strom hinunter nach Bordeaux zu fahren, waren neun Sklaven, denn zwei andere Sklaven waren mit uns. Wir gaben jeder dem Mann, der uns hinunterbrachte, 18 Sous und waren drei Tage unterwegs.

Unser Schiffer Ipke Paulsen ward ganz schwächlich und nahm allgehends ab, wir mutmaßten, es sei der Blutgang. Nach unserer Ankunft in Bordeaux brachten wir unseren Schiffer in eine Herberge und ließen den Medizinmeister zu ihm kommen. […] Wir beschlossen miteinander […] nach St. Martin zu reisen, gingen also des folgenden Tages […] zu dem Konsul und baten ihn, uns nach St. Martin zu helfen, er besorgte auch eine Barke für uns, um damit nach St. Thomas zu kommen, und gab uns einen Pass und ein wenig Reisegeld, wofür wir uns bedankten.

Also gingen wir den 8. Oktober mit der Barke von Bordeaux weg. Unser Schiffer Ipke war ganz schwach, sodass wir ihn zu Bordeaux mussten bleiben lassen, und Broder Bandixen blieb bei ihm, um ihm Handreichung zu tun. Und als wir den 9ten in St. Thomas angekommen, reisten wir […] nach St. Martin. […] Wir wurden also von dem Konsul auf jedes Schiff verteilt, nach Amsterdam und Hamburg. Jong Frerk Okken kam auf das Schiff DE VLIEGENDE TYDT VAN AMSTERDAM. *[…]*

Nach drei Wochen wurden wir zu St. Martin segelfertig, beka-
men darauf einen östlichen Wind und gingen in Gottes Namen
unter Segel den 3. November. Setzten unseren Kurs auf Hay-Sand
[Quessant] an W.S.W. und kamen nach [...] Amsterdam [...] und
nach [...] Friedrichstadt. [...] Von hier reisten wir über Land nach
Husum und kamen am selben Tag da an, [...] am Abend noch
kamen wir in Okholm an, von wo ich mit Schiffer Hans Knutsens
Smaksboot nach Hause ging und des Abends um 8 Uhr auf Oland
meinem Vaterlande wieder ankam.

Gott sei gedankt, dass er mir die Gnade hat widerfahren lassen,
dass er mich aus allen Fährlichkeiten errettet und wiederum mit
Gesundheit in mein Vaterland gebracht hat, dass ich solches Gott
zu Ehren und mit Dank nachsagen kann. [...] Unseren Schiffer
Ipke Paulsen ließen wir zu Bordeaux liegen, er hatte Broder Ban-
dixen bei sich, sie blieben da bis über Weihnachten. Er kam wieder
zu Gesundheit, und es wurde ihm berichtet, dass sein Schiff in Sun-
derland in England von englischen Fischern eingebracht worden,
und Schiffer Ipke Paulsen ging mit einem Engelsmann [mit einem
englischen Schiff] nach London. [...] Schiffer Ipke Paulsen bekam
wieder ein großes Schiff und fuhr damit nach Frankreich, und von
da hin und wieder auf Hamburg und Norwegen. Und endlich ist
er nach dem Willen Gottes in der Nordsee auf Jütland, wie uns
berichtet ist, mit Mann und Maus geblieben. Gott sei ihrer Seele
gnädig und uns, wenn wir unseren Lauf hier in dieser Welt vollen-
det haben, und führe uns mit allen Seligen ins ewige Leben, dass
wir miteinander Gott loben und preisen mögen, um Jesu Christi
unseres Erlösers willen. Amen.«

Die Auszüge aus Berichten von gefangenen Seeleuten, die Opfer muslimischer Korsaren geworden waren, zeigen, wie sehr die
Machtpolitik der Handelsmächte verwoben war mit den Überfällen der Seeräuber. Dass die gekaperten Seeleute den Piraten
meist mehr oder weniger schutzlos ausgeliefert waren, entsprach
der Stellung, die sie in ihrem Arbeitsleben an Bord einnahmen.
Sie hatten ihren harten Dienst zu absolvieren, und sie hatten zu
gehorchen.

Piraterie in norddeutscher Dichtung

M it zwölf rätselhaften Geschichten, die Raub und Mord auf See mit den unglücklichen Schicksalen von Liebenden verbinden, wollen wir das Buch beenden. Sie stammen von Theodor Storm und Detlev von Liliencron.

Theodor Storm: Sylter Novelle

Noch während der Arbeit am *Schimmelreiter* besuchte der Husumer Dichter Theodor Storm (1817–1888) zum ersten und einzigen Mal die Insel Sylt. Das war im August 1887. In einem Brief vom 17. August 1887 berichtet er seiner Frau über den Plan, demnächst eine Novelle zu schreiben, die auf Sylt spielen sollte. Den Stoff verdankte er seinem Freund Tidemann, der ihm den Novellenentwurf bei einem Spaziergang auf der Insel vortrug. Allerdings war Storm auch mit dem Sylter Chronisten und Sagensammler CR Hansen bekannt, dessen Bücher er nachweislich besaß. Auch hatte er sich 1880 eine Ausgabe der Beiträge zu den *Sagen, Sittenregeln, Rechten und der Geschichte der Nordfriesen* beschafft. Viele Motive, die in der *Sylter Novelle* angelegt waren, finden sich in diesen Büchern. Theodor Storm war ein sehr gewissenhafter Autor, der sich in den Traditionen und Überlieferungen nicht nur seiner Insel bestens auskannte. Den *Schimmelreiter* konnte er vollenden (Februar 1888), seine schwere Krankheit und der Tod am 4.7.1888 hinderten ihn daran, die *Sylter Novelle* auszuführen.

Erst 1969 wurde die Skizze der *Sylter Novelle*, die im Archiv der Kieler Landesbibliothek entdeckt worden war, in den *Schriften der Theodor-Storm-Gesellschaft* Nr. 18 veröffentlicht. Unser Text folgt dieser Publikation. Kenner des *Schimmelreiter* – und wer wäre das nicht? – werden vielleicht ein wenig enttäuscht sein. Gewiss verfügen sie aber über genügend Fantasie, um Storms Skizze zu einer wunderbaren Novelle fortzulesen.

»Einem Sylter in Wenningstedt wird seine einzige Tochter von einem dänischen Seeoffizier verführt (das Schiff ist hier stationiert). Hass des Sylters gegen das Militär und alles Gesetzliche. Er strand-

*raubt. Der König setzt einen energischen Landvogt ein. Dieser hat
eine halberwachsene Tochter.*

*Die Verführte war im Wochenbett gestorben; der hinterlassene
Sohn (Lars) wird vom Großvater im Hass gegen das Militär und
das Gesetz erzogen und ist verrufen auf der Insel. Er ist schön und
stark, gleich des Landvogts Tochter. Da – zur Jahrmarktszeit – tritt
er ihr, die von anderen Knaben und Mädchen umringt ist, entgegen. Jene warnen sie vor dem gefürchteten Jungen, und sie sagt
ihnen, sie sollten ihn wegjagen. Sie versuchen es; er wirft sie. Da werden die Augen des Mädchens zornig. ›Zurück, lasst mich! Nein,
allein!‹, ruft sie. Und das schöne, kräftige Mädchen stürmt gegen
ihn. Er starrt sie an, und wie sie mit ihren kleinen festen Händen
ihn packt, kommt es wie Lähmung über ihn; sie wirft ihn zu Boden
und setzt ihren Fuß auf seinen Nacken. Er geht schweigend fort.*

*Die Tochter des Landvogts geht gern in die Dünen. Es spukt dort;
Geheul und Geschrei (aber auf Anstiften des alten Sylters von seinem Enkel Lars veranstaltet, um die Menschen fortzuscheuchen).
Da tritt der Alte ihr entgegen. Sie erschrickt und entflieht. Lachend
kommt der Alte hinterher, sie stürzt, verrenkt den Fuß und kann
nicht wieder aufkommen. Plötzlich ist der Junge zur Stelle. Er hebt
sie sanft vom Boden. ›Trage mich nach Haus!‹, befiehlt sie ihm. –
›Ja‹, und er tut es. Sorgfältig wie eine Mutter trägt er sie. ›Du bist
doch der Stärkste‹, sagt sie sanft und schließt dabei die Augen. ›Nur
jetzt‹, sagt er, ›aber mach' doch die Augen auf!‹ – ›Willst Du es?‹ –
›Ich will es nicht, ich bitte Dich nur darum; denn Du bist doch die
Stärkste!‹ Da tut sie es. So gehen sie Aug in Auge. Lars strauchelt
einmal. Fast wären sie gefallen. Er trägt sie nach Westerland ans
Haus und pocht das Gesinde heraus. Dann wendet er sich, und
schweigend entflieht er, als hätte er ein Verbrechen begangen.*

Zwiespalt in ihr, wer der Mächtigste.

*Lars sagt ihr, dass er von dem Alten fort will und zur See. Er hat
sie vor dem Alten beschützt, und deshalb ist der Alte gegen ihn.
Lars verschwindet (geht zur See).*

*Sie verlobt sich nach zwei Jahren und denkt seiner nicht mehr
sehr. Das ist wesentlich das Werk des Vaters, des Landvogts. Eines
Tages sitzen die Verlobten zusammen in der Laube. Sie duldet un-
angenehm seine Zärtlichkeiten. Als er sie umfassen will, springt
der Schiffer (Lars) herein und wirft ihn über den Zaun. Sie ist em-*

pört; erbittert weist sie Lars zurück. Der Bräutigam, geschunden und gestoßen, klagt. Da wird ihr der Kontrast zwischen den beiden bewusst; sie lächelt innerlich.

Hochzeitsnacht. Ihre Zuneigung zum Bräutigam ist etwas erschüttert. Am Tage vor der Hochzeit geht sie in die Dünen, um von der Größe und Stille Abschied zu nehmen. Der Schiffer (Lars) will auch folgen, ist auch da. Sein Schatten wird ihr sichtbar. Das Brausen des Meeres. Es fällt ihr auf die Seele: Morgen sollst Du den Jämmerlichen heiraten. Mondlicht in den Dünen. Wut, Groll, Leidenschaft und Erbitterung gegen die Menschen kämpfen in ihr mit der keuschen Scheu, die ihr die Herrschaft über ihn gibt. Sie begegnen sich: ›Weshalb bist Du hier?‹ – ›Wohl deshalb wie Du: Ich will nicht, was ich soll.‹ – ›Ich weiß, Du verachtest mich. Trete mich mit Füßen! Nur einen Blick in Deine Augen!‹ Er umfasst sie. Sie steht reglos. Da schlägt sie die Arme um ihn. Rasende Leidenschaft von beiden Seiten. Brautnacht in den Dünen. Das Meer.

Er wirft sich vor ihr nieder. Sie verlangt, dass er ihr verspricht, nie wiederzukommen, sie nie wieder zu sehen. Er verspricht es. Sie weiß, dass er am nächsten Morgen fort muss.

Am Morgen: Trauung in der Kirche. Zwiespalt in ihr, dass sie schon mit einem Ehebruch in die Ehe tritt. Der Priester spricht von der Wahrheit als Grundlage der Ehe. Auf seine Frage, ob sie gewillt sei, dem Bräutigam die Hand zur Ehe zu reichen, sagt sie ›Nein!‹ Aufruhr in der Kirche. Zorn des Vaters (des Landvogts). Aber sie will nicht. Der Bräutigam fort; er verlässt die Insel.

Sie lebt im väterlichen Hause, bis ihre Schwangerschaft deutlich wird. Dann wird sie vom Vater verstoßen. Bei dem alten Sylter (in Wenningstedt) sucht sie Hilfe. Sie erzählt ihm alles. Höhnische Freude des Alten an seinem Enkel (Lars), dass er seine Mutter gerächt hat. Der Alte nimmt sie auf. Aber er verlangt strengen Gehorsam. Sie bleibt als Aschenbrödel, muss sogar bei Strandraubfällen Dienste tun.

Sie gebiert ein Kind. Sie sehnt sich nach Lars. Jedes Segel lässt sie hoffen; aber sie weiß, er wird sein Wort nicht brechen.

Sturm. Ein alter Schiffer erzählt, er habe bei einem gewaltigen Kapitän Dienst getan; der sei vor einigen Tagen in die Nordsee eingelaufen und habe zwischen Sylt und Helgoland nach Hamburg wollen. ›Wenn der Sturm ihn jetzt nur nicht zu fassen kriegt!‹

Nachts Strandfall. Der alte Sylter (von Wenningstedt) sammelt seine Kameraden. Der Alte läuft, um sein Gewerbe zu betreiben, an den Strand. Sie, von der Angst erfasst, es könne Lars sein, folgt dem Alten.

In den Dünen (zwischen Wenningstedt und Westerland) kommt es zum Kampf zwischen den Überlebenden des gestrandeten Schiffes und den Strandräubern. Kampf in der Dunkelheit zwischen (Groß-)Vater und Sohn. Sie kommt dazu und findet Lars tot.

Sie gerät in ein Dünental, läuft im Dämmern gegen einen Pfahl, der im Sande eingerammt ist. Sie sieht auf: Da stehen wohl über zwanzig Pfähle. Sie weiß es, man hat es ihr gesagt; da liegen die Heimatlosen, die Gestrandeten, die Erschlagenen. (Man darf dem Meer nicht ganz rauben, was es sich erobert, darum in den Dünen begraben.) Ihr graut. Sie läuft zwischen die Pfähle durch. Da – Geheul von einer Seite, es antwortet von der anderen. Sie entflieht und fällt.

Eine irrsinnige Frau geht in den Dünen um.«

Detlev von Liliencron: Auf der Marschinsel

Detlev von Liliencron (1844–1909) wird heute kaum noch gelesen. Zu seiner Zeit gehörte er zu den bekanntesten deutschen Autoren; vor allem seine impressionistischen Gedichte wurden begeistert aufgenommen. Übrigens war er mit Gustav Falke befreundet, dessen spannende Geschichte vom blutigen Kampf gegen den Seeräuber Marten Pechlin wir in diesem Buch abdrucken. Mit Gustav Falke teilte der preußische Offizier, der an den Feldzügen von 1866 und 1870/71 teilgenommen hatte, eine unangenehme Kriegsbegeisterung, die sich in zahlreichen – heute zu Recht vergessenen – Novellen niederschlug.

Unter seinen nachgelassenen Werken findet sich aber auch eine schaurig schöne Novelle, die vor allem in ihrem einprägsamen rätselhaften Schlussbild anrührt. Sie gehört zu einer Gruppe von Seenovellen, die darüber Auskunft geben, wie vertraut dem gebürtigen Kieler das Meer und die Küste waren. Liliencron selbst übte sogar für kurze Zeit das Amt des Hardesvogts auf der Insel Pellworm aus. Wir entnehmen die Novelle *Auf der Marschinsel* dem siebten Band von Liliencrons *Gesammelten Werken*, die 1923 erschienen.

»Düke Nommsen, der Strandvogt, stand vor mir. Über fünfzig Jahre hatte der Regen Rinnen in sein bartloses Antlitz gefurcht, hatten die Winde versucht, das stets kurzgeschorene Haar zu packen. Über fünfzig Jahre war Düke Nommsen Strandvogt. Er hatte mir nur zu melden, wenn etwas ganz Besonderes vorgefallen oder gefunden war. Das geschah selten. Das gewöhnliche Strandgut sind Balken, Tonnen, Leichen, Wrackstücke: Sachen, die nur den Strandhauptmann angehen.

Düke Nommsen, der Strandvogt, stand vor mir. Erregt und – stumm. Die Lippen sprachen, aber ich hörte keine Worte.

›Nun, Nommsen, was hast du, was gibt's?‹ Schon wollte ich anfangen, ungeduldig zu werden, als er herauspresste: ›Dat is to gräsig, Herr.‹ Ich nahm Hut und Stock: ›Hast du einen Gendarmen benachrichtigt?‹ Er schüttelte mit dem Kopfe. Dann, während wir schon im Gehen waren, sagte er: ›Dat deit ni nödig, Herr.‹ Düke Nommsen schien alles um sich her vergessen zu haben. Er, der sonst so ängstlich die Förmlichkeit wahrte, der so respektvoll antwortete, ging heute, statt an meiner linken, an meiner rechten Seite. Antworten bekam ich überhaupt nicht mehr von ihm. Der alte Bursche wurde mir nachgrade unheimlich.

Wir gingen auf dem Norder Außendeich. Es war ›holl Ebb‹, die tiefste Ebbe. Auf den Watten rief der Avosettsäbler sein Puith, Puith; ungeheure Schwärme von Möwen nahmen sich zuweilen, wie auf Kommando, auf, um sogleich unter großem Geschrei wieder einzufallen. Alles ist in Bleifarbe getaucht: Die Halligen, die wie Forts aussehen, um einem hinter ihnen liegenden Kriegshafen als erste Stachel zu dienen, die Ufer im Osten, die Wolken, die Vögel, der Himmel.

Wir wandern auf dem stellenweise unergründlichen Deich nach Westen. Zu unseren Füßen im Süden liegt die große, reiche Nordseeinsel Schmeerhörn. Auf dem nächsten Binnendeich, scharf am Himmel ausgeschnitten, reiten ein Bauer und sein Sohn, hintereinander. Vor ihnen liegen Mehlsäcke. Man hört ordentlich die schweren Gäule schwappsen und stappsen in der Kleie, die, kniehoch, die Pferde müde macht. Nun sind sie in der Mühle angekommen. Langsam – oha – mit krummsten Knien rutschen Vater und Sohn von den beiden Braunen. Vadder drinkt 'n suren Punsch: Tee mit Schnaps ohne Zucker. De San süht to. Nun klettern sie wieder auf *die Pferde, ohne Mehlsäcke. Vadder vörut, de San achternaa. Man hört wieder, man sieht es zwar nur, das Schwappsen und Stappsen der Gäule. Nu sünd se ant Hus. Beide fallen wieder schwer von den Gäulen. Vadder slöppt, und de San smökt achtern Diek 'n Sigarrstummel.*

Mit uns, über die Fennen, wo fette Schafe grasen, geht ein kräftiger Landmann, der nach seinem abseits liegenden Hof will. Er hat den langen Springstock in der Hand, und sieh: Mit der Eleganz einer Balletttänzerin schwebt er, nachdem er einen Augenblick den Grund sondiert hat, über die oft recht breiten Gräben.

An unserm Außendeich steht nur vereinzelt ein Haus, von kleinen Leuten bewohnt. Als wir bei dem ersten vorbeikommen, ruft ein Hahn seinen Hennen: Gluckukukukukukuk, passt auf. Die Hennen, diese ewig fressenden Tiere, picken und scharren ruhig weiter. Henning sieht mit schiefem Kamm zu uns hinauf, verwickelt dabei den rechten Sporn in einen Strohhalm, sucht sich erbost zu befreien, kreist und fällt um. Wer hat schon einen umgefallenen Hahn gesehen?

Auf dem Strohdach der Kate sitzen die Stare in ihrem süßen Geplauder.

Wie still es ist. Aus den Marschen dringt kaum ein Ton; von einigen Höfen klingt das Glucksen der Kalkuttischen Hühner herüber, zuweilen Kinderlachen von einer Werft. Der Wind, natürlich Westwind, hat sich gelegt; Regenwolken ziehen langsam am Himmel.

›Dor ... dor is't‹, ruft plötzlich Düke Nommsen, der Strandvogt. Ich hatte in die Marsch hinuntergeschaut, und nun wieder meinen Kopf nach Westen und Nordwesten wendend, habe ich einen sonderbaren Anblick: Auf dem Deiche, hundert Schritt vor uns, stehen etwa zwanzig Menschen mit allen Zeichen der Neugier, der Furcht, des Abwehrens, der Beratung. Sie kommen mir wie eine Gruppe Wilder vor, deren einsame Insel eben ein Fremdling, mit erstem Sprung aus dem Boote, betritt.

›Dor ... dor is't‹, rief wieder Nommsen und zeigt mit dem Finger auf den Strand. Etwas Schwarzes, etwas Weißes liegt dort; mehr erkenne ich noch nicht. Ich bin bei den Bauern angekommen und sehe, dass unten, mit ausgebreiteten Armen, Ertrunkene liegen.

Keiner von den Zuschauern ist zu bereden, mit mir hinunterzu-

steigen. Ich gehe allein auf die Leichen zu. Ah ... ich pralle zurück:
Das hatte ich nicht erwartet. Dann fest drauflos.

Auf einer breiten weißen Planke lagen nebeneinander zwei
Menschen, gekreuzigt: Ein junges, weißes, zierlich gebautes Weib
und ein herkulischer Neger. Sie waren nackt, um die Hüften beider
waren purpurne Tücher geschlungen. Wie seltsam das doch war,
dass ich an ein Paar Totenkopfschmetterlinge denken musste, die
ich in meinen Knabenjahren einst an einem Tage gefangen und
nebeneinander ausgebreitet aufgespießt hatte ...

Weiß und Purpur, Schwarz und Purpur. Ich werde ruhiger und
verliere alles Grauen. Die Bauern merken es. Sie wollen zu mir. Ich
befehle mit der Hand, dass sie oben bleiben sollen. Jetzt beuge ich
mich zu den beiden. Das Brett, auf das sie geschlagen sind, ähn-
lich der Tür oder der Wand einer verschwenderisch ausgestatteten
Kajüte, scheint an allen Seiten gewaltsam abgebrochen zu sein. Es
ist weiß, und nun seh ich es genau: Es hat vergoldete Leistenum-
fassungen. Es ist entschieden ein Stück der Wandzier aus einer vor-
nehm eingerichteten Kajüte.

Zuerst betrachte ich die Frau. Welch ein junges Gesichtchen. Wie
liebliche Züge. Nichts ist verzerrt; wie denn auch beide Leichen
aussehen, als seien sie nur ganz kurze Zeit im Wasser gewesen. Die
Augen stehen bei der jungen Frau halb offen; ich sehe ein tiefes
Blau. Langes rötliches Haar fließt um ihr Haupt. Aber ... o ... o ...
wie schändlich! Diese kleinen schneeigen Hände, an denen die Nä-
gel lang und abgerundet sind (sie haben die Form einer Haselnuss),
diese kleinen lieben Hände sind mit großen, plumpen, verrosteten
Schiffsnägeln durchstoßen. Das Blut hat die See abgewaschen.

Der Neger, dessen linke Fingerspitzen fast die rechten der Frau
berührten, so nahe lagen sie aneinander, hat eine gebogene Nase
wie der schönste Römerjunge. Die Oberlippe ist emporgezogen und
zeigt das Gebiss eines fletschenden Hundes. Auch seine Hände sind
mit großen verrosteten Schiffsnägeln durchbohrt. Seine Gestalt ist
riesengroß, eine Moriturus te salutat-Figur, ein Gladiator Neros.«

Nachwort

Seit langem beschäftigen wir uns mit den Taten und Untaten von Räubern. Dabei interessieren uns besonders die großen Bösewichte wie der Schinderhannes, der Bayerische Hiesel und eben Klaus Störtebeker. Der vor allem, weil wir beide verhinderte Küstenbewohner wenn nicht sogar Seeleute sind. Der eine, Heiner Boehncke, fährt als Literaturfachmann auf Kreuzfahrtschiffen und hält dort Vorträge, zum Beispiel über Seeräuber in Nord- und Ostsee. Den anderen, Hans Sarkowicz, zieht es immer wieder an die Küsten und Strände dieser »Seen«, und er kennt sich dort verflixt gut aus.

Jede Form von romantischer Verklärung der Räuber als edle Kerle, die den Armen das geben, was sie den Reichen genommen haben, ist uns fremd. Auch fanden wir keine Sozialrebellen, die mutig für eine gerechtere Gesellschaft gekämpft hätten. Unsere Räuber waren meist arme Schlucker und stammten aus erbärmlichen Verhältnissen. Viele waren ohne eigene Schuld auf die schiefe Bahn nach unten geraten. Wo Hunger, Armut und keine Aussichten auf bessere Zeiten herrschten, gingen sie als Gauner und Räuber ihrem Schicksal entgegen, das in den allermeisten Fällen schon in jungen Jahren am Galgen oder auf dem Richtblock besiegelt war.

Es darf auch nicht verschwiegen werden, wie grausam die meisten Räuber auf dem Land und zur See mit ihren Opfern und auch ihresgleichen umgingen.

Wenn sie weder edel noch gerecht und sozial waren, was fasziniert uns dann an ihnen?

Zum einen mag es eine Art dennoch nachgetragenes Mitleid sein. Der Versuch, diesen, von ihren Legenden völlig verzeichneten Männern und übrigens auch Frauen nach Hunderten von Jahren gerecht zu werden. Zum anderen aber sind es gerade die Legenden, die uns interessieren. Einen Störtebeker, der seine zusammengeraubten Schätze hortet, um sie den Armen zu vermachen, der klüger und verschlagener ist als die regierenden Schurken, der noch im Tod versucht, seine Kumpanen zu retten, einen solchen Helden hätten die »kleinen Leute« gern gehabt.

Den hätten sie gut gebrauchen können. Und weil es diese Robin Hoods in Wahrheit und Wirklichkeit leider nicht gibt, weil es noch nicht einmal ganz sicher ist, wer zum Beispiel dieser Klaus Störtebeker eigentlich war und ob er tatsächlich gelebt hat, deshalb muss er erfunden werden. Deshalb muss ein Heldenleben aus der Perspektive der »kleinen Leute« immer wieder neu erzählt werden. Diese Erzählungen, die auch als Sagen, Theaterstücke, Romane, ja Opern und Festspiele vorkommen, liefern uns einen Realismus der Wünsche. Dass es in Wirklichkeit keine Likedeeler, Gleichteiler, gibt, wissen die Menschen aus Erfahrung. Also schafft man sich Helden der Imagination, erfundene Nothelfer. Störtebeker ist ein solcher unwirklicher Held, und er scheint beinahe schon unsterblich zu sein. Selbstverständlich gab und gibt es Seeräuber, waren sie in Nord-und Ostsee in die Kämpfe der großen und kleinen Mächte verwickelt. Deshalb interessieren uns die wirklichen Geschichten genau so wie die erfundenen Legenden. Und wie das eine mit dem anderen zusammenhängt.

Literatur

Verwendete Texte

Abbo von Saint-Germain-des-Pres, Bella Parsiacae Urbis, Buch I, übers. u. komment. von Anton Pauels, Frankfurt am Main/Bern/New York 1984.

Otto Beneke: Hamburger Geschichten und Sagen, Berlin 1888.

Adam von Bremen: Bischofsgeschichte der Hamburger Kirche, übers. von Werner Trillmich, in: Quellen des 9. und 11. Jahrhunderts zur Geschichte der hamburgischen Kirche und des Reiches, Darmstadt 1961.

L. A. v. Arnim/Clemens Brentano: Des Knaben Wunderhorn, Zweyter Band, Heidelberg 1808.

Willi Bredel: Die Vitalienbrüder, Berlin 1950.

Knut Jungbohn Clement: Der Lappenkorb von Gabe Schneider aus Westfrisland, mit Zuthaten aus Nord-Frisland, Leipzig 1847.

Dänische Heldensagen nach Saxo Grammaticus, hrsg. von Paul Hermann, Jena 1925.

Ubbo Emmius: Friesische Geschichte, übers. von Erich von Reeken, Frankfurt am Main 1981.

Gustav Falke: Marten Pechlins Ende, in: ders.: Der Kampf mit den Seeräubern, Reutlingen o. J. (1920)

Theodor Fontane: Die Likedeeler, in: ders.: Sämtliche Romane, Erzählungen, Gedichte, Nachgelassenes, Band 7, München/Wien 1984.

Theodor Fontane: Meine Kinderjahre, in: ders.: Lebenszeugnis aus siebzig Jahren, Band 1, Naunhof /Leipzig o. J.

Hamburgische Chroniken in niedersächsischer Sprache, hrsg. von J. M. Lappenberg, Wiesbaden 1971.

Hanseakten aus England 1275–1412, hrsg. von Karl Kunze, Halle 1891.

Hanseatische Sagen, hrsg. von Lutz Mackensen, Leipzig 1928.

Jürgen Jacobsen: Beschreibung meiner unglücklichen Seefahrten in einer Zeit von 17 Jahren, meiner Schiksale während vierjaehriger Gefangenschaft in Afrika und nachher ausgestandener Gefahren; nebst Bemerkungen über Afrika's Einwohner und deren Sitten, Flensburg 1821.

Jahrbücher von Fulda, in: Quellen zur karolingischen Reichsgeschichte, Dritter Teil, bearb. von Reinhold Rau, Darmstadt 1964.

Jahrbücher von St. Bertin, in: Quellen zur karolingischen Reichsgeschichte, Zweiter Teil, bearb. von Reinhold Rau, Darmstadt 1966.

Jahrbücher von St. Vaast, in: ebenda.

Klabund: Störtebecker, in: ders.: Sämtliche Werke, Kettwig 1999.

Kuba: Klaus Störtebeker, Leipzig o. J. (1959).

Detlev von Liliencron: Auf der Marschinsel, in: ders. Gesammelte Werke, Band 7, Stuttgart u. a. 1923.

Rudolf Muuß: Nordfriesische Sagen, Husum 1992.

Hans Leip: Godekes Knecht, Bremen 1925.

Boy Lornsen: Klaus Störtebeker. Gottes Freund und aller Welt Feind, Hamburg ³2008.

Johann Adolfi's genannt Neocorus, Chronik des Landes Dithmarschen. Aus der Urschrift herausgegeben von F. C. Dahlmann, 2. Bd., Heide in Holstein 1910.

Nordische Heldensagen nach Saxo Grammaticus, hrsg. von Paul Hermann, Jena 1925.

Pommersche Sagen, hrsg. von A. Haas, Leipzig-Gohlis 1921.

Quellen zur Hanse-Geschichte, hrsg. von Rolf Sprandel, Darmstadt 1982.

Die Recesse und andere Akten der Hansetage von 1256–1430, Band IV, Leipzig 1877.

Regino Chronik, in: Quellen zur karolingischen Reichsgeschichte, Dritter Teil, bearb. von Reinhold Rau, Darmstadt 1964.

Die Reichsannalen, in: Quellen zur karolingischen Reichsgeschichte, Erster Teil, bearb. von Reinhold Rau, Darmstadt 1962.

Rimbert: Ansgars Leben, übers. von Werner Trillmich, in: Quellen des 9. und 11. Jahrhunderts zur Geschichte der hamburgischen Kirche und des Reiches, Darmstadt 1961.

Joachim Ringelnatz: Und auf einmal steht es neben dir. Gesammelte Gedichte, Zürich 1994.

Rufus-Chronik 1395–1430, in: Die Chroniken der niedersächsischen Städte. Lübeck, Dritter Band, Göttingen 1968 (Nachdruck Leipzig 1902).

Rügensche Sagen und Märchen, hrsg. von A. Haas, Stettin 1896.

Sagen, Märchen und Lieder der Herzogthümer Schleswig Holstein und Lauenburg, hrsg. von Karl Müllenhoff, Kiel 1899.

Saxo Grammaticus: Die ersten neun Bücher der dänischen Geschichte, übers. u. erl. von Hermann Jantzen, Berlin 1900.

Die schwimmende Republik auf der Themse, Fürth 1804.

Paul Selk: Sagen aus Schleswig-Holstein, Husum 9. A.1991.

Theodor Storm: Sylter Novelle, in: Schriften der Theodor-Storm-Gesellschaft 18 (1969), S. 41–53.

Vineta. Sagen und Märchen vom Ostseestrand, hrsg. Albert Burkhardt, Rostock 1965.

Karl Willnitz: Sagen und Märchen der Ostsee, Wismar 2005.

Weiterführende Literatur

Harm Bents/Bernd Flessner/Martin Stromann: Störtebeker. Dichtung und Wahrheit, Norden 2003.

Annelise Blasel: Klaus Störtebeker und Gödeke Michael in der deutschen Volkssage, Greifswald 1933.

Robert Bohn: Die Piraten, München 2003.

Régis Boyer: Die Piraten des Nordens. Leben und Sterben als Wikinger, Stuttgart 1997.

Jörgen Bracker (Hrsg.): Die Hanse. Lebenswirklichkeit und Mythos. 2 Bde., Hamburg 1989.

Ders. (Hrsg.): Gottes Freund – Aller Welt Feind. Von Seeraub und Konvoifahrten. Störtebeker und die Folgen, Hamburg 2001.

David Cordingly (Hrsg.): Piraten. Furcht und Schrecken auf den Weltmeeren, Köln 1999.

Hans-Christian Cordsen: Beiträge zur Geschichte der Vitalienbrüder, Halle 1907.

Wilfried Ehbrecht: Hansen, Friesen und Vitalienbrüder an der Wende zum 15. Jahrhundert, in: Niederlande und Nordwestdeutschland. Studien zur Regional- und Stadtgeschichte Nordwestkontinentaleuropas im Mittelalter und in der Neuzeit, hrsg. von ders. u. Heinz Schilling, Köln 1983, S. 61–98.

Ders.: Von Seeräubern, Hansen und Häuptlingen im 15. Jahrhundert, in: Herrschaft und Verfassungsstrukturen im Nordwesten des Reiches, hrsg. von Bernhard Sicken, Köln 1993, S. 47–88.

Ders. (Hrsg.): Störtebeker. 600 Jahre nach seinem Tod, Hansische Studien Band XV, Trier 2005.

Gustav Faber: Die Normannen, Herrsching 1985.

Harald Gröhler: Störtebeker. Volksheld und Pirat, Würzburg 2006.

Historisches Museum der Pfalz Speyer (Hrsg.), Die Wikinger, Speyer/München 2008

Klaus Störtebeker. Der gefürchtete Seeräuber und seine wilden Gesellen, Wolfenbüttel 2007.

Angelika Koerner: Piraterie an der Nordseeküste. Reportagen aus 1000 Jahren, Heide 1991.

Angus Konstam: Atlas der Beutezüge zur See, Augsburg 1999.

Karl Koppmann: Der Seeräuber Klaus Störtebeker in Geschichte und Sage, in: Hansische Geschichtsblätter, 7 (1877), S. 35–58.

Gilles Lapouge: Piraten. Seeräuber, Freibeuter, Bukanier und andere Jäger der Meere, Hamburg 2002.

Hans Leip: Bordbuch des Satans. Eine Chronik der Freibeuterei vom Altertum bis in die Gegenwart, München 1959.

Dirk Meier: Seefahrer, Händler und Piraten im Mittelalter, Ostfildern 2004.

Heinz Neukirchen: Piraten. Seeraub auf allen Meeren, Berlin 1989.

Ortwin Pelc: Seeräuber auf Nord- und Ostsee. Wirklichkeit und Mythos, Heide 2005.

Matthias Puhle: Die Vitalienbrüder. Klaus Störtebeker und die Seeräuber der Hansezeit, Frankfurt am Main/New York 1992.

Martin Rheinheimer: Der fremde Sohn. Hark Olufs' Wiederkehr aus der Sklaverei, Neumünster 2001.

Ders.: Identität und Kulturkonflikt. Selbstzeugnisse schleswig-holsteinischer Sklaven in den Barbareskenstaaten, in: Historische Zeitschrift 269 (1999), S. 317–369.

Hartmut Roder (Hrsg.): Piraten. Die Herren der Sieben Meere, Katalogbuch, Bremen 2000.

Gregor Rohmann: Der Kaperfahrer Johann Stortebeker aus Danzig. Beobachtungen zur Geschichte der »Vitalienbrüder«, in: Hansische Geschichtsblätter 125 (2007), S. 77–119.

Hermann Schreiber: Piraten und Korsaren der Weltgeschichte, München 1990.

Ernstpeter Ruhe: Christensklaven als Beute nordafrikanischer Piraten. Das Bild des Maghreb im Europa des 16.–19. Jahrhunderts, in: ders. (Hrsg.): Europas islamische Nachbarn. Studien zur Literatur und Geschichte des Maghreb, Bd. 1, Würzburg 1993, S. 159–186.

Ute Scheurlen: Über Handel und Seeraub im 14. und 15. Jahrhundert an der ostfriesischen Küste, Hamburg 1974.

Josef Wanke: Die Vitalienbrüder in Oldenburg (1395–1433), Oldenburg 1910.

Ralf Wiechmann/Günter Bräuer/Klaus Püschel (Hrsg.): Klaus Störtebeker. Ein Mythos wird entschlüsselt, München 2003.

Dieter Zimmerling: Störtebeker & Co. Die Blütezeit der Seeräuber in Nord- und Ostsee, Hamburg 1980.